基金项目：国家自然科学基金青年科学基金项目（71703074）、教育部人文社会科学研究青年基金项目（17YJC790010）、江苏高校优势学科建设工程资助项目、江苏省"六大人才高峰"高层次人才项目（JY-017）、中国博士后科学基金面上项目（2017M610312）。

外贸高质量发展与我国人力资本积累

The Theory and Empirical Analysis of High-Quality Trade Development on China Human Capital Accumulation

陈维涛◎著

图书在版编目（CIP）数据

外贸高质量发展与我国人力资本积累／陈维涛著．—北京：经济管理出版社，2019.4
ISBN 978-7-5096-6429-2

Ⅰ.①外… Ⅱ.①陈… Ⅲ.①人力资本—研究—中国 Ⅳ.①F249.21

中国版本图书馆 CIP 数据核字（2019）第 039848 号

组稿编辑：赵亚荣
责任编辑：赵亚荣
责任印制：黄章平
责任校对：赵天宇

出版发行：经济管理出版社
　　　　　（北京市海淀区北蜂窝 8 号中雅大厦 A 座 11 层　100038）
网　　址：www.E-mp.com.cn
电　　话：（010）51915602
印　　刷：北京晨旭印刷厂
经　　销：新华书店
开　　本：720mm×1000mm/16
印　　张：14
字　　数：207 千字
版　　次：2019 年 6 月第 1 版　2019 年 6 月第 1 次印刷
书　　号：ISBN 978-7-5096-6429-2
定　　价：67.00 元

·版权所有　翻印必究·
凡购本社图书，如有印装错误，由本社读者服务部负责调换。
联系地址：北京阜外月坛北小街 2 号
电话：（010）68022974　邮编：100836

前　言

中共十九大报告指出，中国特色社会主义进入了新时代，我国经济发展也进入了新时代，基本特征就是我国经济已由高速增长阶段转向高质量发展阶段。新经济增长理论认为，人力资本是一国经济增长的动力和源泉。同时，一国人力资本的积累主要依赖于劳动者人力资本投资的增加，而其受到人力资本投资收益的影响较大。随着经济全球化的深入发展，对外开放对劳动者报酬的影响越来越大，从而对劳动者人力资本投资收益与决策，以及一国人力资本积累产生越来越重要的影响。但现有研究大多主要关注人力资本对外开放的影响，全面系统地研究对外开放对人力资本影响的文献还较少，尤其是关于中国方面的系统研究更少。基于此，本书主要研究外贸高质量发展对中国人力资本积累的影响。

与此同时，一国劳动力市场结构也显著影响着劳动者人力资本投资的收益，进而会对一国人力资本积累产生影响。对于中国而言，在城乡二元结构下，中国存在着城乡二元劳动力市场分割的情况。鉴于此，本书在二元劳动力市场背景下，建立外贸高质量发展对中国城乡劳动者人力资本投资影响的理论模型，并采用中国居民家庭收入调查（CHIP）、中国工业企业数据库和世界银行的 TPP 数据库，从理论与实证两方面研究了对外开放对中国人力资本积累的影响。

本书共包括七章。第一章为导论，介绍选题背景、研究思路与方法，以及本书的创新点。第二章为文献综述，总结分析了人力资本投资理论、劳动力市场结构与人力资本投资理论、对外开放与人力资本等方面的重要文献。

第三章为对外开放对人力资本积累影响的理论分析，首先建立单一劳动力市场的人力资本投资模型，并理论分析贸易开放对中国人力资本积累的异质性影响。基于此，在二元劳动力市场背景下，该章进一步拓展了人力资本投资模型，理论分析对外贸易、外贸高质量发展对中国人力资本积累的影响。第四章为单一劳动力市场下的实证分析。第五章实证分析了贸易开放度对城乡人力资本积累的影响。第六章实证分析了外贸高质量发展对城乡人力资本积累的影响。第七章为本书主要研究结论、政策建议与展望。

通过理论与实证研究，本书得出如下结论：第一，贸易开放后，低技能劳动相对报酬增加，进行人力资本投资的门槛值提高，个体劳动者不倾向于进行人力资本投资，不利于中国人力资本的积累；而且，进口相比出口更不利于中国人力资本的积累。在贸易开放的异质性影响方面，在地区层面上，东部地区的个体劳动者相比中西部地区受到贸易开放的负面影响较大；在行业层面上，制造业中劳动者的职业培训受到贸易开放的负面影响相比生产服务业更大，其教育年限受到贸易开放的负面影响相比生产服务业更小；在企业层面上，企业经营利润和规模的扩大有助于降低贸易开放对人力资本积累的负面作用；在个体劳动者层面上，从事高技能职业劳动者的职业培训受到的贸易冲击相对较大。与此同时，进口相对于出口，其对个体劳动者的异质性影响相对较大。

第二，贸易开放度的提高不利于中国城镇劳动者进行人力资本投资，尤其不利于技能水平较低的劳动者进行人力资本投资；贸易开放度的提高也不利于中国农村劳动者，尤其是技能水平较低的劳动者进行教育投资，但能够促进农村劳动者，尤其是促进技能水平较高的农村劳动者进行职业培训；而且，贸易开放度的提高还不利于劳动者子女教育投入的增加。

第三，出口企业生产率的提高不仅有利于中国城镇和农村劳动者人力资本投资的增加，也有助于劳动者子女教育投入的增长；而且，其对农村劳动者教育投资的促进作用显著大于城镇劳动者，而对农村劳动者职业培训的促进作用却显著小于城镇劳动者；另外，随着出口企业生产率的提高，从事高技能职业的劳动者对自身人力资本投资及其子女教育投入会更多。

第四，出口技术复杂度的提升不仅有利于中国城镇和农村劳动者人力资本投资的增加，还有利于劳动者子女教育投入的增加；同时，随着出口技术复杂度的提升，从事高技能职业的劳动者对自身人力资本投资及其子女教育投入会更多。

第五，出口多样化水平的提高能够促进城镇主要劳动力市场与次要劳动力市场搜寻匹配效率的提高，不仅有利于中国城镇和农村劳动者人力资本投资的增加，还有利于劳动者子女教育投入的增长；同时，相比城镇劳动者，出口多样化水平提高对农村劳动者人力资本投资的促进作用更大；另外，随着出口多样化水平的提高，从事高技能职业的劳动者对自身职业培训及其子女教育的投入会更多。

总之，对外贸易不一定有利于中国人力资本积累与提升，只有外贸高质量发展才有利于中国人力资本积累与提升。

陈维涛
2018 年 12 月

目 录

第一章 导论 ··· 001

第一节 研究背景 ··· 001
一、中国人力资本的发展 ··· 001
二、中国对外开放的发展 ··· 004
三、中国二元劳动力市场的分割 ······································· 011
第二节 问题的提出与研究思路及方法 ···································· 013
一、问题的提出 ··· 013
二、研究意义 ··· 015
三、研究思路及方法 ·· 016
四、内容安排 ··· 018
第三节 主要创新点 ·· 020

第二章 文献综述 ·· 021

第一节 人力资本投资理论相关研究综述 ································· 021
第二节 劳动力市场结构与人力资本投资理论相关研究综述 ·········· 024
一、劳动力市场结构与人力资本投资 ·································· 024
二、中国二元劳动力市场与人力资本投资 ··························· 025
第三节 对外开放与人力资本相关研究综述 ······························ 027
一、对外贸易与人力资本的相关研究 ·································· 027
二、出口企业生产率与人力资本的相关研究 ························ 030

三、出口技术复杂度与人力资本的相关研究 ……………………… 031

四、出口多样化水平与人力资本的相关研究 ……………………… 033

本章小结 ……………………………………………………………………… 034

第三章 对外开放对人力资本积累影响的理论分析 ……………… 036

第一节 单一劳动力市场与人力资本投资决策 ………………………… 036

一、单一劳动力市场结构下的人力资本投资决策 ………………… 036

二、贸易开放对个体劳动者人力资本投资的异质性影响 ………… 038

第二节 二元劳动力市场与人力资本投资决策 ………………………… 042

第三节 对外贸易、二元劳动力市场与人力资本投资 ………………… 045

一、对外贸易对城乡劳动者报酬的影响 …………………………… 045

二、对外贸易对城乡劳动者人力资本投资的影响 ………………… 047

第四节 外贸高质量发展、二元劳动力市场与人力资本投资 ………… 048

一、出口企业生产率对城乡劳动者人力资本投资的影响 ………… 049

二、出口技术复杂度对城乡劳动者人力资本投资的影响 ………… 059

三、出口多样化水平对城乡劳动者人力资本投资的影响

——基于搜寻匹配视角的分析 ……………………………… 063

第五节 中间产品贸易对人力资本投资的影响 ………………………… 069

一、中间产品贸易对中国劳动者报酬的影响 ……………………… 069

二、中间产品贸易对人力资本投资的影响 ………………………… 071

第六节 对外开放对人力资本积累的长期影响

——以家庭对子女教育投入为例 ……………………………… 071

本章小结 ……………………………………………………………………… 073

第四章 单一劳动力市场下的实证分析 …………………………… 075

第一节 计量模型、指标选取和数据来源 ……………………………… 075

一、计量模型 ………………………………………………………… 075

二、指标选取及测度 …………………………………………… 076
三、内生性问题 ………………………………………………… 078
四、数据来源与处理 …………………………………………… 080
第二节 贸易开放对劳动者人力资本投资的影响 ………………… 081
第三节 贸易开放对中国人力资本积累的异质性影响 …………… 088
第四节 中间产品贸易对中国人力资本积累的影响 ……………… 099
本章小结 ……………………………………………………………… 102

第五章 贸易开放度对城乡人力资本积累影响的实证分析 ……… 105

第一节 计量模型、指标选取和数据来源 ………………………… 105
一、计量模型 …………………………………………………… 105
二、指标选取及测度 …………………………………………… 106
三、内生性问题 ………………………………………………… 108
四、数据来源与处理 …………………………………………… 110
第二节 城镇样本下的估计结果 …………………………………… 112
第三节 外来务工样本下的估计结果 ……………………………… 118
第四节 贸易开放度对城乡劳动者子女教育投入的影响 ………… 125
本章小结 ……………………………………………………………… 126

第六章 外贸高质量发展对城乡人力资本积累影响的实证分析 ……………………………………………………………… 128

第一节 出口企业生产率对城乡人力资本积累影响的实证分析 ……… 128
一、计量模型、指标选取与数据来源 ………………………… 129
二、出口企业生产率对城乡劳动者人力资本投资的影响 …… 135
三、出口企业生产率对城乡劳动者人力资本投资的异质性影响 …… 144
四、出口企业生产率对城乡劳动者子女教育投入的影响 …… 146
第二节 出口技术复杂度对城乡人力资本积累影响的实证分析 … 148
一、计量模型、指标选取与数据来源 ………………………… 148

二、城镇样本下的估计结果 …………………………………… 153
三、外来务工样本下的估计结果 ……………………………… 159
四、出口技术复杂度对城乡劳动者子女教育投入的影响 …… 165
第三节 出口多样化对城乡人力资本积累影响的实证分析 … 166
一、计量模型、指标选取与数据来源 ………………………… 167
二、城镇样本下的估计结果 …………………………………… 171
三、外来务工样本下的估计结果 ……………………………… 173
四、出口多样化对城乡劳动者人力资本投资的异质性影响 … 176
五、出口多样化对城乡劳动者子女教育投入的影响 ………… 176
本章小结 …………………………………………………………… 179

第七章 主要结论、政策建议与展望 ………………………… 182

第一节 主要结论 ………………………………………………… 183
第二节 政策建议 ………………………………………………… 185
一、转变贸易发展方式，促进外贸高质量发展 ……………… 185
二、全面深化改革，建立城乡统一的劳动力市场 …………… 187
三、积极培育职业培训市场，丰富人力资本投资形式 ……… 188
四、不断加大投入，减少劳动者人力资本投资成本 ………… 189
五、推进劳动力市场制度建设，保证人力资本投资收益 …… 189
六、转变经济发展方式，不断提高人力资本投资收益 ……… 190

参考文献 …………………………………………………………… 192

附　录 ……………………………………………………………… 210

附录A　企业对高、低技能劳动者的需求函数 ……………… 210
附录B　企业对低技能劳动者总体需求与总体收益关系 …… 211

后　记 ……………………………………………………………… 213

第一章

导 论

本章首先介绍本书的研究背景,然后正式提出本书的研究问题,介绍本书的研究意义、思路及方法,最后提出本书的主要创新点。

第一节 研究背景

本节将介绍本书的研究背景,分别从中国人力资本发展的情况、对外开放发展情况、二元劳动力市场分割情况等角度进行分析。

一、中国人力资本的发展

接下来,本书将介绍中国人力资本的发展情况,根据本书研究的目的和内容,将分别从城乡、国际两个角度进行比较分析。

(一)中国人力资本发展的城乡比较

关于中国人力资本发展的城乡比较,本书分别从人力资本总量和人均人力资本两个角度进行分析。在进行城乡比较之前,图1-1和图1-2显示,改革开放以来,中国的人力资本问题和人均人力资本都得到迅速发展与提升,且总体上呈现出稳步上升的态势。以1985年为基年计算,1985~2009年,中国的人力资本存量由26.03万亿元增加至146.46万亿元,增长了大约4.6倍;

而中国的实际人均人力资本也由 2.712 万元增加到 13.243 万元，增长了大约 4 倍（李海峥，2012）①。

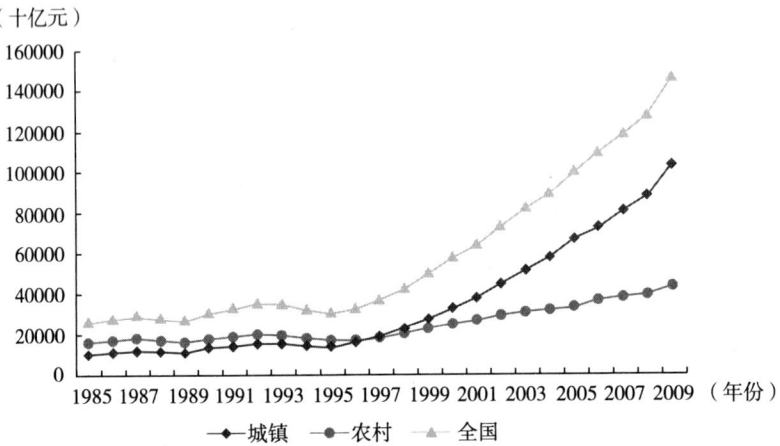

图1-1　全国分城乡实际人力资本（1985年为基年）

资料来源：李海峥. 中国人力资本报告（2012）[R]. 北京：中央财经大学，2012.

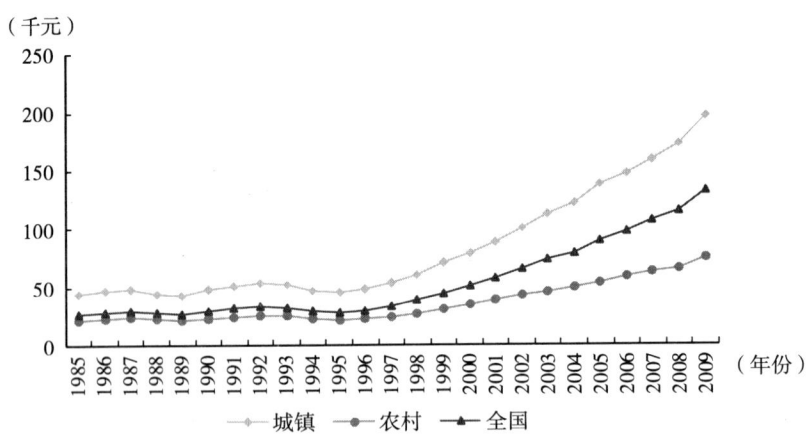

图1-2　全国分城乡实际人均人力资本（1985年为基年）

资料来源：李海峥. 中国人力资本报告（2012）[R]. 北京：中央财经大学，2012.

---

① 李海峥（2012）根据中国数据的特点，将国际上应用最广泛的 Jorgenson-Fraumeni 终身收入法（简称 J-F 方法）确定为计算中国人力资本存量（单位为货币）的主要方法。同时，根据人力资本理论，将微观调查数据和宏观数据相结合，使用 Mincer 方程，估算收入水平，改进了 J-F 方法，大大增加了该方法运用于中国数据的可行性和合理性。

在中国人力资本总量的城乡比较上,如图1-1所示,1998年以前,中国的城镇与农村的实际人力资本水平比较接近,农村的实际人力资本水平甚至还高于城镇,但随着中国改革开放进程的加快,尤其是进入20世纪90年代中期以后,城镇实际人力资本水平迅速提升,而农村却一直保持较低的增长幅度,导致实际人力资本水平的城乡差距迅速拉大。李海峥(2012)认为,造成城乡差距迅速拉大的原因在于,一是经济转型期间快速的城镇化进程,大规模的农村人口向城镇迁移,二是城乡间人口的教育水平差距不断扩大。同时,图1-1还显示,全国的实际人力资本水平的变化趋势与城镇基本相同,可以从某种程度上认为,全国实际人力资本的变动趋势主要取决于城镇人力资本的变动情况,而且更进一步反映出农村实际人力资本水平变化比较缓慢。

如果城乡人均资本总量水平的变化会受到城乡劳动力流动的影响,那么城乡实际人均人力资本水平的变动则更能反映出城乡内部人力资本水平的变动情况,是测度城乡间人力资本水平差距变化的重要指标。图1-2显示,在1985~2009年,城镇实际人均人力资本水平均高于农村,而且城乡间实际人均人力资本差距在不断拉大,尤其是20世纪90年代中期以后,这种差距不断扩大的趋势日益明显。由于人力资本水平是经济发展的重要决定性因素,城乡间实际人均人力资本水平差距的加大将进一步扩大城乡经济差距,从而加剧城乡发展的不均衡(李海峥,2012)。

(二)中国人力资本发展的国际比较

在从城乡比较的角度分析完中国人力资本的发展情况后,接下来,本书将从国际比较的角度简单介绍中国人力资本的发展情况,并以此分析中国在人力资本方面的比较优势(见表1-1)。

表1-1 中国人力资本与国际比较

国家	加拿大	挪威	新西兰	美国	澳大利亚	中国		
年份	2007	2006	2001	2006	2001	2001	2006	2007
年龄(岁)	15~74	15~67	21~65	0~80	18~65	男0~60,女0~55		
人均人力资本(万美元)	54.85	—	32.32	70	35.56	6.57	11.74	13.06

续表

国家	加拿大	挪威	新西兰	美国	澳大利亚	中国		
人力资本存量（万亿美元）	13.61	1.66	0.51	212	4.86	73.4	130.4	144.7

注：表中人力资本存量与人均人力资本使用PPP汇率折算。
资料来源：李海峥. 中国人力资本报告（2012）[R]. 北京：中央财经大学，2012.

从表1-1中可以看到，改革开放以来，中国的人力资本在总体上不断提升，为我国整体经济的快速发展提供了有力保障和支持。例如，中国实际人力资本存量从2001年的73.4万亿美元分别上升至2006年、2007年的130.4万亿美元和144.7万亿美元，总量在世界各国排名中是比较靠前的，可以说是人力资本总量的大国。但是，如果从实际人均人力资本的角度来看，中国的人均人力资本量在2001年、2006年和2007年分别只有6.57万美元、11.74万美元和13.06万美元，与美国、加拿大、澳大利亚、新西兰等发达国家相比差距依然很大。因此，虽然中国的人力资本总量水平增长较快，但与发达国家相比，中国人均人力资本依然较低，并不是人力资本的强国，中国依然是人力资本低密集型国家，在人力资本的比较优势方面并不明显。

二、中国对外开放的发展

（一）中国的贸易开放度

改革开放以来，中国的贸易发展十分迅速，贸易开放度日益提高。如表1-2所示，中国的出口和进口贸易发展均十分迅速，贸易总量从1980年的570亿元达到2011年的236402亿元，增长了大约414倍；尤其在2001年加入世界贸易组织（WTO）以后，进出口增长特别迅速，并在2009年成为世界第一出口大国，2011年出口占世界出口的比重达到10.4%，进口也达到了9.5%。在贸易开放度方面，中国的贸易开放程度不断提高，并在中国加入WTO以后增长迅速，从2001年的39.03%上升至2006年最高时期的65.3%。虽然在国际金融危机影响下，之后贸易开放度有所下降，但中国的贸易开放度总体呈现了不断扩大趋势。

表 1-2 中国对外贸易发展变化一览

年份	1980	1985	1991	2001	2006	2011
出口（亿元）	271.2	808.9	3827.1	22024.4	77597.2	123240.6
进口（亿元）	298.8	1257.8	3398.7	20159.2	63376.9	113161.4
贸易总量（亿元）	570	2066.7	7225.8	42183.6	140974	236402
贸易开放度（%）	12.54	22.86	33.11	39.03	65.3	50.0

资料来源：《中国统计年鉴》(2012)。

（二）中国的外贸高质量发展情况

党的十八大和党的十八届三中全会明确指出，中国要"增强企业国际化经营能力""形成以技术、品牌、质量、服务为核心的出口竞争新优势""完善互利共赢、多元平衡、安全高效的开放型经济体系"。党的十九大更是明确提出，"推动形成全面开放新格局"。鉴于此，本书接下来从出口企业生产率、出口产品结构与质量、出口多样化等方面简单分析中国的外贸高质量发展情况。

1. 出口企业生产率

根据新—新贸易理论，企业生产率水平是决定其生存与发展的决定性因素。生产率高的企业会进入出口市场，获得较高利润；生产率较低的企业只为国内市场生产，企业利润较少；生产率水平更低的企业将在竞争中退出市场（Melitz，2003）。从而，企业生产率水平的提高对增强企业国际竞争力和国际化经营能力具有重要作用。对于出口企业而言，出口企业相比非出口企业，能最早受到技术进步等的影响，还可以通过"出口中学习"带动整个企业生产率水平的提高（张杰等，2009）。因此，出口企业生产率是反映外贸高质量发展的重要方面。

关于中国出口企业生产率的水平，大量研究已经证实，中国出口企业生产率要比非出口企业生产率水平更高（余淼杰，2010；易靖韬等，2011）；但也有一些研究表明，中国的出口企业生产率比非出口企业低（Lu et al.,

2010；Lu，2010）。如表1-3所示，如果以企业人均销售额和人均增加值来衡量劳动生产率，则中国出口企业的劳动生产率要比非出口企业低大约10%，而美国的出口企业劳动生产率要比非出口企业生产率高大约30%，法国与中国台湾的出口企业劳动生产率也要比非出口企业生产率高。虽然关于出口企业生产率的测度还有一定的争论，表1-3的劳动生产率也并不能完全反映真实的中国出口企业生产率状况，但我们从中却可以看出，中国整体的出口企业生产率水平与美国等发达经济体相比还有一些差距。

表1-3 出口企业与非出口企业的劳动生产率之比

国家	中国	美国	法国	中国台湾
人均销售额之比	0.91	1.36	—	1.56
人均增加值之比	0.86	1.39	1.22	—

资料来源：Lu D. Exceptional exporter performance? Evidence from Chinese manufacturing firms [R]. Manuscript, University of Chicago, 2010.

与此同时，为了掌握中国出口企业生产率的真实情况，一些学者进一步研究发现，中国的出口企业生产率受到加工贸易的影响较大，在加工贸易影响下，中国整体出口企业生产率水平要比非出口企业生产率水平低（李春顶，2010；戴觅等，2014）。从而可以得出，中国加工贸易的出口企业生产率很低，不利于中国整体出口企业生产率水平的提高。比如，戴觅等（2014）的研究表明，中国有大约20%的出口企业完全从事加工贸易，而这些加工贸易企业的生产率比非出口企业要低10%~22%。图1-3进一步反映了加工贸易企业生产率对整个出口企业生产率水平的影响，剔除加工贸易后各个行业的出口企业生产率水平几乎均比非出口企业高。因此，我们可以得出结论，中国整体出口生产率水平较低，尤其是从事加工贸易的出口企业生产率水平更低，这不利于中国外贸高质量发展。

2. 出口产品结构与质量

出口产品结构与质量是一国贸易转型升级的重要方面，对外贸高质量发展起着重要作用。在中国的出口结构与质量方面，表1-4表明，改革开放以来，尤其是加入WTO以来，中国出口的商品结构发生显著变化，初级产品比

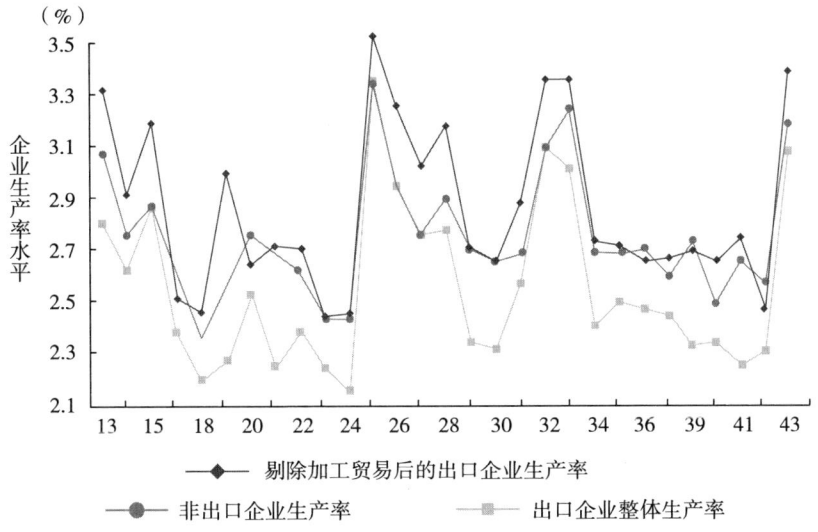

图 1-3　2007 年中国制造业分行业的企业生产率

资料来源：李春顶. 中国出口企业是否存在"生产率悖论"基于中国制造业企业数据的检验[J]. 世界经济，2010（7）：64-81.

重从 1980 年的 50.3% 下降至 2010 年的 5.2%；工业制成品由 1980 年的 49.7%迅速提高至 2010 年的 94.8%。同时，工业制成品的出口结构也发生显著改变，机电产品和高新技术产品所占比重不断上升，2010 年机电产品和高新技术产品所占比重已经分别达到 49.5% 和 31.2%。因此，改革开放以来，中国出口的商品结构发生显著变化，商品结构得到显著优化。

表 1-4　中国出口的商品结构　　　　　　　　　　　　　单位：%

年份	初级产品	工业制成品		
			机电产品	高新技术产品
1980	50.3	49.7	—	—
1985	50.5	49.5	6.1	—
1990	25.6	74.4	17.9	—
1995	14.4	85.6	29.5	6.8
2000	10.2	89.8	42.3	14.9

续表

年份	初级产品	工业制成品	机电产品	高新技术产品
2005	6.4	93.6	56.0	28.6
2010	5.2	94.8	49.5	31.2

资料来源：Kunwang Li, Zhigang Song. The technological content of China's exports and the need for quality upgrading [M] // Jane Golley, L. Song. Rising China: Global Challenges and Opportunities, The Australian National University Press, Canberra, Australia, 2011: 69-83.

与此同时，中国制成品的出口结构也发生变化。如表1-5所示，自加入WTO以来，在中国制成品的出口结构中，资源密集型的比重有所下降，从2001年的9.4%下降至2008年的8.3%；低技术密集型的比重有所降低，从2001年的40.3%下降至2008年的29.8%；中、高技术密集型的比重有所提高，从2001年的19.5%、25.3%分别提升至2008年的24.2%、31.4%。从上可以得出，中国制成品的出口结构有所改善。但是，剔除加工贸易的影响后的结果表明，中国制成品的出口结构并没有发生显著改善。2008年低技术密集型产品仍占制成品出口的47.2%，而高技术密集型产品只占制成品出口的14.1%。因此，加入WTO以来，中国制成品的出口结构有所改善，但在考虑了中国在国际分工中的位置之后，本书研究发现中国出口的实际技术含量提升并不明显，中国本土制成品出口仍集中于低技术密集型产品，高技术密集型产品出口明显依赖于外国技术。

表1-5 中国制成品出口结构 单位：%

年份	资源密集型	低技术密集型	中技术密集型	高技术密集型
2001	9.4 (18.1)	40.3 (53.8)	19.5 (19.6)	25.3 (8.4)
2002	9.0 (16.8)	38.2 (54.7)	20.1 (19.1)	28.2 (9.8)
2003	8.2 (15.6)	35.7 (54.1)	20.5 (20.1)	30.5 (10.2)
2004	7.8 (13.9)	33.0 (52.3)	21.3 (23.0)	32.9 (10.9)
2005	8.0 (13.7)	33.0 (53.3)	21.4 (22.3)	33.1 (10.8)
2006	7.9 (12.7)	33.0 (53.3)	21.8 (22.5)	33.9 (11.5)

续表

年份	资源密集型	低技术密集型	中技术密集型	高技术密集型
2007	8.0 (12.4)	32.5 (52.8)	23.6 (23.6)	32.1 (11.4)
2008	8.3 (12.2)	29.8 (47.2)	24.2 (26.6)	31.4 (14.1)

注：括号内为剔除加工贸易后的结果。

资料来源：Kunwang Li, Zhigang Song. The technological content of China's exports and the need for quality upgrading [M] // Jane Golley, L. Song. Rising China: Global Challenges and Opportunities, The Australian National University Press, Canberra, Australia, 2011: 69-83.

如果进一步分析中国高、中、低技术密集型产品可以发现，中国出口产品的质量还有待进一步提高。如表1-6所示，1995~2010年，高、中、低技术密集型出口产品的品质虽有一定提升，但仍集中于低品质类型的产品，而越是高技术密集型产品，低品质所占的比重越高。比如，2010年低品质类型产品占高、中、低技术密集型出口产品的比重分别为72.4%、63.9%和52.1%。

表1-6 中国出口产品品质变化　　　　单位：%

部门	品质类型	1995年	1998年	2001年	2002年	2006年	2010年
高技术密集型	高品质	2.0	4.1	13.0	12.8	10.6	2.5
	中品质	0.6	3.3	24.8	15.3	37.4	25.0
	低品质	97.4	92.6	62.2	71.9	52.0	72.4
中技术密集型	高品质	6.3	7.8	45.6	37.4	7.9	9.6
	中品质	4.7	5.0	9.7	6.7	29.1	26.6
	低品质	88.9	87.2	44.7	55.9	63.0	63.9
低技术密集型	高品质	3.3	3.1	61.1	65.6	21.5	5.8
	中品质	12.0	17.0	5.6	8.5	29.5	42.0
	低品质	84.7	79.9	33.3	25.9	49.0	52.1

资料来源：Kunwang Li, Zhigang Song. The technological content of China's exports and the need for quality upgrading [M] // Jane Golley, L. Song. Rising China: Global Challenges and Opportunities, The Australian National University Press, Canberra, Australia, 2011: 69-83.

表1-7进一步反映了中国与世界主要贸易经济体出口产品质量和品质的情况。从中可以看到，虽然中国2010年出口产品的品质较1995年有一定提升，但中国出口产品仍以低品质为主。而且，与世界主要贸易经济体相比，

中国出口产品的品质还很低。尤其是,同为新兴经济体的印度、巴西和墨西哥等的出口产品品质也比中国要高。

表1-7 中国与世界主要贸易经济体出口品质比较　　　单位:%

经济体	1995年			2010年		
	高品质	中品质	低品质	高品质	中品质	低品质
中国	3.7	9.0	87.4	5.8	31.7	62.6
美国	49.8	25.9	24.3	60.6	29.6	9.8
日本	69.6	15.3	15.1	62.2	34.2	3.6
欧盟	67.9	19.6	12.5	64.1	23.6	12.3
"亚洲四小龙"	38.3	14.8	46.9	53	20.8	26.1
东盟	36.2	17.7	46.1	44.9	33.8	21.3
印度	17.1	25.7	57.3	53.7	16.6	29.7
巴西	36.3	22.2	41.5	39.2	21.7	39.0
墨西哥	22.7	12.4	64.9	41.8	46.4	11.8

资料来源:Kunwang Li, Zhigang Song. The technological content of China's exports and the need for quality upgrading [M] // Jane Golley, L. Song. Rising China: Global Challenges and Opportunities, The Australian National University Press, Canberra, Australia, 2011: 69-83.

因此,虽然中国高技术密集型产品的出口有所提升,但出口产品的质量和品质还较低,中国产品的出口既要重视技术的进步,更要注重产品质量和品质的提升(施炳展,2014)。

3. 出口多样化

出口多样化是反映出口结构变动的重要方面,可以反映贸易的多样化水平。而且,出口多样化水平的提高可以显著增强贸易发展的稳定性,减少外部环境不利因素冲击的影响(钱学锋和熊平,2010;黄玖立和徐旻鸿,2012),是一国多元化战略的重要方面,也是影响外贸高质量发展的重要方面。

改革开放以来,伴随着中国出口商品的结构不断改善,中国出口商品的种类也不断增加,市场多元化战略得到有力实施。在双边的贸易发展上,统计报表中的零点贸易(Zero Trade)可以衡量一国出口的多样化水平。如果两国间的零点贸易下降，说明两国间的贸易产品种类增多，出口多样化水平提高（钱学锋和熊平，2010）。如图 1-4 所示，1995~2005 年，中国与除中国香港以外的十国间的零点贸易均呈下降趋势，说明了中国出口多样化水平和市场多元化水平在不断提高。

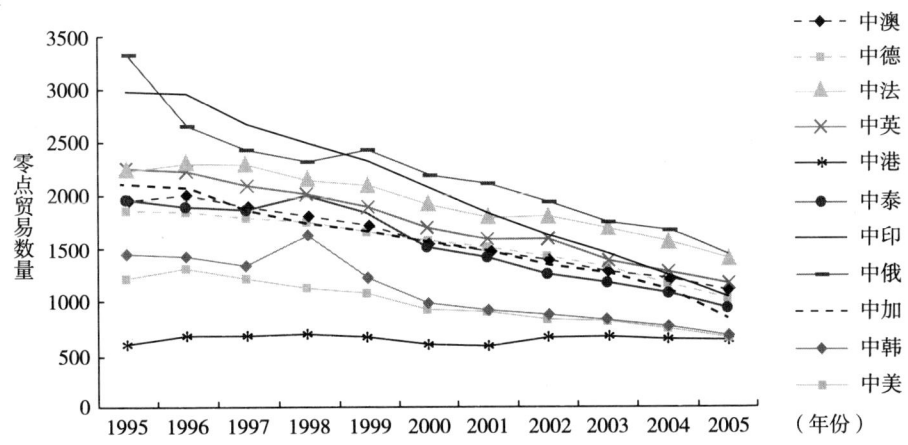

图 1-4　1995~2005 年中国与主要贸易伙伴的零点贸易变化趋势

资料来源：钱学锋，熊平. 中国出口增长的二元边际及其因素决定［J］. 经济研究，2010（1）：65-79.

综上所述，改革开放以来，尤其是加入 WTO 以来，中国对外开放的质量和水平在不断提高，但实际仍然不高，与发达国家也存在一定差距，还需要按照党的十九大的要求，全面提高开放型经济水平，开创高水平对外开放新局面。

三、中国二元劳动力市场的分割 ▶

改革开放以来，随着劳动就业体系的改革，以户籍制度为基础的城乡壁垒逐步松动，农村劳动力向城镇的转移规模逐年扩大，但在以户籍政策为代表的城乡差别安排下，中国城乡之间存在的二元劳动力市场分割状况依然没有得到根本改变，而且在城镇劳动力市场中逐步形成了新的二元劳动力分割市场。

中国二元劳动力市场分割突出地表现为城乡劳动者就业机会的不均等，这种不均等在城镇劳动力市场上表现尤其严重。在户籍制度的影响下，我国城乡分割格局依然存在，其不仅加大了进城农民工在城市就业的成本，也降低了其就业机会。比如，行业选择是反映劳动者就业机会平等与否的重要依据，从城乡劳动者进入的行业方面可以看出，城乡劳动者在就业机会的获得方面存在显著差异。表1-8统计的是2009年进城农民工就业行业分布。从中可以看出，建筑业、制造业、住宿餐饮业、批发和零售业、居民服务和其他服务业是进城农民工进入人数最多的行业，这5个行业的农民工从业人员占到了农民工总数的71.9%。同时，这些行业的工作环境主要表现为工作时间长、工作强度大、工资水平低。

表1-8 2009年进城农民工就业行业分布　　　　单位：%

行业	比例	行业	比例	行业	比例
制造业	30.3	农林牧副渔业	4.4	教育	0.6
建筑业	17.1	采矿业	3.5	公共管理和社会组织	0.6
住宿餐饮业	10.9	电力、水、燃气生产供应业	2.4	卫生和社会福利业	0.5
居民服务和其他服务业	7.3	文化、体育和娱乐业	1.6	水利、环境和公共设施管理业	0.4
批发和零售业	6.3	房地产业	1.2	科学研究、技术服务业	0.4
交通运输、仓储邮政业	6.0	租赁和商务服务业	1.0	国际组织	0.1
计算机信息、软件业	4.7	金融业	0.7		

资料来源：蔡昉. 刘易斯转折点与公共政策方向的转变——关于中国社会保护的若干特征性事实［J］. 中国社会科学，2010（6）：125-137.

具体的各行业工作时间如表1-9所示，对于农民工主要从事的住宿和餐饮业、批发和零售业、居民服务和其他服务业等行业，工作时间在48小时以上的工作人员达到45%以上，其工作时间远远大于其他行业，且这些行业都是工资相对较低的行业。可见，农民工从事的行业具有劳动强度大、工作时间长和工资水平低等特点（姚先国和赖普清，2004；陈钊等，2009）。

表 1-9　按行业划分的城市劳动力市场就业人员工作时间　　单位：%

行业	48 小时以上	行业	48 小时以上
住宿和餐饮业	46.31	水利、环境和公共设施管理业	19.93
批发和零售业	46.00	农、林、牧、渔业	19.59
居民服务和其他服务业	45.60	信息传输、计算机服务和软件业	19.07
交通运输、仓储和邮政业	38.02	卫生、社会保障和社会福利业	16.70
制造业	37.75	科学研究、技术服务和地质勘查业	13.66
文化体育和娱乐业	28.12	电力、燃气及水的生产和供应业	12.54
采矿业	27.62	金融业	9.29
租赁和商务服务业	22.54	教育	7.95
房地产业	20.56	公共管理和社会组织	7.39

资料来源：《中国人口和就业统计年鉴》（2009）。

综上所述，在户籍制度等城乡差别政策的影响下，农民工在就业市场上面临着机会的不平等，这种机会不平等突出地表现出行业选择的差异和不平等，农民工所从事的绝大部分都是工作时间长、劳动强度大、工资水平低的行业，造成其收入和福利待遇水平相对较低，中国二元劳动力市场分割状况依然突出。

第二节　问题的提出与研究思路及方法

结合第一节研究背景的相关分析，本节将提出本书研究的问题，介绍本书的研究意义、思路与方法。

一、问题的提出 ▶

新经济增长理论认为，人力资本是一国经济增长的动力和源泉，人力资本水平的提升可以显著促进技术进步，增强吸收和应用现有技术以及创造新技术的能力，保证经济可持续增长（Lucas，1988；Romer，1990；Caselli and

Coleman，2006；Bronzini and Piselli，2009）。对于中国而言，有研究表明人力资本被认为是"中国经济奇迹"的主要促进因素（Fleisher and Chen，1997；Demurger，2001）。因此，包括中国在内的世界各国应注重其人力资本发展情况，不断促进人力资本的积累与提升。同时，一国人力资本的积累与提升主要依赖于微观劳动者人力资本投资的增加，而其受到经济环境变动的影响较大。比如，伴随着经济全球化与对外开放水平的提高，对外经济发展可以显著影响劳动者需求结构及劳动报酬（Bustos，2011），影响人力资本投资的收益，从而对劳动者人力资本投资决策，进而对一国人力资本积累与提升产生影响（Falvey et al.，2010）。对于中国而言，改革开放以来，中国的对外经济得到迅速发展，对外开放程度不断提高；与此同时，中国的人力资本水平也不断提升，对经济发展的贡献不断增大。基于此，本书将主要从微观劳动者人力资本投资的角度，系统研究对外开放对中国人力资本积累与提升的影响。

与此同时，一国劳动力市场结构、劳动力市场的摩擦程度也显著影响着劳动者人力资本投资的收益与实现（Acemoglu，2011），进而对劳动者人力资本投资决策，以及一国人力资本投资积累与提升产生影响。因此，对于中国而言，研究对外开放对人力资本积累与提升的影响，还应全面考虑中国劳动力市场结构、劳动力市场摩擦的影响，即在城乡二元经济影响下，中国存在的城乡二元劳动力市场分割的影响（蔡昉等，2003；陈钊和陆铭，2008；严善平，2006，2007，2011）。

首先，受历史因素、户籍政策的影响，传统上中国的劳动力市场也被分割为城镇劳动力市场（主要劳动力市场）和农村劳动力市场（次要劳动力市场），并且劳动者在这两个市场中不能自由流动。其次，改革开放以后，伴随着城镇化进程的加快，为获得更高的收入报酬，中国大量的农村劳动者开始进入城镇就业市场；但与此同时，对于城乡劳动力流动，中国一直实行的是城市对农村劳动力的流动进行限制和管理的政策，城乡劳动力流动政策具有明显的城市倾向性（蔡昉等，2003；陈钊和陆铭，2008），在以户籍制度为代表的城乡差别安排下，外来务工人员尤其是农民工在城镇劳动力市场中面临很多门槛和限制，大多从事一些低技能劳动，很难进入城镇主要劳动力市场

（严善平，2006，2007，2011）。从而，在以户籍制度为代表的城乡差别安排下，城镇内部逐渐形成一种新的二元劳动力市场分割状态，即本地城镇居民劳动力市场（城镇主要劳动力市场）、外来务工劳动力市场（城镇次要劳动力市场），中国的劳动力市场进而分割成为城镇主要劳动力市场、城镇次要劳动力市场与农村劳动力市场。最后，在城镇主要劳动力市场上，劳动者的工资水平较高，受到人力资本投资、户籍等影响较大，进入门槛较高，对劳动者技能水平要求较高，劳动者需进行人力资本投资并成为高技能劳动者，才能进入城镇主要劳动力市场；在城镇次要劳动力市场上，劳动者的工资水平较低，对劳动者技能水平、进入门槛等要求相对较低；农村劳动力市场作为传统次要劳动力市场，受到经济环境等影响较小，劳动报酬最低，且基本不变。

如此，城镇劳动者可以根据自身能力条件，选择通过人力资本投资成为高技能劳动者，或者不进行人力资本投资直接进入城镇次要劳动力市场并从事低技能劳动。而对于农村劳动者而言，在城乡二元劳动力市场分割政策影响下，一部分能力很强的农村劳动者可以通过正式教育形式的人力资本投资成为高技能劳动者；而另一部分农村劳动者还可以选择通过职业培训形式的人力资本投资并以农民工的身份进入城镇次要劳动力市场，但从事一些低技能的劳动；其他的农村劳动者则在完成义务教育后，不再继续进行正式教育或职业培训等的人力资本投资，留在农村劳动力市场进行劳动。

综上所述，二元劳动力市场的存在会对中国城乡劳动者的人力资本投资选择产生重要影响，从而也会显著影响对外开放对中国人力资本积累的作用效果。因此，本书将充分考虑中国城乡二元劳动力市场分割的背景，从理论和实证上全面分析对外开放对中国人力资本积累的影响。

二、研究意义 ▶

人力资本是一国经济增长的动力和源泉，一国应不断促进其人力资本的积累与提升，促进经济的可持续增长。因此，对人力资本积累的研究一直是一个十分重要的研究课题，具有很强的理论和现实意义。

在理论意义方面,本书将在中国城乡二元劳动力市场背景下,建立城乡劳动者进行人力资本投资的理论模型,全面系统分析对外开放对中国人力资本积累的影响,这将弥补相关研究只关注人力资本对于中国对外开放的影响的不足。因此,本书的相关研究具有重要的理论意义。

在现实意义方面,本书将从微观个体角度,实证分析对外开放对中国劳动者人力资本投资的影响,弥补了相关研究多注重人力资本问题研究的不足,并从微观个体角度分析如何促进人力资本投资的增加,相关分析结论与政策启示将更加全面、细致和准确。而且,实证分析同样是在中国二元劳动力市场分割背景下进行的,充分考虑了中国问题的特殊性。因此,本书的相关研究也具有重要的现实意义。

三、研究思路及方法

如图1-5所示,本书的基本研究思路是,基于中国城乡二元劳动力市场分割背景,从劳动者人力资本投资的微观角度,建立对外开放对中国城乡劳动者人力资本投资影响的理论模型,并采用2007年中国居民家庭收入调查、中国工业企业数据库和世界银行的TPP数据库等数据,实证分析对外开放对中国城镇劳动者、农村劳动者人力资本投资的影响。

在理论分析方面,其将主要分为两部分。在第一部分中,本书将首先从劳动者人力资本投资收益与成本分析的角度,建立单一劳动力市场下个体劳动者进行正式教育、脱产职业培训等人力资本投资模型,找出个体劳动者进行人力资本投资的门槛条件。基于人力资本投资模型,本书将进一步建立单一劳动力市场下贸易开放对个体劳动者人力资本投资的异质性影响的理论模型。

在第二部分中,本书将首先基于二元劳动力市场背景,从劳动者人力资本投资收益与成本分析的角度,建立中国城乡劳动者进行正式教育、脱产职业培训等人力资本投资选择的理论模型,并从城乡不同技能劳动者的相对劳动报酬角度,分别找出城乡劳动者进行正式教育、职业培训等人力资本投资所必须满足的门槛条件。基于二元劳动力市场下的人力资本投资模型,本书

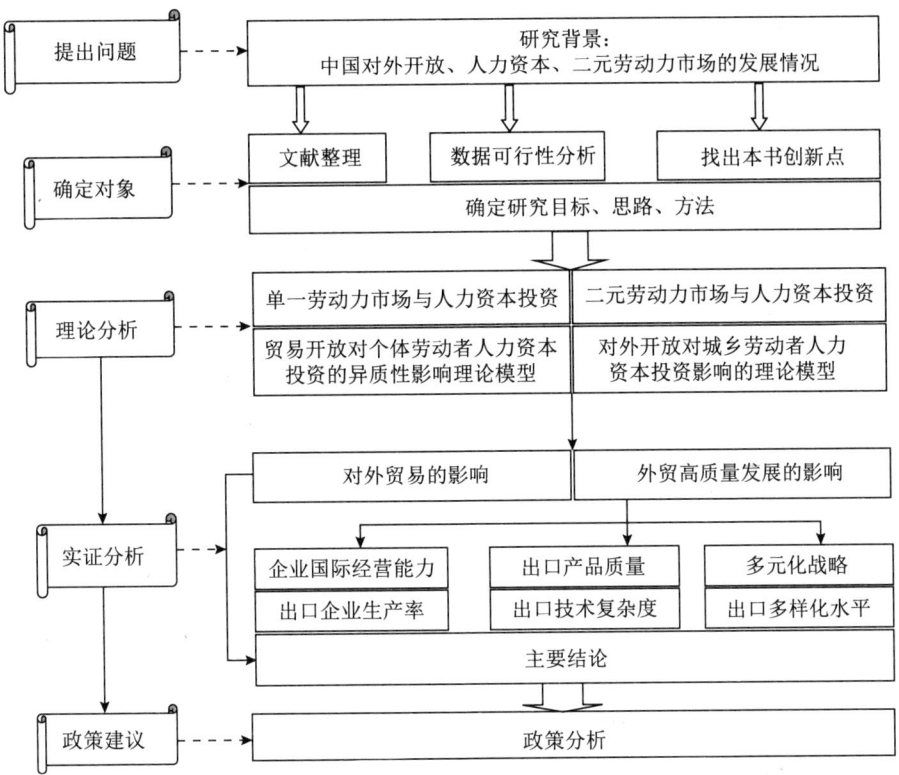

图 1-5 本书的基本研究思路与框架

将先考察对外贸易对中国城乡不同技能劳动者相对劳动报酬的影响，从而得到其对人力资本投资门槛条件的影响，进而得到其对城乡劳动者人力资本投资的影响；随后，本书还将考察外贸高质量发展对中国城乡不同技能劳动者相对劳动报酬的影响，从而得到其对人力资本投资门槛条件的影响，进而得到其对城乡劳动者人力资本投资的影响。

党的十八大和党的十八届三中全会明确指出，中国要"增强企业国际化经营能力"，"形成以技术、品牌、质量、服务为核心的出口竞争新优势，促进加工贸易转型升级"，"完善互利共赢、多元平衡、安全高效的开放型经济体系"。党的十九大更是明确提出，"推动形成全面开放新格局"。与此同时，出口企业生产率的提高对于增强企业国际竞争力和国际化经营能力具有重要作用（Melitz，2003）；一国出口技术复杂度越高，则其出口产品技术含量越高，出口产品在国际市场上竞争力越强，而且，出口技术复杂度还能反映出口产业在国际分工体系中的地位和作用（Rodrik，2006；Hausmann et al.，2007；黄先海等，2010）；出口多样化是反映出口结构、贸易多样化水平变动的重要方面，出口多样化水平的提高可以显著增强贸易发展的稳定性，减少外部环境不利因素冲击的影响（钱学锋和熊平，2010；黄玖立和徐旻鸿，2012），有利于互利共赢、多元平衡、安全高效的开放型经济体系的建立和完善。鉴于此，在外贸高质量发展的指标选取上，本书分别选择出口企业生产率水平、出口技术复杂度、出口多样化水平等指标进行衡量。

在实证分析方面，基于理论分析的相关结论，本书在借鉴 Hering 和 Poncet（2010）的研究方法将个体变量和城市变量合并的基础上，将建立相关计量模型，并采用工具变量极大似然估计（IV GMM）、ivtobit 等计量方法，解决好对外开放与人力资本之间的内生性问题，保证相关实证分析结果的科学性、真实性与有效性。同时，在实证分析中，本书还将引用相关变量的交叉项，以全面考察对外开放对中国城乡不同劳动者的异质性影响。

在建立相关计量模型后，本书将对计量模型下的相关变量进行指标选取与测度，在借鉴经典和权威指标计算方法后，本书将对相关数据进行收集与整理，并分别计算各城市贸易开放度、各城市出口企业生产率水平、各城市出口技术复杂度、各城市出口多样化水平等基本指标，同时根据相关计量模型，选取合理的工具变量，最后进行相关回归分析。

另外，在实证分析中，本书还将从中国劳动者子女教育投入的角度，考察对外开放对中国人力资本积累的长期影响。

最后，本书将总结理论分析与实证分析的相关结论，并根据相关分析结论，提出促进中国人力资本积累与提升的相关政策建议。

四、内容安排

本书内容安排如下：

第一章为导论。本章主要从中国的人力资本、对外开放、二元劳动力市场分割等方面介绍本书的相关研究背景，并以此提出本书的主要研究问题、内容、意义、方法与思路，并提出本书的主要创新之处。

第二章为文献综述。首先，本章介绍了人力资本投资理论的相关研究文献；其次，加入劳动力市场结构，并对人力资本投资理论进行相关修正，分析了中国的二元劳动力市场及其对城乡劳动者人力资本投资的影响；最后，根据导论关于本书研究目的和内容的论述，本章分别从对外贸易、出口企业生产率、出口技术复杂度、出口多样化水平等方面介绍对外开放与人力资本之间关系的相关文献。

第三章为对外开放对人力资本积累影响的理论分析。本章首先建立单一劳动力市场的人力资本投资模型，并理论分析了贸易开放对中国人力资本积累的异质性影响。基于此，在二元劳动力市场背景下，该章进一步拓展了人力资本投资模型，建立对外开放与中国城乡劳动者人力资本投资决策的理论模型，理论分析对外贸易、外贸高质量发展对中国人力资本积累的影响。

第四章为单一劳动力市场下的实证分析。本章采用2002年中国居民家庭收入调查的数据，从微观角度实证研究贸易开放对中国人力资本投资和积累的影响，并从地区差异、行业差异、企业差异和个人差异等方面考察贸易开放对人力资本积累的异质性影响。

第五章为贸易开放度对城乡人力资本积累影响的实证分析。本章结合理论分析部分的相关结论，建立相关计量模型，并采用2007年中国居民家庭收入调查（CHIP）等微观个体数据，在二元劳动力市场分割背景下，从微观角度实证分析贸易开放度对中国城镇劳动者、农村劳动者的正式教育、职业培训等人力资本投资的影响，还从其子女教育投入的角度考察贸易开放度对中国人力资本积累的长期影响。

第六章为外贸高质量发展对城乡人力资本积累影响的实证分析。结合理论分析部分的相关结论，本章也建立了相关计量模型，并采用2007年中国居民家庭收入调查、中国工业企业数据库和世界银行的TPP数据库等数据，在二元劳动力市场分割背景下，从微观角度实证分析外贸高质量发展对中国城镇劳动者、农村劳动者的正式教育、职业培训等人力资本投资的影响，还从其子女教育投入的角度考察外贸高质量发展对中国人力资本积累的长期影响。在外贸高质量发展的指标选取上，如前所述，本书分别从出口企业生产率、出口技术复杂度、出口多样化水平出发进行了分析。

第七章为主要结论、政策建议与展望。本章将对全书的主要结论进行总结，并根据主要相关研究结论，提出促进中国人力资本积累与提升的相关政策建议。

第三节　主要创新点

与现有文献相比，本书的创新之处主要体现在以下几点：

第一，从选题来看，已有研究主要关注人力资本对于对外开放的影响，全面系统研究对外开放对人力资本影响的文献还很少，尤其是关于中国方面的系统研究更少。因此，本书在选题方面具有一定的创新之处。

第二，在理论研究方面，本书在中国城乡二元劳动力市场的背景下，建立了城乡劳动者进行人力资本投资的理论模型，并从理论上全面系统地分析了对外开放对于中国城乡劳动者人力资本投资的影响。因此，本书在理论研究方面具有一定的创新之处。

第三，在实证研究方面，已有研究大多从地区或行业等宏观角度考察对外开放与人力资本积累之间的关系，本书采用2002年、2007年中国居民家庭收入调查、中国工业企业数据库和世界银行的TPP数据库等数据，从微观个体角度实证分析对外开放对中国城镇劳动者、农村劳动者人力资本投资的影响，弥补了已有相关研究大多集中于对人力资本总量的考察，而且本书实证分析的相关结论更加科学与全面。因此，本书在实证研究方面也具有一定的创新之处。

第二章

文献综述

首先,本章将介绍人力资本投资理论的相关研究文献。其次,加入劳动力市场结构,并对人力资本投资理论进行相关修正,分析中国的二元劳动力市场及其对城乡劳动者人力资本投资的影响。最后,根据导论关于本书研究目的和内容的论述,本章将分别从对外贸易、出口企业生产率、出口技术复杂度、出口多样化水平等方面介绍对外开放与人力资本之间关系的相关文献。

第一节 人力资本投资理论相关研究综述

在介绍人力资本投资理论之前,本书有必要先对劳动者个体层面的人力资本及其测度进行简单的分析。关于劳动者个体层面的人力资本及其测度,已有研究主要将其分为两大类:第一类是可以认知或测度的人力资本,这也是传统意义上的人力资本,最具代表性的就是教育投资或职业培训(Heckman,2000),这也是本书研究意义上的人力资本水平;第二类是不可认知或测度的能力,比如劳动者的领导能力、社交能力、工作激情、自我学习与创造能力、创业能力、求知欲等,一些研究者也将这部分不可认知或测度的能力归入劳动者人力资本水平(Fonseca et al.,2001;Murnane et al.,2001;Dunifon et al.,2001;Carneiro and Heckman,2003;Carneiro et al.,

2003；Heckman，2000；Heckman and Rubinstein，2001；Salehi - Isfahani，2000）。但与此同时，需要指出的是，尽管经济学界对不可认知或测度能力的研究兴趣很高，但关于其对于经济发展、劳动者收益等影响的研究却进展缓慢，这主要一方面是由于其不可测量性（Heckman and Rubinstein，2001），另一方面是由于很难将其与劳动者先天性的能力水平区分开来（Carneiro et al.，2003）。鉴于此，本书主要分析传统意义上的人力资本投资行为（教育、职业培训）。

关于人力资本投资理论的研究方面，劳动者是否进行教育或职业培训实质上是一个投资行为，进行人力资本投资要全面考虑其收益与成本（Becker，1962，1964；Mincer，1984）。已有研究很多是从人力资本投资的成本与收益（效用）角度进行研究，通过对比成本与收益（效用）得到人力资本投资决策情况（Patron，2006；Falvey et al.，2010）。而关于人力资本投资的形式，现有研究也主要关注正式教育与职业培训两个方面（Patron，2006）。鉴于研究需要，本书也将主要介绍以上相关研究。

在人力资本投资的成本方面，大部分研究主要是从时间成本、学费或培训费用、进行人力资本投资所放弃的其他收益等角度进行研究的（Ben - Porath，1967；Cunha and Heckman，2007；Falvey et al.，2010）。比如，Patron（2006）和Falvey等（2010）在建立教育投资回报模型时均将进行教育投资的学费等直接成本和学习期间所放弃工作的机会成本纳入分析模型。

在人力资本的收益方面，大量研究表明，人力资本投资是决定一个人社会和经济地位的重要因素，而且人力资本投资能够显著提升个体的劳动技能水平，是影响微观个体劳动报酬的决定性因素（Cunha et al.，2008；Cawley et al.，2001；Herrnstein and Murray，1994；Murnane et al.，1995；Neal and Johnson，1996；Bowles et al.，2001；Heckman and Rubinstein，2001；Heckman et al.，2006）。比如，Bowles（1967）、Jorgenson和Fraumeni（1992）研究表明，正式教育投资对于劳动者一生中的货币收入和非货币收入均会产生重要影响；Tyler等（2000）利用1989~1990年美国纽约和佛罗里达的相关数据，以GED测试分数作为认知能力的代理变量，研究表明认知能力的提高有利于收入水平的提高；McIntosh 和 Vignoles（2001）、Chiswick 等（2003）以听说和读写能力作为人力资本水平的代理变量，研究表明，技能水平的提高有利于劳动者在劳动力市场上获得更好的工作、更高的报酬和更多的就业机会。因此，通过研究比较人力资本投资的成本与收益，可以得到人力资本投资决策行为（Patron，2006；Falvey et al.，2010）。

关于人力资本投资成本的度量与研究相对比较简单，也比较容易衡量，但关于人力资本投资收益的研究却相对比较复杂，其受到各种因素的影响也相对较大，研究内容很丰富，已有研究也大多关注于人力资本投资收益。比如，在假定个体退休或平均寿命一致的条件下（Hopkins，2004），人力资本投资收益会受到个体进行人力资本投资时的年龄影响，一般认为，年龄越大，人力资本投资后的收益时间越短，人力资本投资的收益也越小（Findlay and Kierzkowski，1983；Falvey et al.，2010），如 Bjorklund（2000）和 Harmon（2003）研究了成年人和未成年人的教育投资收益，发现越早进行教育投资，则劳动者一生的预期收入水平会越高。同时，人力资本投资收益还会受到个体能力水平的影响，一方面，个体只有达到一定能力水平才会获得相应人力资本投资的收益；另一方面，个体能力水平越强，则其进行人力资本投资的收益越大（Borsook，1987；Falvey et al.，2010）。另外，除了受到个体因素的影响，人力资本投资收益还受到当地工资水平的影响，尤其是受到高技能劳动者工资水平的影响，因为地区高技能劳动者工资水平代表了个体进行人力资本投资的预期平均收益，而且，人力资本投资的净收益还会受地区低技能劳动者工资水平的影响，低技能劳动者工资水平越高，则人力资本投资的净收益也就越低（Becker，1993；Falvey et al.，2010）。

在人力资本投资收益的影响因素方面，其还会受到劳动力市场结构的影响，劳动力市场结构不仅可以显著影响地区高、低技能劳动者的工资水平，还会影响劳动者能否顺利或平等地进入相应劳动力市场，以及影响其劳动报酬（Acemoglu，2011）。鉴于此，接下来本书将在第二节中加入劳动力市场结构，讨论其对人力资本投资的影响。

第二节 劳动力市场结构与人力资本投资理论相关研究综述

本节将加入劳动力市场结构的相关内容,延续上节人力资本投资理论的相关论述,并且还将总结、分析有关中国二元劳动力市场及其影响的相关研究。

一、劳动力市场结构与人力资本投资

在劳动力市场结构对人力资本投资的影响方面,本节还从其对人力资本投资收益的影响角度进行了分析。关于劳动力市场结构对于人力资本投资收益的影响,已有研究主要是从劳动力市场的流动性进行分析,主要研究非自由流动与自由流动劳动力市场的影响(Murphy and Salehi-Isfahani,2007)。而且,大量的研究表明,劳动力市场的流动性对于就业市场与经济增长具有重要的影响(Lazear,1990;Heckman and Pages,2000;Fonseca et al.,2001;Botero et al.,2004;Caballero et al.,2004;Besley and Burgess,2004),进而会影响人力资本投资的收益与决策。

对于自由流动劳动力市场的影响,已有研究表明,其可以促进劳动力市场搜寻匹配效率的提高,劳动力市场的摩擦小且能促进就业,高、低技能劳动者能够根据其边际生产力获得相应效率工资,而且还能促进经济增长,从而有利于促进人力资本投资收益的全面实现(Lazear,1990;Heckman and Pages,2000;Fonseca et al.,2001;Botero et al.,2004;Besley and Burgess,2004;Acemoglu,2011),而且在自由流动的劳动力市场结构下,劳动者与管理者等更能被激发出创造潜能,有利于人力资本投资预期收益的提高(Shapiro and Stiglitz,1984;Esfahani and Salehi-Isfahani,1989)。在非自由流动劳动力市场影响的研究方面，其大多从各国的劳动力市场现实出发进行研究，更加贴近现实，内容也更加丰富（Murphy and Salehi-Isfahani，2007）。比如，Murphy 和 Salehi-Isfahani（2007）建立了一个理论模型，考察了劳动力市场对于一般性知识学习与技能性能力培养的影响，研究表明，在刚性非自由流动劳动力市场下，劳动者过于倾向于进行一般性知识的学习，忽视了技能性能力的培养，造成一国人力资本的扭曲性积累，不利于其经济的可持续增长；另外，一些研究还表明，由于劳动力市场的相对刚性，劳动力市场的流动性相对较差，造成了欧洲国家的失业率明显高于美国，从而不利于劳动者人力资本投资收益的实现（Nickell，1997；Nickell and Layard，1999；Karanassou and Snower，1998；Di Tella and MacCulloch，2005）。比如，Di Tella 和 MacCulloch（2005）采用 1984~1990 年 21 个经济合作与发展组织（OECD）成员国的面板数据，在控制了国家与时间的固定效应后，通过动态面板估计方法得出，劳动力市场流动性的增加，可以使 OECD 成员国就业率与劳动者工作积极性提高，而且，如果法国与美国的劳动力市场结构趋同，劳动力流动性一样的话，则法国的就业率将提高 1.6 个百分点，且两国的就业率差距也将减少 14%。

可见，劳动力市场结构对于就业率、劳动者工作积极性、劳动收益等具有重要的影响，也影响着人力资本投资收益，从而对劳动者人力资本投资决策以及整个国家人力资本水平的积累和提升产生重要影响。鉴于此，本书在分析对外开放对中国人力资本积累的影响时，将着重考虑中国城乡二元劳动力市场结构的影响。

二、中国二元劳动力市场与人力资本投资 ▶

如前所述，劳动力市场结构将会对劳动者人力资本投资产生重要影响，鉴于本书分析目的，本书接下来将主要总结分析中国城乡二元劳动力市场分割及其对城乡劳动者人力资本投资的影响。

首先，关于中国在户籍制度下形成的城乡二元劳动力市场的问题，已有大量文献进行了相关研究。比如，受到历史、户籍制度等因素的影响，中国的劳动力市场具有明显的城乡二元分割特征，被分割为城镇劳动力市场（主要劳动力市场）和农村劳动力市场（次要劳动力市场），并且劳动者不能在这两个市场中自由流动（李强，2003）。蔡昉、都阳和王美艳（2001）认为，户籍制度是导致中国城乡二元劳动力市场存在的最基本制度根源，农村劳动者在就业政策、保障机制和社会服务方面的歧视性政策都根源于户籍制度。陈钊和陆铭（2008）研究表明，由于经济政策的城市倾向而导致的城乡分割比较严重，中国的劳动力市场存在明显的城乡二元分割的结构与特点。因此，中国劳动力市场明显存在以户籍制度安排为基础的城乡二元劳动力市场结构（Meng and Zhang，2001；张展新，2004；王美艳，2005；陆益龙，2008）。

其次，改革开放以后，伴随着城镇化进程的加快，为获得更高的收入报酬，中国大量的农村劳动者开始进入城镇就业市场，中国传统城乡二元劳动力市场结构也逐渐出现了新的特点。如前所述，对于城乡劳动力流动，中国一直实行的是城市对农村劳动力的流动进行限制和管理的政策，城乡劳动力流动政策具有明显的城市倾向性，是在城市居民为了保护自己的既得利益而影响政府决策的机制下形成的（蔡昉等，2003；陈钊和陆铭，2008）。在这种限制和管理性劳动力流动政策下，加上外来务工人员进城以后相比当地居民还有一些额外的住宿、信息不对称、环境适应等进入成本，受到城市"拥挤效应"的影响，以及"城里人"对外来务工人员还存在一定的警惕和偏见，外来务工人员尤其是农民工在城镇劳动力市场中面临一些门槛和限制，大多从事一些低技能劳动（乔明睿、钱雪亚和姚先国，2009；余向华和陈雪娟，2012）。从而，城镇内部逐渐形成一种新的二元劳动力市场分割状态，即本地城镇居民劳动力市场（城镇主要劳动力市场）、外来务工劳动力市场（城镇次要劳动力市场）。比如，严善平（2006）以上海为例分析了中国大城市的新二元劳动力市场结构，发现中国城市劳动力市场中明显存在本地城镇劳动力市场和外来务工劳动力市场两大类，而且本地城镇居民相对外来务工人员，其在向正式部门就业和流动方面拥有更大的机会。因此，在以户籍制度为代表的城乡差别安排下，随着城乡劳动力的大量流动，中国的劳动力市场可以分为本地城镇居民劳动力市场（城镇主要劳动力市场）、外来务工劳动力市场（城镇次要劳动力市场）与农村劳动力市场。

在二元劳动力市场的影响方面，如上所述，在城镇主要劳动力市场上，劳动者的工资水平较高，受到人力资本投资、户籍等影响较大，对劳动者技能水平要求较高，劳动者需进行人力资本投资并成为高技能劳动者，才能进入城镇主要劳动力市场，进入门槛较高；在城镇次要劳动力市场上，劳动者的工资水平较低，对劳动者技能水平、进入门槛等要求也较低；农村劳动力市场作为传统次要劳动力市场，受到经济环境等影响较小，本书在下文中假定劳动者的工资水平基本不变。如此，城镇劳动者可以根据自身能力条件，选择通过人力资本投资成为高技能劳动者，或者不进行人力资本投资直接进入城镇次要劳动力市场并从事低技能劳动。而对于农村劳动者而言，在城乡劳动力市场分割政策影响下，一部分能力很强的农村劳动者可以通过正式教育的人力资本投资成为高技能劳动者；而另一部分农村劳动者还可以选择通过职业培训并以农民工的身份进入城镇次要劳动力市场，但从事一些低技能的劳动；最后，其他的农村劳动者则在完成义务教育后，不再继续进行正式教育或职业培训等的人力资本投资，留在农村劳动力市场进行劳动。

第三节　对外开放与人力资本相关研究综述

根据导论关于本书研究目的和内容的论述，接下来从对外贸易、出口企业生产率、出口技术复杂度、出口多样化水平等方面介绍对外开放与人力资本之间关系的相关文献。

一、对外贸易与人力资本的相关研究 ▶

根据 H-O 理论，人力资本作为一种资源禀赋，会对一国对外贸易的发展产生重要影响（Leontief，1953，1956）。而且，越来越多的研究表明，人力资本越来越成为影响一国比较优势的重要因素，对国际贸易的发展起着越来越重要的作用（Grossman and Maggi，2000；Bougheas and Riezman，2007；Bombardini et al.，2012；Unel，2013）。比如，Grossman 和 Maggi（2000）通过建立理论模型研究表明，各国间的人力资本分布的差异造成了比较优势的差异，影响着各国生产结构与贸易商品结构。Bougheas 和 Riezman（2007）研究表明，人力资本的分布对于国际贸易具有重要影响，而且还影响国际贸易产生的经济效应大小。Bombardini 等（2012）通过建立多个国家多个部门的理论模型和采用微观数据研究发现，技能分布也是一个国家比较优势的重要来源，在一定程度上是对其他资源禀赋的替代，从而影响着一国国际贸易的发展。Unel（2013）建立两个国家两个部门的理论模型研究发现，各国人力资本的差异性决定了贸易结构的不同。可见，人力资本是影响对外贸易发展的重要因素。

对外贸易能否促进一国的人力资本积累？已有研究大多从对外贸易对人力资本投资收益影响的角度进行分析。在理论上，已有研究对于该问题形成了两种看法：一种观点认为，在知识外溢和"干中学"的影响下，对外贸易能够从总体上提高一国人力资本水平。比如，新增长理论认为对外贸易可以通过知识外溢和"干中学"而提升一国技术水平，促进一国经济的可持续增长（Grossman and Helpman，1991）。类似地，Acemoglu（2003）指出，对外贸易可以导致技术溢出和溢价，提高了其对高技能劳动力的供给和需求，促进了一国人力资本的积累和提升；同时，对外贸易还可以提高一些国家高技能劳动者的报酬水平，促进劳动者进行人力资本投资（Hall and Jones，1999；Goh and Oliver，2002；Falvey et al.，2010）。比如，Leamer（1995）研究认为，随着对外贸易的发展，发达国家不断从发展中国家进口低技术密集型产品，使发达国家内部生产低技术密集型产品的低技能劳动者面临更大的竞争压力，低技能劳动报酬趋于下降，从而高、低技能劳动者相对报酬上升，提高了人力资本投资收益，进而从一定程度上说明其能够促进人力资本投资。Owen（1999）通过建立一个小国经济模型和实证研究发现，对外贸易可以显著增加低技能密集型国家中低技能劳动者的工资水平，从而使其更有经济保障进行教育投资，提高了其进行人力资本投资的动机，有利于低技术密集型发展中国家的人力资本积累。Unel（2013）建立两个国家两个部门的理论模型研究发现，贸易开放会对两国的人力资本水平产生重要影响，假如贸易自由化能够带来关税减免、出口增加等有利条件，则企业更有可能承担起雇用高技能、高学历劳动者的能力，从而有利于增加高技能劳动者的需求与报酬，促进一国人力资本积累。

但与此同时，另一部分学者则持相反观点，认为对外贸易也可能不利于一国人力资本的积累和提升。对外贸易后，当一些发展中国家扩大对高技术密集型产品的进口，而又不生产甚至减少高技术密集型产品的生产时，就会导致其对高技能劳动者的需求减少，报酬减少，进而劳动者会减少对人力资本的投资，不利于其人力资本的积累和提升（Stokey, 1991; Young, 1991; Long et al., 2007）。比如，Owen（1999）对发达国家的实证研究结果表明，对外贸易对其人力资本积累的影响是不确定的，对外贸易可能并不是影响一些国家人力资本积累的决定性因素。Falvey等（2006）建立对外贸易和个体人力资本投资的理论模型研究发现，对外贸易会促进技术密集型国家的人力资本投资和积累，减少技术稀缺国家的人力资本投资和积累。Lai（2008）采用51个发展中国家24年差分数据实证研究了对外贸易对人力资本投资的影响，发现对外贸易对高识字率国家的基础教育人力资本投资有正面影响，但对低识字率国家的中学教育人力资本投资有负面影响。

改革开放以来，中国的贸易得到迅速发展，对外贸易度进一步提高；与此同时，中国的人力资本水平也得到了显著提升。在此背景下，一些学者对中国对外贸易、人力资本及经济增长之间的关系进行了一系列研究。如许和连、亓朋和祝树金（2006）通过研究发现，贸易开放度主要是通过影响人力资本的积累水平而影响全要素生产率，贸易开放度和人力资本对全要素生产率的影响在东中西部存在差异。彭国华（2007）应用双边贸易引力模型，发现国际贸易对人力资本不同构成部分具有不同的影响作用，其只能对高等教育程度的人力资本部分有积极作用，对仅受过基础教育程度的人力资本部分则有负的抑制作用。另外，阚大学和罗良文（2010）通过建立省级面板数据实证研究了对外贸易对中国人力资本提升的影响，研究发现只有中国东部地区的对外贸易才能促进人力资本水平提升。罗良文和阚大学（2011）基于岭回归分析法实证研究了对外贸易对中国人力资本存量的影响，研究发现进口贸易相对于出口贸易更能促进中国人力资本存量的提高。但也应看到，前面两位学者只是侧重对外贸易对中国人力资本存量的实证研究，缺少理论上的系统研究，更为重要的是，实证研究使用的都是地区或行业等宏观数据，在人力资本存量与对外贸易总量同时增加的情况下得出的两者正相关关系的结论可能存在偏差，相关研究结论还有待进一步验证。

综上所述可以看到：第一，尽管上述研究已经从理论和实证上对对外贸易与人力资本积累进行了细致的研究，但是对中国的微观实证研究还没有；第二，在中国的研究方面，现有研究多侧重人力资本对贸易开放、经济增长的影响，同时从理论和实证上专门系统探讨对外贸易对于中国人力资本积累影响的研究很少；第三，已有研究大多考察对外贸易对人力资本的一般性影响，较少考察对外贸易对不同劳动者的特殊影响；第四，已有研究大多考察对外贸易对人力资本积累的短期影响，很少考察其对人力资本积累的长期影响；第五，已有实证研究大多借助地区和行业数据，很少从微观角度分析劳动者的人力资本投资决策，相关研究结论还有待进一步验证；第六，已有研究较少考虑一国劳动力市场结构、劳动力市场摩擦在对外贸易与人力资本积累关系中的作用。

二、出口企业生产率与人力资本的相关研究

根据新—新贸易理论，企业生产率水平是决定其生存与发展的决定性因素，生产率高的企业会进入出口市场，获得较高利润；生产率较低的企业只为国内市场生产，企业利润较少；生产率水平更低的企业将在竞争中退出市场（Melitz，2003）。因此，外贸高质量发展突出表现为出口企业生产率水平的提高。

关于出口企业生产率与人力资本之间的关系，已有研究大多表明人力资

本水平的提高能够显著促进包括出口企业在内所有企业生产率水平的增长。比如，Lucas（1988）就指出，一个经济体人力资本存量的增加能够带来企业层面生产率水平的增长。大量研究还表明，人力资本的提高能够显著增强创新能力（Greenan，1996；Greenan et al.，2006；Caroli et al.，2011），从而促进出口企业生产率的提升，增强出口竞争能力（Movahedi et al.，2012）。另外，一些研究也表明职业培训能够对企业生产率带来显著的促进作用（Blundell 等 1999；Bartel，2000；Conti，2005；Dearden et al.，2006；Gonzalez et al.，2012）。比如，Blundell 等（1999）研究表明，职业培训能够促进企业生产率水平的提升，尤其是正式的在职培训作用更大且更持久。Conti（2005）通过建立 1996~1999 年意大利企业的面板数据模型研究了职业培训、企业生产率与工资的问题，发现劳动者职业培训的增加能够促进企业生产率的提升。Dearden 等（2006）采用英国 1983~1996 年各行业组成的面板数据，通过 GMM 的估计方法，研究得出职业培训的增加能够显著促进生产率水平的提高。Gonzalez 等（2012）通过西班牙的企业层面数据研究表明，与增加 R&D 投资一样，增加劳动者职业培训可以在一定程度上促进企业自主创新能力的提升。

在中国的研究方面，朱平芳等（2006）利用 1998~2003 年上海市大中企业数据库研究发现，拥有较高质量的人力资本造成三资企业的生产率水平比内资企业要高。孙文杰等（2007）研究表明，内资企业只有具备一定的人力资本水平，才能充分吸引消化外资企业的先进技术和提高企业生产率水平。王争等（2008）通过第一次经济普查数据研究表明，地区间私营企业生产率的差异主要来源于人力资本的差异。于红峡等（2010）利用 2000~2003 年中国制造业企业面板数据实证研究表明，出口和人力资本积累相互加强了其对企业生产率的促进作用。但是，关于出口企业生产率对人力资本积累的影响，尤其是中国方面，鲜有文献进行系统的理论与实证研究。

三、出口技术复杂度与人力资本的相关研究 ▶

在外贸高质量发展的测度方面，出口产品质量也是在更深层次上反映外贸高质量发展的指标，在当今的国际经济环境中，衡量一国出口实力最重要的标准已不再是出口了多少产品，而是出口了什么产品，以及出口产品在国际市场上的接受程度。一国出口技术复杂度越高，则其出口产品技术含量越高，出口产品在国际市场上竞争力越强；而且，出口技术复杂度还能反映出口产业在国际分工体系中的地位和作用（黄先海等，2010）。正因如此，本书也将采用如今普遍使用的出口技术复杂度进行测度。

近年来，关于出口技术复杂度和人力资本的关系已有大量研究，且越来越关注中国方面。在国外研究方面，Lall 等（2006）、Rodrik（2006）、Hausmamn 等（2007）通过对出口技术复杂度及其测度等的相关研究指出，一国出口技术复杂度与其人力资本水平、人均 GDP 显著正相关。Santos – Paulino（2008）以中国、巴西、印度和南非为例建立动态面板 GMM 模型进行研究并得到，一国的出口技术复杂度和生产效率是由其人力资本水平、收入水平和国家大小等基础性资源禀赋所决定的。而 Weldemicael（2012）通过拓展研究进一步验证了以上结论。此外，Cabral 和 Veiga（2010）等研究了撒哈拉以南非洲国家的出口技术复杂度和出口多样化，通过对 1960~2005 年 48 个国家的数据研究，得出人力资本提升促进了出口技术复杂度和出口多样化的提高。在对中国的研究方面，Wang 和 Wei（2008）通过研究指出，中国人力资本水平的提升和政府对高技术产业的优惠税收政策是导致出口技术复杂度提高的决定性因素。Scott（2008）也指出，虽然中国的出口商品结构越来越趋近于 OECD 国家，但中国的人均人力资本水平还较低，与 OECD 国家相比还存在较大差距，中国虽能生产和出口技术复杂度相对较高的产品，但在人力资本密集型的高技术商品竞争中，其与 OECD 国家相比还有较大差距，中国实际的出口技术复杂度要相对较低。Xu 和 Lu（2009）在实证研究外资企业对中国出口技术复杂度的影响时，也明确提出并验证了中国产业出口技术复杂度正向依赖于其产业内人力资本水平的理论假设。从以上可以看出，虽然国外关于出口技术复杂度和人力资本的关系已有大量研究，且越来越关注中国方面，但其主要还是研究人力资本存量对出口技术复杂度的影响，很少研究出口技术复杂度对人力资本的影响。

在国内研究方面，虽然单独考察出口技术复杂度和人力资本关系的文献很少，但已有研究也有一定进展。代表性的研究有：祝树金等（2010）拓展Hausmann等的理论框架，采用1992~2006年跨国面板数据，研究发现人力资本、资本劳动比、研发等与出口技术水平具有显著正相关性。齐俊妍等（2011）在研究金融发展对提升出口技术复杂度的作用时，也发现一国人力资本存量的增加有利于促进其出口技术复杂度的提升。在对中国的研究方面，姚洋和张晔（2008）在研究中国出口产品技术含量升级时，发现人力资本水平的提升对其具有显著促进作用，在内外资企业中表现显著。李磊等（2012）在运用2002~2008年分省分行业4位HS分类贸易数据研究地区专业化对出口贸易技术复杂度的影响时，发现地区人力资本禀赋的提升有利于出口技术复杂度的提高。与国外研究类似，国内相关研究也主要关注人力资本存量对出口技术复杂度的影响，至今尚未单独系统地研究出口技术复杂度对人力资本积累的影响。

四、出口多样化水平与人力资本的相关研究 ▶

如前所述，党的十九大报告明确指出，中国要"推动形成全面开放新格局"。出口多样化水平作为衡量贸易多样性的重要指标，也是衡量外贸高质量发展的重要参考。而且，出口多样化水平的提高可以显著增强贸易发展的稳定性，减少外部环境不利因素冲击的影响（Hummels and Klenow，2005；Hausman and Klinger，2006；Herzer and Nowak-Lehnmann，2006；Hesse，2007；Shepherd，2010；钱学锋和熊平，2010；黄玖立和徐旻鸿，2012）。比如，Hummels和Klenow（2005）采用126个出口国与59个进口国5000种产品的贸易数据研究表明，出口多样化水平作为衡量贸易多样化与贸易扩展边际的重要指标，在出口的稳定增长中起到了62%的促进作用。同时，Hausman和Klinger（2006）研究表明，出口多样化水平的提高可以提升出口国多样化的生产结构，从而减少逆向贸易条件效应的影响；Herzer和Nowak-Lehnmann（2006）研究表明，出口多样化水平的提高可以显著促进发展中国家经济的快速增长，而且还研究了水平型与垂直型出口多样化水平的提高在"干中学"

和"出口中学"下对于一国经济增长的重要作用。Hesse（2007）的研究表明，发展中国家应该积极促进出口多样化水平的提高，从而减少出口中不利因素的影响，为经济结构的转型升级提供有利条件。因此，外贸高质量发展也突出地表现为出口多样化水平的提升。

关于出口多样化与人力资本之间的关系，已有研究同样大多关注人力资本对出口多样化水平的影响。比如，Dogruel 和 Tekce（2010）指出，新贸易理论已经表明人力资本、R&D 投资等是出口多样化水平的决定性因素（Grossman and Helpman, 1991; Krugman, 1995）。Balavac（2012）指出，人力资本作为一国资源禀赋影响其出口结构，对于发达国家来讲，拥有较高水平的人力资本水平可以增强其技术创新的比较优势，结果其产品种类或同类产品的品种越来越丰富，出口多样化水平提高。Agosin 等（2012）通过对 1962~2000 年 79 个国家数据的分析得到，人力资本提升可以促进出口多样化水平的提高。Parteka 和 Tamberi（2011）认为，人力资本是决定一国经济发展的重要因素，必然也会通过产品创新影响出口多样化水平。Wang 和 Wei（2008）通过实证研究发现，人力资本水平提高可以显著促进中国出口多样化水平的提高与经济增长。但是，关于出口多样化对人力资本积累的影响，尤其是中国方面，鲜有文献进行系统的理论与实证研究。

本章小结

本章根据研究目的和内容，总结、分析了人力资本投资理论、劳动力市场结构与人力资本投资理论、对外开放与人力资本相关关系等的相关研究。

通过总结、分析已有相关研究可以看到：第一，已有研究主要侧重分析人力资本对于对外开放的影响，全面系统分析对外开放对于人力资本影响的相关研究不多，尤其是对中国的相关研究较少；第二，已有研究较少考虑一国劳动力市场结构在对外开放与人力资本积累关系中的作用；第三，已有研究大多借助地区和行业数据，很少从微观角度分析劳动者的人力资本投资决策，其相关研究结论还有待进一步验证；第四，已有研究缺少对中国二元劳动力市场结构在对外开放与人力资本积累关系中作用的研究。

鉴于此，本书接下来将充分考虑中国城乡二元劳动力市场分割的背景，从理论和实证上全面分析对外开放对中国人力资本积累的影响。

第三章

对外开放对人力资本积累影响的理论分析

一国人力资本的积累与提升主要依赖于微观劳动者人力资本投资的增加。本章将在中国城乡二元劳动力市场分割的背景下,从理论上分别研究对外贸易、外贸高质量发展对中国城乡劳动者人力资本投资的影响。第一节将首先讨论单一劳动力市场结构下的人力资本投资决策,并分析贸易开放对于人力资本投资的异质性影响;第二节建立二元劳动力市场背景下的人力资本投资理论模型;然后,依据二元劳动力市场背景下的人力资本投资理论模型,第三节、第四节将分别理论研究对外贸易、外贸高质量发展对中国城乡劳动者人力资本投资的影响,并提出相关经验假说。

第一节 单一劳动力市场与人力资本投资决策[①]

一、单一劳动力市场结构下的人力资本投资决策

本节主要借鉴 Falvey 等(2010)的研究并进行相关扩展,理论分析单一

[①] 本节内容最早发表于《财贸研究》,2017年第10期,第38-51页。

劳动力市场结构下劳动者的人力资本投资决策。

首先,在进入劳动力市场前或之后,每一个劳动者都会面临一个选择,是继续进行教育投资成为高技能劳动者,还是作为低技能劳动者直接进入劳动力市场。在本书的分析框架下,教育培训将决定劳动者是否成为一个高技能劳动者,只有继续花费时间(本书假定是一个固定的时间 E)继续进行教育培训的人力资本投资,劳动者才能成为一个高技能劳动者。

其次,本书假设一国劳动者之间的能力水平是异质的,并取决于劳动者个体天赋及其成长背景所形成的一般知识水平;而劳动者的能力水平是假定外生不变的,并处于 [0, 1] 区间。同时,低技能劳动者大多从事一些简单的、单一的工作,而高技能劳动者大多从事一些复杂的、多样的工作,依赖于其个人能力较强。因此,本书假定一个低技能劳动者的报酬为不变的 W_U,不依赖于其能力水平;而对于高技能劳动者而言,其报酬取决于其个人的能力水平 (α),为个人能力与效率工资的乘积 (αW_S)。

另外,本书假定每个劳动者的工作时间是确定的并且被外生给定为时间表 T。除此之外,本书假定劳动者不仅存在能力方面的差异,还存在年龄上的差异。本书假定 t 是劳动者所处的年龄阶段(t 是标准化的年龄,t=0 表示劳动者刚刚完成义务教育阶段),所以劳动者的年龄可以从 0 到 T 来表示。

本书进一步分析发现,高技能劳动者的净收入水平跟其总的收入水平也是不同的,人力资本投资是一项花费时间和自身资源的消费性投资。在进行人力资本投资期间,劳动者不仅不能获得收入还得花费成本,本书称其为沉没成本。劳动者一方面要为教育部门中高技能劳动者支付报酬 βW_S($0 \leq \beta \leq 1$),这是其必须支付的直接成本;除此之外,还将支付一项间接成本,即求学期间所放弃的作为一名低技能劳动者所获得的报酬。而且,本书还假定在任何时间,一个劳动者都可以改变其作为低技能劳动者的决定,进行人力资本投资。

在此分析框架下,可以得到人力资本投资的净收益 R (α, t):

$$R(\alpha,t) = \int_{t+E}^{T} (\alpha W_s - W_U) e^{-r(z-t)} dz - \int_{t}^{t+E} (\beta W_S + W_U) e^{-r(z-t)} dz \quad (3-1)$$

其中,r 为完全竞争市场下的均衡利率。

在本书研究框架中，进行人力资本投资的净收益 R（α, t）越大，则劳动者越倾向于进行人力资本投资。在此，本书假定只要劳动者预期人力资本投资净收益 R（α, t）为正，其就将进行人力资本投资。

分别对式（3-1）中的 t 和 α 进行求导，可得：

$$\frac{\partial R(\alpha,t)}{\partial t} = -\frac{(\alpha W_S - W_U)}{e^{r(T-t)}} < 0 \qquad (3-2)$$

$$\frac{\partial R(\alpha,t)}{\partial \alpha} = \frac{W_S}{r}[e^{-rE} - e^{-r(T-t)}] > 0 \qquad (3-3)$$

由式（3-2）、式（3-3）可得，随着劳动者年龄的增加，其越来越不倾向于进行人力资本投资；同时，能力越高的劳动者越倾向于进行人力资本投资。

进一步分析，令 R（α, t）= 0，可得劳动者要进行人力资本投资的能力门槛值 $\tilde{\alpha}(t)$：

$$\tilde{\alpha}(t) = \frac{e^{rT}(e^{rE}-1)}{e^{rT}-e^{r(t+E)}}\beta + \frac{e^{rE}(e^{rT}-e^{rt})}{e^{rT}-e^{r(t+E)}}\frac{W_U}{W_S} = \eta\beta + (1+\eta)w \qquad (3-4)$$

其中，$t \neq T-E$，$\eta = \frac{e^{rT}(e^{rE}-1)}{e^{rT}-e^{r(t+E)}}$，$w = \frac{W_U}{W_S}$。

因此，在单一劳动力市场结构下，如果劳动者的能力水平满足 α>$\tilde{\alpha}$（t），其将决定进行人力资本投资，成为高技能劳动者；而如果其能力水平满足 α<$\tilde{\alpha}$（t），则将不进行人力资本投资，以低技能劳动者身份进入就业市场。

二、贸易开放对个体劳动者人力资本投资的异质性影响 ▶

在本书框架中，我们以低技能劳动丰裕的贸易小国为例进行分析。根据斯托尔珀—萨缪尔森定理（S-S），开展贸易后，出口产品生产中密集使用的要素（本国充裕要素）的报酬提高；进口产品生产中密集使用的要素（本国稀缺要素）的报酬会降低。在低技能劳动力丰裕国家，贸易后高技能劳动报酬（W_S'）下降，即 $W_S' < W_S$；低技能劳动报酬（W_L'）增加，即 $W_L' > W_L$，进而低技能劳动相对报酬增加（$W_L'/W_S' = w' > w = W_L/W_S$）。所以，在宏观层面上，贸易开放是影响低技能劳动相对报酬（w）的重要因素，但对于不同地区、不同行业而言,其贸易开放水平是不同的。

在微观层面,由于 $w = W_L/W_S = (P \times MP_L)/(P \times \alpha MP_S)$,而我们假定低技能劳动报酬($W_L$)是相同的,即其边际生产效率是同质的;高技能劳动报酬(W_S)是不同的,即其边际生产效率(αMP_S)是异质的,所以,在企业层面上,企业总的生产率水平取决于高技能劳动边际生产率,并且与低技能劳动相对报酬(w)成反比。

综上所述,我们假定柯布—道格拉斯类型下的低技能劳动相对报酬(w)如下:

$$w[t, f_{open}(d_i, h_j), \varphi_q(\pi), B] = A(t)[f_{open}(d_i, h_j)]^\sigma [\varphi_q(\pi, g)]^{-\lambda} B^\rho \mu \quad (3-5)$$

其中,$f_{open}(\cdot)$ 为贸易开放水平;$A(t) > 0$ 为不同时期对相对报酬的影响;d_i 为城市 c 所在的地区 i;h_j 为所处的行业 j;$\varphi_q(\pi, g)$ 为企业 q 的生产率水平;π 为企业经营利润;g 为知识外溢或"干中学"水平;$B > 0$ 为影响相对报酬的其他因素;μ 为随机干扰因素;$\sigma > 0$,$\lambda > 0$,$\rho > 0$。

将式(3-5)代入式(3-4)并求导得:

$$\frac{\partial \tilde{\alpha}(t)}{\partial f_{open}} = \frac{\partial \tilde{\alpha}(t)}{\partial w} \cdot \frac{\partial w}{\partial f_{open}} = (1+\eta)\sigma A(t)[f_{open}(d_i, h_j)]^{\sigma-1} [\varphi_q(\pi, g)]^{-\lambda} B^\rho \mu > 0$$

$$(3-6)$$

由式(3-6)可得,在低技能劳动丰裕国家,贸易开放后,低技能劳动相对报酬(w)增加,进行人力资本投资的门槛值 $[\tilde{\alpha}(t)]$ 提高,个体劳动者更不倾向于进行人力资本投资,不利于一国人力资本的积累。因此,我们可以得出本书的经验假说 1:

经验假说 1:在低技能劳动丰裕国家,贸易开放后,个体劳动者更不倾向于进行人力资本投资,不利于一国人力资本的积累。

我们接着考察贸易开放对人力资本投资和积累的异质性影响,在宏观的地区、行业层面上,分别对式(3-4)求导得:

$$\frac{\partial \tilde{\alpha}(t)}{\partial d_i} = \frac{\partial \tilde{\alpha}(t)}{\partial w} \cdot \frac{\partial w}{\partial f_{open}} \cdot \frac{\partial f_{open}}{\partial d_i} = (1+\eta)\sigma A(t)[f_{open}(d_i, h_j)]^{\sigma-1}[\varphi_q(\pi, g)]^{-\lambda} B^\rho \mu \frac{\partial f_{open}}{\partial d_i}$$

$$(3-7)$$

$$\frac{\partial \tilde{\alpha}(t)}{\partial h_j} = \frac{\partial \tilde{\alpha}(t)}{\partial w} \cdot \frac{\partial w}{\partial f_{open}} \cdot \frac{\partial f_{open}}{\partial h_j} = (1+\eta)\sigma A(t) [f_{open}(d_i,h_j)]^{\sigma-1} [\varphi_q(\pi,g)]^{-\lambda} B^\rho \mu \frac{\partial f_{open}}{\partial h_i}$$

(3-8)

在式（3-7）中，如果 $\frac{\partial f_{open}}{\partial d_i} > 0$，则 $\frac{\partial \tilde{\alpha}(t)}{\partial d_i} > 0$，即贸易开放后，贸易开放度越大的地区，其进行人力资本投资的门槛值 [$\tilde{\alpha}(t)$] 越高，其个体劳动者越不倾向于进行人力资本投资和积累，其受到贸易开放的影响越大。如此，我们得到经验假说2：

经验假说2：在低技能劳动丰裕国家，贸易开放后，在贸易开放度越大的地区，其个体劳动者越不倾向于进行人力资本投资和积累，其受到贸易开放的影响越大。

同时，在式（3-8）中，如果 $\frac{\partial f_{open}}{\partial h_j}$，则 $\frac{\partial \tilde{\alpha}(t)}{\partial h_j} > 0$，即贸易开放后，贸易开放度越大的行业，其进行人力资本投资的门槛值越高，其个体劳动者越不倾向于进行人力资本投资和积累，其受到贸易开放的影响越大。如此，我们得到经验假说3：

经验假说3：在低技能劳动丰裕国家，贸易开放后，在贸易开放度越大的行业，其个体劳动者越不倾向于进行人力资本投资和积累，其受到贸易开放的影响越大。

另外，在微观层面上，我们要考察是微观企业受到贸易开放的异质性影响，所以这时要对式（3-6）求导得：

$$\frac{\partial \left[\frac{\partial \tilde{\alpha}(t)}{\partial f_{open}}\right]}{\partial \pi} = (-\lambda)(1+\eta)\sigma A(t) [f_{open}(d_i,h_j)]^{\sigma-1} [\varphi_q(\pi,g)]^{-\lambda-1} \bar{\alpha}_P^{-\delta} B^\rho \mu \cdot \frac{\partial \varphi_q(\pi,g)}{\partial \pi}$$

(3-9)

根据新—新贸易理论，如果企业利润增加并超过进行出口的沉没成本，其将进行出口，而出口企业的生产率要高于一般企业的生产率（Melitz，2003），所以企业利润与生产率呈现正相关性，即 $\frac{\partial \varphi_q(\pi,g)}{\partial \pi} > 0$，则

$\dfrac{\partial\left[\dfrac{\partial\tilde{\alpha}(t)}{\partial f_{open}}\right]}{\partial \pi}<0$。所以，我们可以得到经验假说4：

经验假说4：在低技能劳动丰裕国家，贸易开放后，对于经营利润高的企业而言，其受到贸易开放的影响更小。

进一步，我们可以对式（3-6）求知识外溢或"干中学"（g）的偏导，得：

$$\dfrac{\partial\left[\dfrac{\partial\tilde{\alpha}(t)}{\partial f_{open}}\right]}{\partial g}=(-\lambda)(1+\eta)\sigma A(t)[f_{open}(d_i,h_j)]^{\sigma-1}[\varphi_q(\pi,g)]^{-\lambda-1}\bar{\alpha}_P^{-\delta}B^\rho\mu\cdot\dfrac{\partial\varphi_q(\pi,g)}{\partial g}$$
(3-10)

根据新增长理论可知，知识外溢和"干中学"可以提升一国技术水平，促进一国经济的可持续增长（Grossman和Helpman，1991），所以知识外溢和"干中学"能力水平与生产率呈现正相关性，即$\dfrac{\partial\varphi_q(\pi,g)}{\partial g}>0$，则$\dfrac{\partial\left[\dfrac{\partial\tilde{\alpha}(t)}{\partial f_{open}}\right]}{\partial g}<0$。所以，我们可以得到经验假说5：

经验假说5：在低技能劳动丰裕国家，贸易开放后，对于知识外溢和"干中学"较高的行业或企业而言，其受到贸易开放的影响更小。

最后，在个体层面影响方面，我们还可以从式（3-6）中得出关于高低技能劳动者影响的经验假说6：

经验假说6：在低技能劳动丰裕国家，贸易开放后，高技能劳动者受到贸易开放的影响更大。

理由如下：如式（3-6）所示，在低技能劳动丰裕国家，贸易开放后，进行人力资本投资的门槛值[$\tilde{\alpha}(t)$]提高，我们假设新的能力门槛值为$\tilde{\alpha}(t)'$，则$\tilde{\alpha}(t)<\tilde{\alpha}(t)'$。所以，能力范围处于[$\tilde{\alpha}(t),\tilde{\alpha}(t)'$]中的高技能劳动者将不会进行人力资本投资，而能力范围处于[$0,\tilde{\alpha}(t)$]的低技能劳动者将继续不进行人力资本投资。总体而言，在低技能劳动丰裕国家，贸易开放后，高技能劳动者受到贸易开放的影响更大。

第二节 二元劳动力市场与人力资本投资决策

接下来,本书将结合上述单一劳动力市场结构下的人力资本投资决策情况,理论分析中国二元劳动力市场分割下的人力资本投资决策。

如第二章文献综述中第四节所述,在中国二元劳动力市场分割下,中国城镇劳动者面临成为高技能、低技能两种劳动者的选择;而此时中国农村劳动者面临着三种选择:一是通过正式教育成为高技能劳动者;二是通过职业培训进入城镇次要劳动力市场并成为农民工;三是在完成基础教育后在农村劳动。其中,本书假定高技能劳动者的预期报酬为 W_S,低技能城镇劳动者、农民工的预期报酬为 W_U,而农村劳动者的预期报酬为 W_0。

同时,在本书的分析框架下,只有继续花费时间(本书假定是一个固定的时间 E)继续进行人力资本投资,其才能够成为相应的高技能劳动者。另外,本书假设劳动者之间的能力水平是异质的,并取决于劳动者个体天赋及其成长教育时期所形成的一般知识水平;而劳动者的能力水平是假定外生不变的,并呈 [0, 1] 的均匀分布。而且,本书还假定低技能劳动是相对简单的工作,不依赖于其能力水平;而高技能劳动是相对复杂的工作,依赖于其能力水平(α)。类似于 Costinot (2009) 对于劳动者的能力,本书将其定义为单位时间劳动者能够提供的技能劳动的数量。① 令提供 1 单位技能劳动获得的工资水平为 W_S,则对于具有能力 α 的劳动者而言,其获得的工资水平为其提供的技能劳动数量(α)与每单位技能劳动的工资的乘积(αW_S);并且,对于农民工而言,城镇低技能劳动也属于复杂劳动,其劳动报酬也是异质的。

由此,根据单一劳动力市场结构下的人力资本投资情况,可以得到城镇劳动者进行人力资本投资的净收益 $R(\alpha_{city}, t)_{city\_skilled}$、农村劳动者进行正式

---

① 与 Costinot (2009) 不同的是,Costinot 将能力理解为每个劳动者拥有的时间禀赋的差异,而本书则将其理解为单位时间提供的技能劳动数量,因此更为合理。

教育人力资本投资的净收益 R（α_{rural}，t）$_{rural\_skilled}$、通过职业培训成为农民工的净收益 R（α_{rural}，t）$_{rural\_worker}$：

$$R(\alpha_{city},t)_{city\_skilled} = \int_{t+E}^{T}(\alpha_{city}W_S - W_U)e^{-r(z-t)}dz - \int_{t}^{t+E}(\beta W_S + W_U)e^{-r(z-t)}dz$$

(3-11)

$$R(\alpha_{rural},t)_{rural\_skilled} = \int_{t+E}^{T}(\alpha_{rural}W_S - W_U)e^{-r(z-t)}dz - \int_{t}^{t+E}(\beta W_S + W_U)e^{-r(z-t)}dz$$

(3-12)

$$R(\alpha_{rural},t)_{rural\_worker} = \int_{t+E}^{T}(\alpha_{rural}W_U - W_0)e^{-r(z-t)}dz - \int_{t}^{t+E}(\beta W_U + W_0)e^{-r(z-t)}dz$$

(3-13)

与单一劳动力市场结构下的情况一致，人力资本投资净收益的计算为人力资本投资的收益减去人力资本投资的机会成本（直接成本和放弃进行工作的隐性成本）。其中，r 为完全竞争市场下的均衡利率，β 为进行人力资本投资的单位成本，如教师、培训者的工资等；α_{city}、α_{rural} 分别为城镇、农村劳动者的一般能力水平，本书假定从事高技能劳动是相对复杂的工作，依赖于其能力水平，而低技能劳动是相对简单的工作，不依赖于其能力水平；T 为每个劳动者的外生工作时间，t 为标准化的年龄，t=0 表示劳动者刚刚完成义务教育阶段，劳动者的年龄可以从 0 到 T 来表示。

因此，如果劳动者进行人力资本投资的净收益越大，其越倾向于进行人力资本投资。在本书中，假定只要劳动者进行人力资本投资的预期净收益为正，其就将进行人力资本投资（正式教育、职业培训）。

进一步，我们分别对上式中的 t、α_{city} 和 α_{rural} 进行求导，可得：

$$\frac{\partial R(\alpha_{city},t)_{city\_skilled}}{\partial t} = -\frac{(\alpha_{city}W_S - W_U)}{e^{r(T-t)}} < 0 \quad (3-14)$$

$$\frac{\partial R(\alpha_{city},t)_{city\_skilled}}{\partial \alpha_{city}} = \frac{W_S}{r}[e^{-rE} - e^{-r(T-t)}] > 0 \quad (3-15)$$

$$\frac{\partial R(\alpha_{rural},t)_{rural\_skilled}}{\partial t} = -\frac{(\alpha_{rural}W_S - W_U)}{e^{r(T-t)}} < 0 \quad (3-16)$$

$$\frac{\partial R(\alpha_{rural}, t)_{rural\_skilled}}{\partial \alpha_{rual}} = \frac{W_S}{r}[e^{-rE} - e^{-r(T-t)}] > 0 \quad (3-17)$$

$$\frac{\partial R(\alpha_{rural}, t)_{rural\_worker}}{\partial t} = -\frac{(\alpha_{rural}W_U - W_0)}{e^{rT-t}} < 0 \quad (3-18)$$

$$\frac{\partial R(\alpha_{rural}, t)_{rural\_worker}}{\partial \alpha_{rural}} = \frac{W_U}{r}[e^{-rE} - e^{-r(T-t)}] > 0 \quad (3-19)$$

从式（3-14）、式（3-16）、式（3-18）可以看出，随着劳动者年龄的增加，城镇劳动者人力资本投资的净收益 R（α_{city}，t）$_{city\_skilled}$、农村劳动者进行教育人力资本投资的净收益 R（α_{rural}，t）$_{rural\_skilled}$、通过职业培训成为农民工的净收益 R（α_{rural}，t）$_{rural\_worker}$ 均趋于减少，从而不利于城乡劳动者进行人力资本投资；从式（3-15）、式（3-17）、式（3-19）可以看出，随着劳动者能力水平的提高，城镇劳动者人力资本投资的净收益 R（α_{city}，t）$_{ctiy\_skilled}$、农村劳动者进行教育人力资本投资的净收益 R（α_{rural}，t）$_{rural\_skilled}$、通过职业培训成为农民工的净收益 R（α_{city}，t）$_{rural\_worker}$ 均趋于增加，从而有利于城乡劳动者进行人力资本投资。

最后，令 R（α_{city}，t）$_{ctiy\_skilled}$ = 0、R（α_{rural}，t）$_{rural\_skilled}$ = 0、R（α_{rual}，t）$_{rural\_worker}$ = 0 分别得到进行人力资本投资的能力门槛值：

$$\tilde{\alpha}(t)_{city\_skilled} = \frac{e^{rT}(e^{rE}-1)}{e^{rT}-e^{r(t+E)}}\beta + \frac{e^{rE}(e^{rT}-e^{rt})}{e^{rT}-e^{r(t+E)}}\frac{W_U}{W_S} = \eta\beta + (1+\eta)w_{city} \quad (3-20)$$

$$\tilde{\alpha}(t)_{rural\_skilled} = \frac{e^{rT}(e^{rE}-1)}{e^{rT}-e^{r(t+E)}}\beta + \frac{e^{rE}(e^{rT}-e^{rt})}{e^{rT}-e^{r(t+E)}}\frac{W_U}{W_S} = \eta\beta + (1+\eta)w_{rural\_skilled}$$

$$(3-21)$$

$$\tilde{\alpha}(t)_{rural\_worker} = \frac{e^{rT}(e^{rE}-1)}{e^{rT}-e^{r(t+E)}}\beta + \frac{e^{rE}(e^{rT}-e^{rt})}{e^{rT}-e^{r(t+E)}}\frac{W_0}{W_U} = \eta\beta + (1+\eta)w_{rural\_worker}$$

$$(3-22)$$

其中，t≠T-E，$\eta = \frac{e^{rT}(e^{rE}-1)}{e^{rT}-e^{r(t+E)}}$，劳动力市场上不同劳动者的相对报酬分别为：$w_{city} = \frac{W_U}{W_S}$，$w_{rural\_skilled} = \frac{W_U}{W_S}$，$W_{rural\_worker} = \frac{W_0}{W_U}$。

因此，如果城镇劳动者的能力水平满足 $\alpha_{city} > \tilde{\alpha}(t)_{city\_skilled}$，其将决定继续进行人力资本投资，成为高技能劳动者；反之，成为低技能劳动者。对于农村劳动者而言，如果劳动者的能力水平满足 $\alpha_{rural} > \tilde{\alpha}(t)_{rural\_skilled}$，其将决定继续进行教育投资的人力资本投资，并成为高技能劳动者；而如果其能力水平满足 $\tilde{\alpha}(t)_{rural\_woker} < \alpha_{rural} < \tilde{\alpha}(t)_{rural\_skilled}$，则其将进行职业培训并以农民工身份进入城镇就业市场；如果 $\alpha_{rural} < \tilde{\alpha}(t)_{rural\_worker}$，则其将在农村进行劳动。进而，随着进行人力资本投资的能力门槛值的降低，城乡劳动者越倾向于进行人力资本投资。

第三节　对外贸易、二元劳动力市场与人力资本投资[①]

本节将根据第二节中关于二元劳动力市场与人力资本投资决策的相关结论，理论分析对外贸易对中国城乡不同技能劳动者相对报酬的影响，进而得到其对中国劳动者人力资本投资的影响。

一、对外贸易对城乡劳动者报酬的影响 ▶

从第一节中可以看到，人力资本投资的门槛变动是与劳动者报酬相关的。鉴于此，本节将先分析地区贸易开放对中国劳动者报酬的影响。

根据赫克歇尔—俄林理论（简称 H-O 理论）可知，一个国家依据自身的比较优势，出口其相对富足的要素密集生产的产品，进口该国相对稀缺的要素密集生产的产品。对于中国而言，中国的人均人力资本水平依然较低，是一个典型的低技能劳动力丰裕的发展中国家（李海峥，2012）；而且，虽然中

---

① 本节是与李坤望、王永进合作，最早发表于《世界经济》，2014 年第 3 期，第 56-79 页。

国的贸易规模巨大,但中国的出口生产处于全球生产价值链的低端,在相关出口产品定价方面并不具有主导地位,并不完全是传统国际贸易模型中的"贸易大国"。对于本书而言,由于本书分析的是地区层面的贸易开放对于该地区内高、低技能劳动者实际报酬的影响,而对于中国单个地区而言,其如同发展中"贸易小国"情形,并不能影响商品的国际市场价格。鉴于此,本书将借鉴 Xu(2001)的相关研究,通过分析发展中"贸易小国"情形,得出对外贸易对该地区高、低技能劳动者实际报酬的影响(见图3-1)。

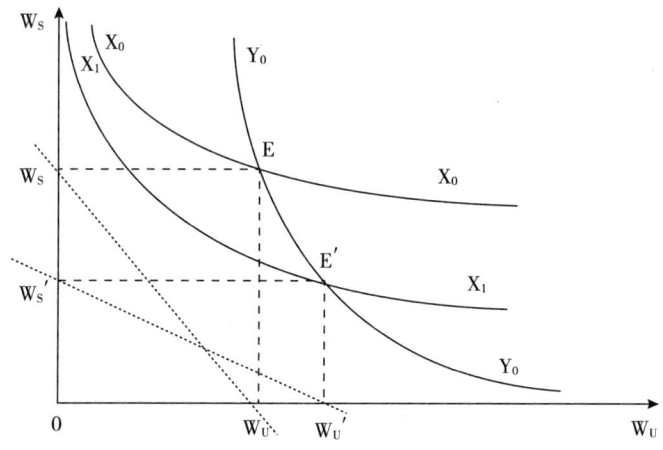

图 3-1 地区层面贸易开放度提高对高、低技能劳动报酬的影响

图 3-1 显示了发展中贸易小国情形下,贸易开放对高技能、低技能劳动者相对报酬的影响。随着贸易开放度的扩大,贸易壁垒下降,高技能密集型产品 X 的国内价格水平下降,X_0X_0 线向下移至 X_1X_1 线处,均衡点由 E 点到达 E′点,出口产品生产中密集使用的低技能劳动者(本国充裕要素)的报酬提高,即 $W_U′>W_U$,进口产品生产中密集使用的高技能劳动者(本国稀缺要素)的报酬降低,$W_S′<W_S$,从图3-1中两条细的虚斜线可以得到,高技能与低技能劳动者的相对工资由 W_S/W_U 下降至 $W_S′/W_U′$,以上结论便是斯托尔珀—萨缪尔森定理(S-S 定理)下的推论。

综上分析,对于中国城乡劳动者而言,随着地区贸易开放度的提高,城镇劳动力市场中的高技能劳动者实际报酬趋于下降,城镇劳动力市场中低技能劳动者、农民工的实际报酬趋于上升,中国农村劳动力市场受到贸易开放影响较小,假定实际报酬维持不变。

二、对外贸易对城乡劳动者人力资本投资的影响

由以上分析可知,对外贸易会影响不同技能劳动者的报酬,进而影响到劳动者人力资本投资的决策行为。

(一)对外贸易对城镇劳动者人力资本投资的影响

对于城镇劳动者而言,随着贸易开放度的提高,其继续进行人力资本投资的能力门槛值为:

$$\tilde{\alpha}(t)'_{city\_skilled} = \{[e^{rT}(e^{rE}-1)]/[e^{rT}-e^{r(t+E)}]\} \cdot \beta + \{[e^{rE}(e^{rT}-e^{rt})]/[e^{rT}-e^{r(t+E)}]\} \cdot (W_U'/W_S')$$

$$= \eta\beta + (1+\eta)w'_{city} > \eta\beta + (1+\eta)w_{city} = \tilde{\alpha}(t)_{city\_skilled} \quad (3-23)$$

由式(3-23)可得,在中国等低技能劳动丰裕的发展中国家,随着贸易开放度的提高,城镇高技能劳动者相对低技能劳动者的实际报酬(w_{city})减少,其进行人力资本投资的门槛值 [$\tilde{\alpha}(t)_{city\_skilled}$] 提高,城镇劳动者更不倾向于进行人力资本投资。因此,可以得出本书的经验假说7:

经验假说7:随着贸易开放度的提高,城镇高技能劳动者相对低技能劳动者的实际报酬减少,城镇劳动者进行人力资本投资的门槛值提高,更不倾向于进行人力资本投资,不利于中国人力资本的积累与提升。

(二)对外贸易对农村劳动者教育投资的影响

对于农村劳动者而言,随着贸易开放度的提高,其继续进行教育投资的能力门槛值为:

$$\tilde{\alpha}(t)'_{rural\_skilled} = \{[e^{rT}(e^{rE}-1)]/[e^{rT}-e^{r(t+E)}]\} \cdot \beta + \{[e^{rE}(e^{rT}-e^{rt})]/[e^{rT}-e^{r(t+E)}]\} \cdot (W_U'/W_S')$$

$$= \eta\beta + (1+\eta)w'_{rural\_skilled} > \eta\beta + (1+\eta)w_{rural\_skilled} = \tilde{\alpha}(t)_{rural\_skilled}$$

$$(3-24)$$

由式（3-24）可得，在中国等低技能劳动丰裕的发展中国家，随着贸易开放度的提高，高技能劳动者相对低技能劳动者的实际报酬（$w_{rural\_skilled}$）减少，农村劳动者进行教育投资的门槛值 [$\tilde{\alpha}(t)_{rural\_skilled}$] 提高，其更不倾向于进行教育投资。因此，可以得出本书的经验假说 8：

经验假说 8：随着贸易开放度的提高，高技能劳动者相对低技能劳动者的实际报酬趋于降低，农村劳动者进行人力资本投资的门槛值提高，更不倾向于进行教育投资，不利于中国人力资本的积累与提升。

(三) 对外贸易对农村劳动者职业培训投资的影响

对于农村劳动者而言，随着贸易开放度的提高，其进行职业培训，并以农民工的身份进入城镇劳动力市场的能力门槛值为：

$$\tilde{\alpha}(t)'_{rural\_worker} = \{[e^{rT}(e^{rE}-1)]/[e^{rT}-e^{r(t+E)}]\} \cdot \beta + \{[e^{rE}(e^{rT}-e^{rt})]/[e^{rT}-e^{r(t+E)}]\} \cdot (W_0/W_U')$$

$$= \eta\beta + (1+\eta)w'_{rural\_worker} < \eta\beta + (1+\eta)w_{rural\_worker} = \tilde{\alpha}(t)_{rural\_worker}$$

(3-25)

由式（3-25）可得，在中国等低技能劳动丰裕的发展中国家，随着贸易开放度的提高，农村劳动者进入城镇务工相对农村劳动的实际报酬（w_{rural_worker}）增加，其进行职业培训并进入城镇就业市场的门槛值 [$\tilde{\alpha}(t)_{rural\_skilled}$] 降低，农村劳动者更倾向于进行职业培训。因此，可以得出本书的经验假说 9：

经验假说 9：随着贸易开放度的提高，农村劳动者进入城镇务工相对农村劳动实际报酬趋于增加，其更倾向于以农民工的身份进入城镇就业市场，并进行职业培训，有利于中国人力资本的积累与提升。

第四节 外贸高质量发展、二元劳动力市场与人力资本投资

本节同样将根据本章第二节中关于二元劳动力市场与人力资本投资决策

的相关结论,理论分析外贸高质量发展对中国城乡不同技能劳动者相对报酬的影响,进而得到其对中国劳动者人力资本投资的影响。如导论所述,党的十八大和党的十八届三中全会明确指出,中国要"增强企业国际化经营能力","形成以技术、品牌、质量、服务为核心的出口竞争新优势,促进加工贸易转型升级","完善互利共赢、多元平衡、安全高效的开放型经济体系"。党的十九大更是明确提出,"推动形成全面开放新格局"。出口企业生产率的提高对于增强企业国际竞争力和国际化经营能力具有重要作用(Melitz,2003);一国出口技术复杂度越高,则其出口产品技术含量越高,出口产品在国际市场上的竞争力越强,而且,出口技术复杂度还能反映出口产业在国际分工体系中的地位和作用(Rodrik,2006;Hausmann et al.,2007;黄先海等,2010);出口多样化是反映出口结构、贸易多样化水平变动的重要方面,出口多样化水平的提高可以显著增强贸易发展的稳定性,减少外部环境不利因素冲击的影响(钱学锋和熊平,2010;黄玖立和徐旻鸿,2012),有利于互利共赢、多元平衡、安全高效的开放型经济体系的建立和完善。鉴于此,在外贸高质量发展的指标选取上,本书分别选择出口企业生产率水平、出口技术复杂度、出口多样化水平等指标进行衡量。

一、出口企业生产率对城乡劳动者人力资本投资的影响[①]

结合本章第二节关于二元劳动力市场与人力资本投资决策的理论分析,本书借鉴 Falvey 等(2010)、Bustos(2011)、Melitz(2003)等的研究并进行相关扩展,在二元劳动力市场背景下,通过劳动者人力资本投资行为得到劳动力市场上高、低技能劳动者供给变动情况,然后得到企业对高、低技能劳动者需求变动情况,最后通过劳动力市场供给与需求的均衡变动分析,得到出口企业生产率提高对中国城乡劳动者人力资本投资的影响,并以此提出相关经验假说。

---

① 本小节是与王永进、李坤望合作,最早发表于《经济研究》,2014 年第 1 期,第 83-96 页。

(一) 劳动力市场的供给

从以上分析还可以看到,劳动者相对报酬的变动将会影响劳动者人力资本投资门槛值的变动,从而对劳动者人力资本投资决策产生影响,进而劳动力市场上高、低技能劳动者的供给也随之变动。鉴于下文分析目的,本书将主要分析城镇劳动力市场上高、低技能劳动者相对供给曲线与低技能劳动者的供给曲线。

1. 高、低技能劳动者相对供给曲线

由于本书假定城乡劳动者的能力水平是假定外生不变的,并都呈 [0, 1] 的均匀分布,而且式 (3-20)、式 (3-21) 表明城乡劳动者成为高技能劳动者的能力门槛值也相同,所以在二元劳动力市场背景下,即使存在大量农村劳动力向城镇的流动,城镇劳动力市场上高、低技能劳动者的相对供给也只与能力门槛值(或高、低技能劳动者相对报酬)相关,即:

$$\frac{\bar{S}}{\bar{U}} = \frac{\int_{\tilde{\alpha}_{skilled}}^{1} \alpha d\alpha}{\int_{0}^{\tilde{\alpha}_{skilled}} \alpha d\alpha} = \frac{\frac{1}{2}(1-\tilde{\alpha}_{skilled}^2)}{\frac{1}{2}\tilde{\alpha}_{skilled}^2} = \frac{1}{\tilde{\alpha}_{skilled}^2} - 1 \quad (3-26)$$

其中,$\tilde{\alpha}_{skilled} = \tilde{\alpha}_{city\_skilled} = \tilde{\alpha}_{rural\_skilled} = \xi b + (1+\xi) / \frac{W_S}{W_U}$。

从式 (3-26) 我们可以推出,当 $\tilde{\alpha}_{skilled} = 1$,即 $0 \leq \frac{W_S}{W_U} \leq \frac{1+\xi}{1-\xi b}$ 时,所有的劳动者均不进行人力资本投资,高、低技能劳动者的相对供给为零;而随着 W_S/W_U 的不断提高,高、低技能劳动者的相对供给也趋于增加,当 W_S/W_U 趋于无穷大时,可以得到 $\tilde{\alpha}_{skilled} = \xi b$,从而高、低技能劳动者的相对供给上升至 $[1/(\xi b)^2] - 1$。基于此,可以画出高、低技能劳动者相对报酬与相对供给之间的关系图,如图 3-2 所示。

2. 低技能劳动者供给曲线

在本书的分析框架下,城镇低技能劳动者的供给($\bar{U}$)由城镇低技能劳

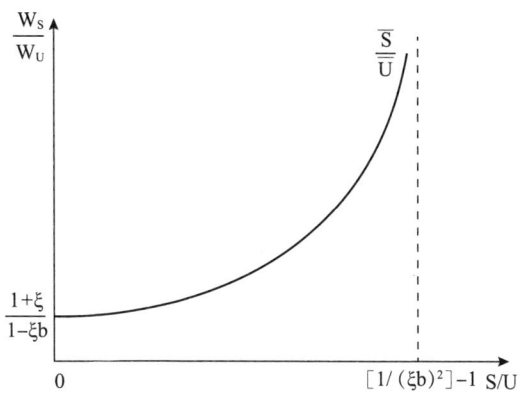

图 3-2 高、低技能劳动者相对供给曲线

动者（$\overline{U}_{urban}$）和农民工（$\overline{U}_{rural}$）组成。为分析简便以及考虑中国城镇化率为 50% 的现状，本书假设城镇、农村人口总量相等（分别设为 F）。根据前文相关假定，可以推出城镇劳动力市场上低技能劳动者的总供给为：

$$\overline{U}\left(\frac{W_U}{W_0}, \frac{W_S}{W_U}\right) = \overline{U}_{urban}\left(\frac{W_S}{W_U}\right) + \overline{U}_{rural}\left(\frac{W_U}{W_0}, \frac{W_S}{W_U}\right)$$

$$= \left(\int_0^{\tilde{\alpha}_{city\_skilled}} \alpha d\alpha + \int_{\tilde{\alpha}_{rural\_worker}}^{\tilde{\alpha}_{rural\_skilled}} \alpha d\alpha\right) \cdot F = \left(-\frac{1}{2}\tilde{\alpha}_{rural\_skilled}^2 + \tilde{\alpha}_{skilled}^2\right) \cdot F$$

$$= \left\{-\frac{1}{2}\left[\xi b + (1+\xi)\bigg/\frac{W_U}{W_0}\right]^2 + \left[\xi b + (1+\xi)\bigg/\frac{W_S}{W_U}\right]^2\right\} \cdot F \quad (3-27)$$

从式（3-27）可以看到，低技能劳动者的总供给是城镇低技能劳动者与农村劳动相对报酬（W_U/W_0）的增函数，并且随着城镇高、低技能劳动报酬的增加而趋于减少。而且可以从式（3-27）推出，当 $0 \leqslant \frac{W_U}{W_0} \leqslant \frac{1+\xi}{(\sqrt{2}-1)\xi b + \sqrt{2}(1+\xi)/(W_S W_U)^*} = B\left(\frac{W_S}{W_U}\right)^*$ 时，低技能劳动者的总供给为零；而随着 W_U/W_0 的不断提高，低技能劳动者的总供给也趋于增加，当 W_U/W_0 趋于无穷大时，可以得到城乡劳动者均成为低技能劳动者，总供给为 2F。基于此，可以画出城镇低技能劳动者与农村劳动相对报酬、低技能劳动者总供给之间的关系图，如图 3-3 所示。

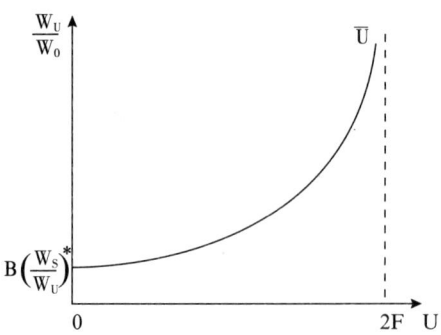

图 3-3 低技能劳动者总供给曲线

(二) 劳动力市场的需求与均衡

结合以上理论分析,在二元劳动力市场背景下,本书将主要借鉴 Bustos (2011)、Melitz (2003) 的研究成果并拓展其模型,分别推出高、低技能劳动者相对需求曲线与低技能劳动者的总需求曲线,并得出相应劳动力市场的均衡状态。

1. 消费者需求

借鉴 Melitz (2003) 的模型,本书假定消费者效用 $U \equiv Q$,Q 为整个社会代表性的复合消费品,而且为 CES 形式函数:

$$Q = [\int_0^M q(\omega)^\rho d\omega]^{\frac{1}{\rho}} \tag{3-28}$$

其中,消费者对任意两种商品替代弹性为 $\sigma = 1/(1-\rho) > 0$,ω 为商品集 M 的商品种类。

进而,根据 $Q \equiv U$ 可以引申得到价格指数、需求函数等,如式 (3-29)、式 (3-30) 所示:

$$P = [\int_0^M p(i)^{1-\sigma} di]^{\frac{1}{1-\sigma}} \tag{3-29}$$

$$q(\omega) = EP^{\sigma-1} p(\omega)^{-\sigma} \tag{3-30}$$

其中,P 为总消费商品价格指数,E 为经济体内的总消费水平。

2. 企业生产、退出与出口生产

沿袭 Bustos (2011) 模型,本书假定企业只生产一种商品 ω,且各个企业间生产的商品种类各不一样。同时,本书还假定企业生产只需投入高技能劳动和低技能劳动两种生产要素,其报酬分别为 W_S 和 W_U,其中高技能劳动者占成本比重为 β。为进入一行业进行生产或出口,企业还得付出进入固定成本(f)或出口固定成本(f_x)(与现有研究假定固定成本 f 为劳动单位数不同,本书假定固定成本以代表性复合消费品数量来表示),而且出口企业还要支付冰山成本(τ),并且进入生产后,根据自身的生产率水平 φ 决定是继续生产还是退出生产。其中,企业的生产率水平是呈帕累托分布,即 G(φ) = $1-\varphi^{-k}$,k>1。而且,考虑下文分析目的,本书进一步设定企业生产率等于出口企业生产率($\tilde{\varphi}_{ex}$)与企业自身其他影响因素(ζ)的乘积,即 $\varphi = \tilde{\varphi}_{ex} \cdot \zeta$。与此同时,企业间的生产技术水平也是不相同的,本书假定企业生产可以根据自身条件选择成为高技术密集型企业(h)、低技术密集型企业(l)。

于是,企业面临成为高技术密集型企业与低技术密集型企业、国内生产与出口生产等选择。同时,高技术密集型企业倾向于出口生产以获得更大的利润与发展空间,且已有研究也表明出口企业与国内生产企业相比,其技术密集型更强(Bernard et al., 2007)。因此,在 Bustos(2011)研究框架下,实际上企业根据自身生产率水平面临如下三种选择,以获得其最大生产利润:

(1)成为低技术密集型企业并进行国内生产:

$$\pi_l^d(\varphi) = \frac{r_l^d(\varphi)}{\sigma} - Pf \tag{3-31}$$

(2)成为低技术密集型企业并进行出口生产:

$$\pi_l^x(\varphi) = (1+\tau^{1-\sigma})\frac{r_l^d(\varphi)}{\sigma} - Pf\eta - Pf_x \tag{3-32}$$

(3)成为高技术密集型企业并进行出口生产:

$$\pi_h^x(\varphi) = \lambda^{\sigma-1}(1+\tau^{1-\sigma})\frac{r_l^d(\varphi)}{\sigma} - Pf\eta - Pf_x \tag{3-33}$$

其中,企业收益间的关系分别为 $r_l^d(\varphi) = E(P\rho)^{\sigma-1}(W_S^\beta W_U^{1-\beta})^{1-\sigma}\varphi^{\sigma-1}$,$r_l^x(\varphi) = (1+\tau^{1-\sigma})r_l^d(\varphi)$,$r_h^x(\varphi) = \lambda^{\sigma-1}(1+\tau^{1-\sigma})r_l^d(\varphi)$。

根据以上利润函数,令 $\pi_l^d(\varphi_d^*) = 0$、$\pi_l^d(\varphi_x^*) = \pi_l^x(\varphi_x^*)$、$\pi_l^x(\varphi_h^*) = \pi_h^x(\varphi_h^*)$,我们可以分别得到国内市场进入、出口、采用高技术出口的生产率门槛值 φ_d^*、φ_x^* 和 φ_h^*。

$$\pi_l^d(\varphi_d^*) = 0 \Leftrightarrow \frac{r_l^d(\varphi_d^*)}{\sigma} - Pf = 0 \quad (3-34)$$

$$\varphi_x^* = \varphi_d^* \tau \left(\frac{f_x}{f}\right)^{\frac{1}{\sigma-1}} \quad (3-35)$$

$$\varphi_h^* = \varphi_d^* \left[\frac{\eta-1}{1+\tau^{1-\sigma}(\lambda^{\sigma-1}-1)}\right]^{\frac{1}{\sigma-1}} \quad (3-36)$$

从以上可以看出，在允许高技术与低技术密集型企业均参与出口情况下，可得 $\varphi_d^* < \varphi_x^* < \varphi_h^*$。所以，如果企业生产率小于 φ_d^*，其将退出市场；满足 $\varphi_d^* < \varphi < \varphi_x^*$ 条件的企业将采用低技术并进行出口生产；生产水平高于 φ_h^* 的企业将采用高技术并进行出口生产。

3. 高、低技能劳动者相对需求与均衡

首先，对高、低技能劳动者的需求均来自高技术和低技术密集型两类企业，即企业对高技能劳动者的需求为 $S = S_l + S_h$，对低技能劳动者的需求为 $U = U_l + U_h$。

其中，$S_l = \int_{\varphi_d^*}^{\varphi_x^*} S_l^d(\varphi) \frac{g(\varphi)}{1 - G(\varphi_d^*)} d\varphi + \int_{\varphi_x^*}^{\varphi_h^*} S_l^x(\varphi) \frac{g(\varphi)}{1 - G(\varphi_d^*)} d\varphi$，$S_h = \int_{\varphi_h^*}^{\infty} S_h^x(\varphi) \frac{g(\varphi)}{1 - G(\varphi_d^*)} d\varphi$；而 $U_l = \int_{\varphi_d^*}^{\varphi_x^*} u_l^d(\varphi) \frac{g(\varphi)}{1 - G(\varphi_d^*)} d\varphi + \int_{\varphi_x^*}^{\varphi_h^*} u_l^x(\varphi) \frac{g(\varphi)}{1 - G(\varphi_d^*)} d\varphi$，$U_h = \int_{\varphi_h^*}^{\infty} u_h^x(\varphi) \frac{g(\varphi)}{1 - G(\varphi_d^*)} d\varphi$。式中，$S_l^d(\varphi)$、$S_l^x(\varphi)$ 和 $S_h^x(\varphi)$，以及 $u_l^d(\varphi)$、$u_l^x(\varphi)$ 和 $u_h^x(\varphi)$ 分别表示三种类型单个企业对高技能、低技能劳动者的需求。

其次，Bustos（2011）研究表明，各个类型的单个企业对高、低技能劳动者的相对需求是独立于其产出与生产率水平的，而仅与其选择的技术类型有关（附录 A 所示），即：

$$\frac{S_l^d(\varphi)}{u_l^d(\varphi)} = \frac{S_l^x(\varphi)}{u_l^x(\varphi)} = \left(\frac{s}{u}\right)_l = \frac{\beta}{1-\beta} \frac{W_U}{W_S}, \frac{S_h^x(\varphi)}{u_h^x(\varphi)} = \left(\frac{S}{u}\right)_h = \frac{\alpha}{1-\alpha} \frac{W_U}{W_S} \quad (3-37)$$

从以上可以看到，所有高技术密集型企业对高、低技能劳动者的相对需求为 $\frac{S_h}{U_h} = \left(\frac{s}{u}\right)_h$，所有低技术密集型企业对其相对需求为 $\frac{S_l}{U_l} = \left(\frac{s}{u}\right)_l$。因此，在整个劳动力市场中,企业对高、低技能劳动者的总体相对需求是高技术密集型企业与低技术密集型企业的加权,权重为他们雇用低技能劳动者所占的比重:

$$\left(\frac{S}{U}\right)^D = \frac{S^h + S^l}{U^h + U^l} = \frac{S^h}{U^h}\frac{U^h}{U} + \frac{S^l}{U^l}\frac{U^l}{U} = \left(\frac{s}{u}\right)_h \frac{U^h}{U} + \left(\frac{s}{u}\right)_l \frac{U^l}{U} \qquad (3-38)$$

另外,根据 Bustos(2011)的研究(附录 B 所示),高技术密集型、低技术密集型企业对低技能劳动者的相对需求与其企业收益相关,即 $\frac{U_h}{U_l} = \frac{(1-\alpha)}{(1-\beta)} \frac{R_h}{R_l}$,$R_l$ 与 R_h 分别为低技术密集型、高技术密集型企业的收益。进而,可以根据式(3-37)、式(3-38)得到劳动力市场上对高、低技能劳动者的相对需求:

$$\left(\frac{S}{U}\right)^D = \frac{W_U}{W_S} \left[\frac{\beta}{1-\beta} + \left(\frac{\alpha}{1-\alpha} - \frac{\beta}{1-\beta}\right)\frac{1}{1+\frac{(1-\beta)R_l}{(1-\alpha)R_h}}\right] \qquad (3-39)$$

从式(3-39)可以看到,在劳动力市场中,对高、低技能劳动者的相对需求与其相对报酬是成反比的,即 $\partial\left(\frac{S}{U}\right)^D / \partial\frac{W_S}{W_U} < 0$。而且,如式(3-38)所示,在整个劳动力市场中,企业对高、低技能劳动者的总体相对需求(RD)是高技术密集型企业(RD_h)与低技术密集型企业(RD_l)的加权。由此,可以得到高、低技能劳动者的相对需求曲线,整个劳动力市场在对高、低劳动者相对需求与相对供给的交点处(点 E)达到均衡,如图 3-4 所示。

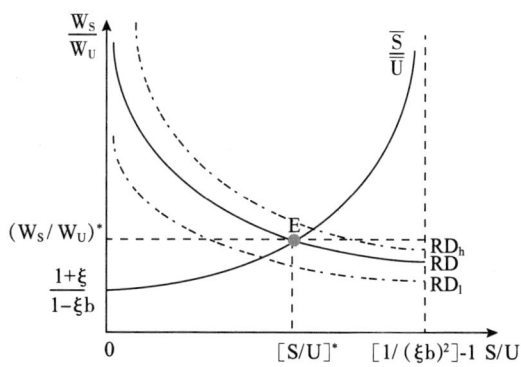

图 3-4 高、低技能劳动者相对供给与需求的均衡

4. 低技能劳动者的需求与均衡

依据本书相关假定,低技能劳动者总需求(U^D)由高技术密集型需求(U_l)与低技术密集型需求(U_h)组成。根据附录B中相关结论,可得:

$$U^D = \frac{\rho}{W_0} \cdot \frac{(1+\beta)\left[\int_{\varphi_d^*}^{\varphi_x^*}\Psi(\varphi)d\varphi + (1+\tau^{1-\sigma})\int_{\varphi_x^*}^{\varphi_h^*}\Psi(\varphi)d\varphi\right] + (1-\alpha)\lambda^{\sigma-1}(1+\tau^{1+\sigma})\int_{\varphi_h^*}^{\infty}\Psi(\varphi)d\varphi}{W_U/W_0}$$

(3-40)

其中,$\Psi(\varphi) = r_l^d(\varphi)\dfrac{g(\varphi)}{1-G(\varphi_d^*)}$。

从式(3-40)可以看到,低技能劳动者总需求(U^D)与W_U/W_0存在反函数的相关关系。基于此,可以得到低技能劳动者总需求曲线及其均衡,如图3-5所示。

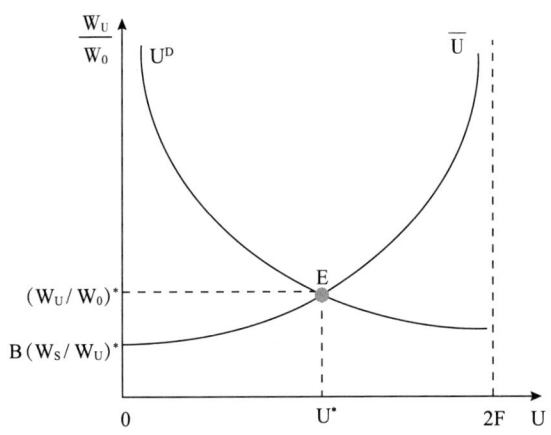

图3-5 低技能劳动者总供给与总需求的均衡

(三)出口企业生产率对城乡劳动者人力资本投资的影响

接下来,在二元劳动力市场背景下,本书将通过劳动力市场供给与需求的均衡变动分析,以出口企业生产率对中国城乡劳动者相应报酬的影响为视角,得出出口企业生产率的提高对中国劳动者人力资本投资的影响。在进行具体分析之前,本书主要分析的是出口企业生产率($\tilde{\varphi}_{ex}$)的提高对中国人力资本积累的影响,即整个地区全部出口企业(高技术密集型与低技术密集型)总体生产率水平的提升所带来的影响,而不是关注个别或部分出口企业的生产率水平。

1. 出口企业生产率提高对高、低技能劳动者相对报酬的影响

接下来,本书将首先分析出口企业生产率提高对高、低技能劳动者相对需求的影响,进而得到其对高、低技能劳动者相对报酬的影响。如前所述,企业对高、低技能劳动者的总体相对需求(RD)是高技术密集型企业(RD_h)与低技术密集型企业(RD_l)的加权,权重为他们雇佣低技能劳动者所占的比重,而高技术与低技术密集型企业对高、低技能劳动者的相对需求是独立于生产率水平的(见附录A),所以本书将主要通过考察出口企业生产率对加权比重的影响,分析其对高、低技能劳动者相对需求的影响,即:

$$\partial\left(\frac{U_h}{U_l}\right)\Big/\partial\tilde{\varphi}_{ex}=\left[\partial\left(\frac{U_h}{U_l}\right)\Big/\partial\varphi\right]\cdot\left[\partial\varphi/\partial\tilde{\varphi}_{ex}\right]=\left[\partial\left(\frac{U_h}{U_l}\right)\Big/\partial\varphi\right]\cdot\zeta \quad (3-41)$$

结合附录B中的相关结论,可得:

$$\partial\left(\frac{U_h}{U_l}\right)\Big/\partial\varphi=\frac{(1-\alpha)}{(1-\beta)}\frac{\lambda^{\sigma-1}(1+\tau^{1-\sigma})\left[r_l^d(\varphi)\frac{g(\varphi)}{1-G(\varphi_d^*)}\right]}{\int_{\varphi_d^*}^{\varphi_x^*}r_l^d(\varphi)\frac{g(\varphi)}{1-G(\varphi_d^*)}d\varphi+(1+\tau^{1-\sigma})\int_{\varphi_x^*}^{\varphi_b^*}r_l^d(\varphi)\frac{g(\varphi)}{1-G(\varphi_d^*)}d\varphi}>0$$

(3-42)

进而,由式(3-41)、式(3-42)可得 $\partial\left(\frac{U_h}{U_l}\right)\Big/\partial\tilde{\varphi}_{ex}>0$,从而结合式(3-38)可得,出口企业生产率提高以后,高技术密集型企业对高、低技能劳动者相对需求占到总需求的加权比重上升,使总需求曲线从RD_0上升至RD_1,从而高、低技能劳动者均衡条件下的相对报酬趋于上升,如图3-6所示。

因此,随着出口企业生产率的提高,中国城镇劳动力市场上高技能与低技能劳动者的相对报酬趋于增加,中国城镇劳动者进行人力资本投资的门槛值降低,有利于其进行人力资本投资。

经验假说10:随着出口企业生产率的提高,高技能与低技能劳动者的相

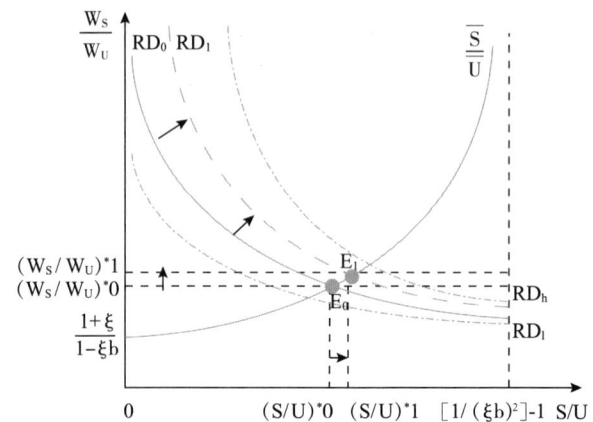

图 3-6 出口企业生产率提高对高、低技能劳动者相对报酬的影响

对报酬趋于增加，中国城镇劳动者进行人力资本投资的门槛值降低，有利于其进行人力资本投资，促进了中国人力资本的积累和提升。

另外，如式（3-21）所示，高技能与低技能劳动者的相对报酬增加后，中国农村劳动者进行正式教育人力资本投资的门槛值也趋于降低，有利于其增加正式教育人力资本投资。

经验假说 11：随着出口企业生产率的提高，高技能与低技能劳动者的相对报酬趋于增加，中国农村劳动者进行正式教育人力资本投资的门槛值降低，有利于其进行正式教育人力资本投资，促进了中国人力资本的积累和提升。

2. 出口企业生产率提高对低技能劳动者与农民相对报酬的影响

接下来，在二元劳动力市场背景下，通过劳动力市场供给与需求变动的分析，本书将分析出口企业生产率提高对于低技能劳动者与农民相对报酬的影响。

结合式（3-21），可得：

$$\frac{\partial U^D}{\partial \tilde{\varphi}_{ex}} = \frac{\partial U^D}{\partial \varphi} \cdot \frac{\partial \varphi}{\partial \tilde{\varphi}_{ex}} = \frac{\rho}{W_0} \cdot \frac{(1-\alpha)\lambda^{\sigma-1}(1+\tau^{1-\sigma})\Psi(\varphi)}{\frac{W_U}{W_0}} \cdot \zeta > 0 \quad (3-43)$$

如图 3-7 所示，从式（3-37）可以得到，随着出口企业生产率水平的提高，低技能劳动者的需求提高，需求曲线从 U_0^D 上升至 U_1^D；同时，出口企业生产率提高后，高、低技能劳动者的相对报酬也趋于提高（见图3-6），从而使低技能劳动者的供给曲线从$\overline{U_0}$移至$\overline{U_1}$。因此，出口企业生产率提高后，低技能劳动者与农民相对报酬（W_U/W_0）趋于增加。根据式（3-23）的相关结论，农村劳动者进行职业培训人力资本投资的门槛值下降，以农民工身份进入城镇就业市场的倾向增加，低技能劳动者的总供给也趋于增加。

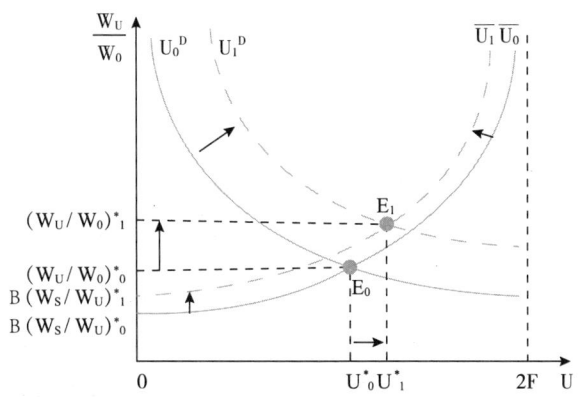

图3-7　出口企业生产率提高对低技能劳动者（农民工）与农民相对报酬的影响

经验假说12：随着出口企业生产率的提高，中国城镇劳动力市场上低技能劳动者与农民相对报酬增加，中国农村劳动者进行职业培训并以农民工的身份进入城镇劳动力市场的门槛值降低，有利于其进行职业培训人力资本投资，促进了中国人力资本的积累和提升。

二、出口技术复杂度对城乡劳动者人力资本投资的影响[①]

关于出口技术复杂度对人力资本投资的影响，本书借鉴并拓展Hausmann等（2007）的模型，理论分析出口技术复杂度对中国城乡劳动者报酬的影响，从而得到其对人力资本投资能力门槛值的影响，最终得到其对城乡劳动者人力资本投资的影响。

---

① 本小节是与王永进、毛劲松合作，最早发表于《管理世界》，2014年第2期，第6—20页。

(一) 出口技术复杂度的决定

本书拓展 Hausmann、Hwang 和 Rodrik (2007) 的模型，假定出口投资商进入一个全新的项目，必然面临着成本不确定性问题，如资源禀赋、能否成功引进并吸收新技术、产业环境、竞争者的强弱等。而这些成本对于不同经营者是不同的，在较早时期进入这个新项目的经营商会面临较大的不确定性成本，后来经营者可以根据最初经营者产生的信息溢出效应减少不确定性成本。如果先行者经营成功，则后来者可以观察到这个项目的盈利能力，并决定是否进入"模仿"；反之，先行者将独自承担项目的全部损失。这种外部性将导致市场只会带来一小部分先行者的"自我探索"。

具体来讲，本书假定这个项目产品的价格外生为 p；一个出口企业的生产效率（或利润率）水平为 θ，并在 [0, h] 区间均匀分布，h 越高，意味着行业潜在的生产率水平越高。h 表示企业所在出口行业的技术复杂度，h 取值越大意味着该产品的生产越有助于生产率水平的提高，从而有利于经济增长 (Hausmann et al., 2007)。本书还假定模仿者将根据处于 α 处（获得平均利润率）的先行者生产率进行选择，并假定行业中的最大生产率为 θ^{max}。本书还假定一个投资者只能参与一个项目，要么继续进行现有项目，要么模仿进入这个新项目，而且，当其模仿进行其他项目时，是不利于其利润增长的。因此，如果投资者 i 的生产率 $\theta_i \geq \theta^{max}$，其将继续现有项目；如果 $\theta_i < \theta^{max}$，其为了获得更大利润将进行模仿并参与新的行业项目。而且，根据 Hausmann 等 (2007) 的研究，出口行业的企业数目 (m) 越多，则 θ^{max} 越大。由此，可以得到：

$$E(\theta^{max}) = \frac{hm}{m+1} \tag{3-44}$$

进而得到投资者 i 继续原有项目的概率为：

$$\text{prob}(\theta_i \geq \alpha\theta^{max}) = 1 - \frac{\alpha E(\theta^{max})}{h} = 1 - \frac{am}{m+1} \tag{3-45}$$

而其对应的预期利润为：

$$E(\pi | \theta_i \geq \alpha\theta^{max}) = \frac{1}{2}p[h + \alpha E(\theta^{max})] = \frac{1}{2}ph\left(1 + \frac{\alpha m}{m+1}\right) \tag{3-46}$$

而从以上还可以得到继续原有项目的经营者预期生产率水平为 $\frac{1}{2}h\left(1+\frac{\alpha m}{m+1}\right)$，进一步可以得到模仿进入这个新项目的概率和预期利润：

$$\text{prob}(\theta_i < \alpha\theta^{\max}) = \frac{\alpha E(\theta^{\max})}{h} = \frac{\alpha m}{m+1} \tag{3-47}$$

$$E(\pi|\theta_i < \alpha\theta^{\max}) = P\alpha E(\theta^{\max}) = ph\left(\frac{\alpha m}{m+1}\right) \tag{3-48}$$

综上所述，可以得到整个出口行业的平均利润为：

$$E(\pi) = ph\left[\left(1-\frac{\alpha m}{m+1}\right)\frac{1}{2}\left(1+\frac{\alpha m}{m+1}\right)+\left(\frac{\alpha m}{m+1}\right)^2\right] = \frac{1}{2}ph\left[1+\left(\frac{\alpha m}{m+1}\right)^2\right] \tag{3-49}$$

进而，可以得到这个出口行业的平均预期生产率（技术复杂度）水平为：

$$E(\theta) = \bar{\theta} = \frac{1}{2}h\left[1+\left(\frac{\alpha m}{m+1}\right)^2\right] \tag{3-50}$$

从以上可以看到，出口行业技术复杂度（h）越高，或出口行业企业数（m）越多，则出口行业的平均预期生产率或利润率水平越高。

（二）出口技术复杂度对中国城乡劳动者人力资本投资的影响

下面将进一步扩展 Hausmann 等（2007）的框架，并从出口技术复杂度提升对城乡劳动者报酬与人力资本投资门槛值的影响为视角进行分析。假定企业进行生产需要雇用 1 单位的技能劳动，或雇用 α>1 单位的非技能劳动，换言之，技能劳动与非技能劳动的替代系数为 α。

下面将引入人力资本的一个更为重要的属性。根据 Nelson 和 Phelps（1966）、Schultz（1964，1975）及 Aghion、Howitt 和 Violante（2004）等的研究，人力资本的重要作用不仅在于提高已有产品的劳动生产率，更为重要的是使工人可以更好地应对不确定性、突发事件和技术变革。同时，生产高技术复杂度的产品面临更多的风险和不确定性（Berkowitz et al.，2006），这意味着技能劳动者在生产高技术复杂度产品方面更具优势。

为此，假定若企业雇用技能劳动者进行生产，则由于技能劳动者更适合生产高技术复杂度产品，因此项目成功的概率为 1，但对于非技能劳动者而言，其成功的概率为 y（h）y（h）<1，y′（h）<0，即雇用非技能劳动者生产项目成功的概率要低于雇用技能劳动者［y（h）<1］，而且产品技术复杂度越高，雇用非技能劳动者的企业其项目成功的概率越低［y′（h）<0］。另外，在 Hausmann 等（2007）的研究框架下，出口企业数 m 是与 h 正相关的，出口技术复杂度越高，则出口企业数也就越多。从而，根据 Hausmann 等（2007）的研究可得出口行业的零利润条件（ZP）为：

$$W_S = \int_0^\infty \frac{1}{2} ph \left[1 + \left(\frac{\alpha m^*(h)}{m^*(h)+1}\right)^2\right] e^{-rt} dt = \frac{1}{2r} ph \left[1 + \left(\frac{\alpha m^*(h)}{m^*(h)+1}\right)^2\right] \quad (3-51a)$$

$$W_U = \frac{y(h)}{a} \int_0^\infty \frac{1}{2} ph \left[1 + \left(\frac{\alpha m^*(h)}{m^*(h)+1}\right)^2\right] e^{-rt} dt = \frac{y(h)}{\alpha} W_S \quad (3-51b)$$

由式（3-51）可知，$\partial W_S/\partial h>0$，$\partial W_U/\partial h>0$，即随着出口技术复杂度的提升，城镇高技能劳动者与低技能劳动者的报酬均获得增加。

在城镇高、低技能劳动者的相对报酬方面，已有研究已经表明，随着出口技术复杂度等技术进步性因素的增长，由于知识、能力等因素的制约，低技能劳动者在劳动生产率与劳动报酬等方面的地位将进一步下降，其与高技能劳动者的报酬差距将进一步拉大（Kim and Lee, 1999；Gould et al., 2001；Acemoglu, 2002）。从而，$\partial y(h)/\partial h<0$，随着出口技术复杂度的提高，城镇高、低技能劳动者的相对报酬趋于增加，即：

$$\partial(W_S/W_U)/\partial h = \partial[a/y(h)]/\partial h > 0 \quad (3-52)$$

从而，结合式（3-20）的有关结论可知，城镇劳动者进行人力资本投资的门槛值下降，由此可以得出本书的经验假说 13：

经验假说 13：随着出口技术复杂度的提升，高、低技能劳动者的相对报酬趋于增加，城镇劳动者进行人力资本投资的门槛值降低，有利于其进行人力资本投资，促进中国人力资本的积累与提升。

另外，结合式（3-21）的有关结论可知，农村劳动者进行教育投资的门槛值也下降，由此可得出本书的经验假说 14：

经验假说 14：随着出口技术复杂度的提升，高、低技能劳动者的相对报酬趋于增加，农村劳动者进行教育投资的门槛值降低，有利于其进行人力资本投资，促进中国人力资本的积累与提升。

同样，从式（3-51）的推论中可知，$\partial(W_U/W_0)/\partial h>0$，结合式（3-22）有关结论可知，随着出口技术复杂度的提高，城镇低技能劳动者与农民的相对报酬（w_{rural_worker}）增加，农村劳动者进行职业培训的能力门槛值下降。由此，可以得出本书的经验假说15：

经验假说15：随着出口技术复杂度的提升，低技能劳动者与农民的相对报酬趋于增加，农村劳动者进行职业培训并以农民工身份进入城镇就业市场的门槛值降低，有利于其进行职业培训投资，促进中国人力资本的积累与提升。

三、出口多样化水平对城乡劳动者人力资本投资的影响
——基于搜寻匹配视角的分析 ▶

结合本章第一节相关结论，本书借鉴并拓展 Acemoglu（2011）的模型，在中国城乡二元劳动力市场分割背景下，从劳动力市场搜寻匹配的角度，理论分析出口多样化水平对中国城乡劳动者预期报酬的影响，进而得到其对人力资本投资的影响。

（一）搜寻匹配模型的设定

搜寻匹配模型的基本思想是基于劳动力市场的不完美性，由于存在劳动力市场摩擦，使劳动者和企业需要花费一定的时间成本去搜寻与匹配，使劳动者与企业都能得到最大效用与利润最大化。本书假定代表性企业生产由简单工种部门（C）、复杂工种部门（D）组成，雇用高技能（S）、低技能（U）劳动者进行生产，各工种部门与劳动者之间的匹配组合分别为：低技能劳动者与简单工种、高技能劳动者与简单工种、高技能劳动者与复杂工种。另外，本书假定低技能劳动者不能被复杂工种部门所雇用，因为其不能完成岗位所要求的任务；而高技能劳动者由于劳动力市场摩擦的不完美性，有时不能被最适合自己的复杂工种部门所雇用，并产生最高的生产效率，其或者进入失业状态，或者以低技能劳动者的身份进入简单工种部门。而当其以低技能劳

动者的身份进入简单工种部门时，必然会影响低技能劳动者与简单工种部门的匹配概率，使一部分低技能劳动者失业，进而影响其预期报酬水平。从而，在劳动力市场不完美状态下，高、低技能劳动者预期报酬均小于其效率工资水平，即：

$$E(W_S) = P_S \cdot W_S \quad (3\text{-}53)$$

$$E(W_U) = P_U \cdot W_U \quad (3\text{-}54)$$

其中，W_S 为高技能劳动者的效率工资（其在复杂工种部门的报酬），W_U 为低技能劳动者的效率工资，P_S、P_U 分别为高、低技能劳动者获得其效率工资水平的概率。

下面本书具体讨论搜寻匹配模型下高、低技能劳动者效率工资水平的决定。本书假定高、低技能劳动者的匹配函数分别为 $M_S = m(H_S, V_S)$，$M_U = m(H_S, V_U)$。其中，H_i、$V_i(i=S, U)$ 分别为高、低技能劳动者的失业人数（正在寻找工作的人数）与企业提供的相应岗位空置数。同时，本书还假定匹配函数是规模报酬不变函数（CRS），则 $m_i = m(h_i, v_i)$，h_i、v_i 分别为高、低技能劳动者的失业率与正在寻找工作劳动者占各自的比重。在 CRS 假定条件下，本书可以分别得到高、低技能劳动力市场的摩擦度 (θ_i)，即 $\theta_i = V_i/H_i$，且值越小，则劳动力市场的摩擦度越大。

另外，在连续时间函数假定下，本书通过匹配函数还可以得到泊松分布下的空岗位到达率 (M_i/V_i)、失业劳动者到达率 (M_i/H_i)，即：

$$M_i/V_i = m[(H_i/V_i), 1] = q(\theta_i) \quad (3\text{-}55)$$

$$M_i/H_i = m[1, (V_i/H_i)] = q(\theta_i)\theta_i \quad (3\text{-}56)$$

至此，可以看到，匹配函数给出了一个精简的分析框架，如果 $m(\cdot)$ 不发生变化，改变到达率（V_i、H_i 两者的比率）也会影响到最终的匹配结构。这一结论非常直观，如果在一个市场上失业者和空岗位的比率接近于1，那么配对的成功性就比较大；反之，任何一方相对弱小都不利于最终的匹配。

搜寻匹配模型采用的是流量分析视角，其均衡思想是匹配成功数（工作创造数）等于劳动力市场冲击而带来的失业数（工作破坏数），其中工作冲击 (g_i) 假定为外生给定，即：

$$g_i(1-h_i) = \theta_i q(\theta_i) h_i \qquad (3-57)$$

从式 (3-57) 中, 还可以得到均衡状态下的失业率为 $h_i = g_i / [g_i + \theta_i q(\theta_i)]$。

本书接下来转向企业生产方面的分析, 本书假定代表性企业的生产函数为新古典假定下的生产函数, 使用高、低技能劳动者和资本进行生产, 即 $Y = AF(K, N_S, N_U)$, A 为技术水平, K 是生产所用的资本存量, N_S、N_U 分别为生产所用的高、低技能劳动者数量。在 CRS 假定条件下, 本书还可得到:

$$Y/N_U = AF[(K/N_U), (N_S/N_U), 1] = Af(k) \qquad (3-58)$$

$$Y/N_S = AF[(K/N_S), (N_U/N_S), 1] = Af(k)\eta \qquad (3-59)$$

其中, $k = K/N_U$, η 为高技能劳动者与低技能劳动力相比的生产效率, 且 $\eta > 1$。

(二) 搜寻匹配模型下效率工资的决定

首先, 在劳动者方面, 在连续时间条件下, 其效用函数假定为 $EU_0 = \int_0^\infty e^{-rt} U(c_t) dt$, 基于本书的研究目的, 本书假定劳动者是风险中性的, 则 $U(c) = c$, 即效用函数是线性的。同时, 本书还假定企业也是风险中性的。令 J_i^F、J_i^V、J_i^H、J_i^E 分别为企业满员与空岗、劳动者失业与就业条件下利润或报酬的贴现值, r_i、δ、γ_i、z 分别为资本利率、资本折旧率、企业雇用固定成本、劳动者失业救济金, 在动态规划下, 本书可以分别得到企业满员与空岗、劳动者失业与就业均衡条件下的贝尔曼方程 (Bellman Equations):

企业满员条件下的贝尔曼方程为:

$$rJ_U^F = Af(k) - (r+\delta)k - W_U - g_U J_U^F \qquad (3-60)$$

$$rJ_S^F = Af(k) - (r+\delta)k\eta - W_S - g_S J_S^F \qquad (3-61)$$

企业提供空岗位条件下的贝尔曼方程为:

$$rJ_U^V = -\gamma_U + q(\theta_U)(J_U^F - J_U^V) \qquad (3-62)$$

$$rJ_S^V = -\gamma_S + q(\theta_S)(J_S^F - J_S^V) \qquad (3-63)$$

劳动者失业 (搜寻工作岗位) 条件下的贝尔曼方程为:

$$rJ_U^H = z + \theta_U q(\theta_U)(J_U^E - J_U^H) \qquad (3-64)$$

$$rJ_S^H = z + \theta_S q(\theta_S)(J_S^E - J_S^H) \qquad (3-65)$$

劳动者就业条件下的贝尔曼方程为：

$$rJ_U^E = W_U - g_U(J_U^E - J_U^H) \quad (3-66)$$

$$rJ_S^E = W_S - g_S(J_S^E - J_S^H) \quad (3-67)$$

其次，企业均衡状态下的条件还需满足 $J_i^V \equiv 0$，这意味着企业提供空岗位的预期利润为零。由此，可以得到 $J_i^F = \gamma_i / q(\theta_i)$。同时，新古典生产函数条件下，其生产所用资本量需满足条件：$Af'(k) = r + \delta$。

另外，对于劳动者而言，其效率工资是在与企业讨价还价下达成的。在资本投入 k 是不完全可逆的条件下，本书假设劳动者在讨价还价中可以获得 λ 部分的报酬，且高、低技能劳动者受到外部冲击的影响相同 ($g_U = g_S = g$)。则均衡解就是式（3-68）中的纳什均衡解：

$$\text{Max}(J_i^E - J_i^H)^\lambda (J_i^F - J_i^V)^{1-\lambda} \quad (3-68)$$

在式（3-57）、式（3-60）~式（3-67），以及 $Af'(k) = r + \delta$ 等条件下，本书可以通过建立拉格朗日函数，求得式（3-68）的纳什均衡解，即：

$$W_U = (1-\beta)z + \lambda[Af(k) - (r+\delta)k + \theta_U \gamma_U] \quad (3-69)$$

$$W_S = (1-\beta)z + \lambda[Af(k)\eta - (r+\delta)k\eta + \theta_S \gamma_S] \quad (3-70)$$

(三) 出口多样化对中国城乡劳动者人力资本投资的影响

接下来，在中国城乡二元劳动力市场分割背景下，本书将以出口多样化对中国城乡劳动者预期报酬的影响为视角，分析出口多样化的提高对中国劳动者人力资本投资的影响。与前面两节略微不同的是，劳动者在此最终获得的是预期报酬，而不是效率工资报酬。

首先，如本章理论背景所述，在中国城乡二元劳动力市场分割背景下，本书假定在农村进行劳动的预期报酬 $E(W_0)$ 不受外部经济环境的影响，所以出口多样化提高后，在农村常年劳动的报酬维持在 $E(W_0)$ 的水平不变。

其次，对于出口多样化对高技能劳动者效率工资及预期报酬的影响，本书主要考察其对企业提供空置岗位数、到达率及匹配函数的影响，从而得到出口多样化对高技能劳动者效率工资及预期报酬的影响。根据比较优势理论，中国作为低技术密集型国家，如果单纯依靠自身比较优势进行生产与出口，其将大多出口低技术密集型产品，对高技能劳动者的需求相对较少，高技能劳动者的效率工资水平也相对较低，不利于中国的人力资本积累与提升。而如果根据自身有利条件适当发展一些高技术密集型出口产业，促进出口多样化提高，则一方面会扩大对高技能劳动者的需求，促进出口企业为高技能劳动者提供更多的空置岗位数（$V'_S>V_S$），提高高技能劳动者的到达率，并降低高技能劳动力市场的摩擦度（$V'_S/H'_S=\theta'_S>\theta_S=V_S/H_S$），从而提高式(3-70)下高技能劳动者的效率工资水平（$\theta'_S>\theta_S \rightarrow W'_S>W_S$）；另一方面，出口多样化提高后，由于不同产品生产对不同高技能劳动者的需求也不尽相同，所以总体上提高了对不同种类的高技能劳动者的需求，使高技能劳动者需求分布函数更加分散，匹配函数 $m(\cdot)$ 增大，再加上空置岗位数量增加带来的有利影响，有利于提高高技能劳动者的搜寻匹配效率，提高高技能劳动者获得效率工资的概率（P_S）。从而，出口多样化提高（Ω）从总体上增加了高技能劳动者的预期报酬，即：

$$\partial[E(W_S)]/\partial\Omega=(\partial P_S/\partial\Omega)\cdot W_S+P_S\cdot(\partial W_S/\partial\Omega)>0 \quad (3-71)$$

最后，对于城镇低技能劳动者而言，如前所述，在劳动力市场分割背景下，大量农民工进城以后，大多只能以低技能劳动者身份从事简单工种的工作，获得低技能劳动者工资报酬。从而在城乡二元劳动力市场分割背景下，城镇低技能劳动者处于无限供给状态，这必然会影响到低技能劳动者的失业到达率，如 $\lim_{H_U\rightarrow\infty}(\theta_U)=\lim_{H_U\rightarrow\infty}(V_U/H_U)=0$，所以，在城乡二元劳动力市场分割背景下，技术水平（A）一定、劳动者讨价还价能力（λ）一定状况下，城镇低技能劳动者的效率工资基本维持不变，出口多样化提高也基本不会对城镇低技能劳动者的效率工资水平产生影响，即：

$$W_U=(1-\beta)z+\lambda[Af(k)-(r+\delta)k] \quad (3-72)$$

但与此同时，出口多样化水平提高以后，一部分在简单工种部门工作的高技能劳动者重新找到适合自己的工作，并获得较高的劳动报酬，为低技能劳动者提供了一部分空置岗位；另外，高技能劳动者搜寻匹配效率的提高也减少了高技能劳动者争夺低技能劳动者工作现象的出现，低技能劳动力市场摩擦也逐步减小，使城镇低技能劳动者获得其效率工资的概率增加，其预期报酬进而也增加，即：

$$\partial[E(W_U)]/\partial\Omega = (\partial P_U/\partial\Omega) \cdot W_U + P_U \cdot (\partial W_U/\partial\Omega)$$
$$= (\partial P_U/\partial P_S) \cdot (\partial P_S/\partial\Omega) \cdot W_U > 0 \tag{3-73}$$

接下来,本书将根据理论模型第一部分的主要结论,分析出口多样化提高对城镇高、低技能劳动者相对预期报酬的影响。如上所述,预期报酬为劳动者效率工资与其获得效率工资概率的乘积,所以本书将分别进行分析。在高、低技能劳动者相对效率工资的影响方面,如式(3-35)、式(3-72)所示,由于出口多样化提高后,低技能劳动者效率工资基本维持不变,而高技能劳动者相对报酬增加,所以高、低技能劳动者相对效率工资提高,即 $\partial(W_S/W_U)/\partial\Omega > 0$。另外,在高、低技能劳动者获得其效率工资的相对概率方面,由于低技能劳动者的搜寻匹配概率是受到高技能劳动者的影响后才变动的,所以其变动幅度要小于高技能劳动者,进而其相对概率会增大,即 $\partial(P_S/P_U)/\partial\Omega > 0$。进而,出口多样化提高后,高、低技能劳动者相对预期报酬从总体上趋于增加,即:

$$\partial[E(W_S)/E(W_U)]/\partial\Omega = \partial[(P_S/P_U) \cdot (W_S/W_U)]/\partial\Omega$$
$$= [\partial(P_S/P_U)/\partial\Omega] \cdot (W_S/W_U) + [\partial(W_S/W_U)/\partial\Omega] \cdot P_S/P_U > 0 \tag{3-74}$$

因此,随着出口多样化水平的提高,中国城镇高技能与低技能劳动者的相对报酬趋于增加,中国城镇劳动者进行人力资本投资的门槛值降低,有利于其进行人力资本投资。

经验假说16:出口多样化水平的提高有利于城镇主要劳动力市场搜寻匹配效率的提高,中国城镇高技能与低技能劳动者的相对报酬趋于增加,有利于中国城镇劳动者进行人力资本投资,促进中国人力资本的积累和提升。

另外,在城乡劳动力市场分割影响下,本书假定在农村进行劳动的报酬 $E(W_0)$ 不受外部经济环境的影响,假定其不变。而随着出口多样化水平的提高,中国城镇高、低技能劳动者的报酬均趋于增加;由式(3-73)、式(3-74)可知,其在农村从事劳动的相对报酬趋于降低。因此,农村劳动者通过正式教育成为高技能劳动者、通过职业培训成为农民工的门槛值降低,有利于其进行人力资本投资,促进中国人力资本的积累和提升。

经验假说 17：出口多样化水平的提高有利于城镇主要劳动力市场搜寻匹配效率的提高，高技能与低技能劳动者的相对报酬趋于增加，中国农村劳动者通过正式教育成为高技能劳动者，促进中国人力资本的积累和提升。

经验假说 18：出口多样化水平的提高有利于城镇次要劳动力市场搜寻匹配效率的提高，城镇低技能劳动者报酬趋于增加，中国农村劳动者通过职业培训并以农民工的身份进入城镇就业市场，促进中国人力资本的积累和提升。

第五节 中间产品贸易对人力资本投资的影响①

中国对外贸易中有大量的中间产品贸易，出口加工贸易一直占据中国对外出口的半壁江山。鉴于此，在分析完一般贸易背景下高、低技能劳动者实际报酬的变动情况后，本书借鉴 Feenstra 和 Hanson（1996）的相关研究，进一步分析中间产品加工贸易背景下高、低技能劳动者实际劳动报酬的变动情况及其对中国人力资本投资的影响。

一、中间产品贸易对中国劳动者报酬的影响 ▶

Feenstra 和 Hanson（1996）假定产品按照技术密集度从低到高可以排列在 [0，1] 区间，且均假定为中间产品，它们加工组装起来才能成为一个最终产品。同时，每一种中间产品的生产加工分别需要 $a_L(z)$ 单位的低技能劳动者与 $a_S(z)$ 单位的高技能劳动者，总投入量分别为 $L(z)$、$S(z)$，而且 $a_S(z)/a_L(z)$ 是产品技术密集度 z 的增函数，每种中间产品生产还需要 $k(z)$ 单位的资本。中间产品 $x(z)$ 生产函数形式为柯布—道格拉斯形式，即：

$$x(z)=A_i\{\min[L(z)/a_L(z),S(z)/a_S(z)]\}^\theta[k(z)]^{1-\theta} \quad (3-75)$$

---

① 本节是与李坤望、王永进合作，最早发表于《世界经济》，2014 年第 3 期，第 56-79 页。

其中，A_i为发展中国家（i=U）或发达国家（i=N）的技术水平，根据技术水平，发展中国家专业化于$[0, z^*]$区间的中间产品生产加工，发达国家专业化于$(z^*, 1]$区间的中间产品生产加工，则最终产品Y可以由中间产品X加工组装得到，其加工生产函数为：

$$\ln Y = \int_0^1 [\alpha(z)\ln X(z)]dz \qquad (3-76)$$

且$\int_0^1 \alpha(z)dz = 1$。

在上述生产函数下，Feenstra和Hanson（1996）推出了发展中国家在中间产品生产中对于高、低技能劳动者的相对需求函数，即：

$$D(W_s/W_l, z^*) = \frac{\int_0^{z^*}\left[\dfrac{a_S(z)a(z)Q}{W_L a_L(z)+W_S a_S(z)}\right]dz}{\int_0^{z^*}\left[\dfrac{a_L(z)a(z)Q}{W_L a_L(z)+W_S a_S(z)}\right]dz} \qquad (3-77)$$

其中，Q为整个市场的消费水平。而且，Feenstra和Hanson（1996）通过对以上高、低技能劳动者的相对需求函数求导，可以得到相对需求函数与z^*存在正相关关系，即：

$$\partial \ln D/\partial z^* = [L(z^*)/S] \cdot [a_S(z^*)/a_L(z^*) - S/L] > 0 \qquad (3-78)$$

从式（3-78）可以看到，随着发展中国家生产中间产品技术密集度的增加，高、低技能劳动者的相对需求也随之提高，从而均衡结果是发展中国家高、低技能劳动者的相对实际报酬扩大。

由于在中间产品加工贸易发展过程中，发达国家通过外包将一些技术密集度处于$(z^*, z']$位置的中间产品转移到发展中国家进行生产，虽然$(z^*, z']$这部分中间产品在发达国家生产的中间产品中技术密集度最低，但在发展中国家生产的中间产品中技术密集度最高。因此，随着中间产品加工贸易开放度的提高，z^*提高到z'的新水平，从而也提高了发展中国家高技能劳动者相对低技能劳动者的需求，发展中国家高技能劳动者相对低技能劳动者的实际报酬也随之扩大。

对于本书而言，中国作为低技能劳动力丰裕的发展中国家，随着中间产品加工贸易的扩大，在一定要素禀赋、技术偏好条件下，高技能劳动者相对低技能劳动者的需求趋于增加，从而高技能劳动者相对低技能劳动者的实际报酬趋于扩大。

二、中间产品贸易对人力资本投资的影响 ▶

对于中国等低技能劳动力丰裕的发展中国家而言，随着中间产品加工贸易的发展，在一定要素禀赋、技术偏好条件下，高技能劳动者相对低技能劳动者的需求趋于提高，从而高技能劳动者相对低技能劳动者的实际报酬趋于增加，劳动者进行一些人力资本投资的门槛值趋于降低，有利于其进行人力资本投资。因此，我们可以得出本书的经验假说19：

经验假说19：随着中间产品加工贸易的发展，高技能劳动者相对低技能劳动者的实际报酬趋于增加，有利于劳动者进行一些人力资本投资。

第六节　对外开放对人力资本积累的长期影响
——以家庭对子女教育投入为例

对于一个劳动者尤其是家庭而言，其一生的收入（效用）水平是由自身收入和子女收入组成的，其不仅要关心自身的人力资本投资选择，还要决定子女教育投入状况（Acemoglu et al., 2001）。基于此，本书将从理论机制上简单分析对外开放及其质量提高对于劳动者子女教育投入的影响，同时也借此考察对外开放及其质量提高对中国人力资本积累的长期影响。

本书关于对外开放及其质量提高对于人力资本投资影响的分析机制是基于其对个体劳动者人力资本投资净收益的影响。比如，随着出口企业生产率的提高，人力资本投资的预期净收益趋于增加，劳动者进行人力资本投资的能力门槛值下降，促使原先能力达不到门槛值要求的劳动者也开始进行人力资本投资，促进了中国人力资本的积累；而且，能力门槛值的下降也表明原先具有同样能力的劳动者进行人力资本投资的净收益更大。然而，对于劳动者而言，其能力水平是外生给定的，取决于劳动者个体天赋及其成长教育时期所形成的一般知识水平，其不能决定自身能力水平的大小，但一定程度上却可以通过增加子女教育投入提高子女的能力水平（Dahl et al.，2012），从而不仅使其子女的能力达到人力资本投资的门槛值，而且可以使其子女在更高能力水平下获得更高的劳动报酬，以达到一生效用最大化的目标。

但与此同时，根据 Acemoglu 等（2001）的研究，劳动者对其子女教育投入的增加还依赖于其收入水平的状况，受到其收入预算约束的制约。最后，Acemoglu 等（2001）通过建立相关理论模型得出，整个社会劳动者对子女教育投入依赖于其收入状况（y）与人力资本投资收益率（$r = 1 - W_U / W_S$），并与其存在正相关的关系。

根据本书的相关分析，贸易开放度的提高不利于中国劳动者人力资本投资收益率（$r = 1 - W_U / W_S$）的提高。由此，结合 Acemoglu 等（2001）的相关研究结论，本书认为贸易开放度的提高不利于劳动者增加其子女的教育投入，从而不利于中国人力资本的长期积累与提升。

经验假说20：随着贸易开放度的提高，劳动者人力资本投资的收益率趋于降低，不利于其增加子女的教育投入，从而不利于中国人力资本的长期积累与提升。

与此同时，根据本书的相关分析，外贸高质量发展不仅可以增加高、低技能劳动者的工资报酬，增加其总体收入水平（y），还可以提高人力资本投资的收益率（$r = 1 - W_U / W_S$）。由此，结合 Acemoglu 等（2001）的相关研究结论，本书认为外贸高质量发展可以促使劳动者增加其子女的教育投入，从而能够促进中国人力资本的长期积累与提升。

经验假说21：随着外贸高质量发展，劳动者收入水平、人力资本投资的收益率均趋于增加，有利于其增加子女的教育投入，促进中国人力资本的长期积累与提升。

本章小结

一国人力资本的积累与提升主要依赖于微观劳动者人力资本投资的增加，而其受到对外开放等经济环境变动的影响较大。本章在中国城乡二元劳动力市场分割的背景下，理论分析了对外贸易、外贸高质量发展对中国城乡劳动者及其子女人力资本投资的影响。

首先，本章根据中国二元劳动力市场分割的理论背景，建立了单一劳动力市场分割背景下的人力资本投资理论模型，并分析了贸易开放对人力资本的异质性影响；其次，本章建立了二元劳动力市场分割背景下的人力资本投资理论模型；再次，本章依据二元劳动力市场下的人力资本投资理论模型，从理论上分别分析了对外贸易、外贸高质量发展对中国城乡劳动者人力资本投资的影响；最后，本章还简单分析了贸易开放度、对外开放质量的提高对中国劳动者子女人力资本投资的影响。

在对外贸易对中国城乡劳动者人力资本投资的影响方面，本章理论分析表明，对于单一劳动力市场而言，贸易开放后，低技能劳动相对报酬增加，进行人力资本投资的门槛值提高，个体劳动者不倾向于进行人力资本投资，不利于中国人力资本的积累。在贸易开放的异质性影响方面，在地区层面上，东部地区的个体劳动者相比中西部地区受到贸易开放的负面影响较大；在行业层面上，制造业中劳动者的职业培训受到贸易开放的负面影响相比生产服务业更大，其教育年限受到贸易开放的负面影响相比生产服务业更小；在企业层面上，企业经营利润和规模的扩大有助于降低贸易开放对人力资本积累的负面作用；在个体劳动者层面上，高技能职业劳动者职业培训受到的贸易冲击相对较大。

对于二元劳动力市场而言，随着贸易开放度的提高，城镇高、低技能劳动者的相对报酬减少，其进行人力资本投资的门槛值提高，城镇劳动者更不倾向于进行人力资本投资，不利于中国人力资本的积累与提升。对于农村劳动者而言，随着贸易开放度的提高，农村劳动报酬与其成为城镇高技能劳动者的相对报酬趋于增加，其进行正式教育人力资本投资的门槛值提高，农村劳动者更不倾向于进行正式教育人力资本投资，不利于中国人力资本的积累与提升；而与此同时，随着贸易开放度的提高，农村劳动报酬与其成为农民工后的相对报酬趋于减少，其进行职业培训人力资本投资的门槛值降低，农村劳动者更倾向于进行职业培训人力资本投资，并以农民工的身份进入城镇劳动力市场，有利于中国人力资本的积累与提升。

另外，在外贸高质量发展对中国城乡劳动者人力资本投资的影响方面，本章分别从出口企业生产率、出口技术复杂度、出口多样化水平等角度，考察了外贸高质量发展对中国城乡不同技能劳动者人力资本投资的影响。本章理论分析表明，出口企业生产率、出口技术复杂度、出口多样化水平的提高，有利于中国城镇高技能与低技能劳动者的相对报酬趋于增加，从而使城镇劳动者进行人力资本投资的门槛值降低，进而有利于中国城镇劳动者进行人力资本投资，促进中国人力资本的积累和提升。而与此同时，出口企业生产率、出口技术复杂度、出口多样化水平的提高，也有利于农村劳动者进行正式教育、职业培训等人力资本投资门槛值降低，进而有利于中国农村劳动者进行人力资本投资，能够促进中国人力资本的积累与提升。

与此同时，本章借鉴Feenstra和Hanson（1996）的相关研究，进一步分析了中间产品加工贸易背景下高、低技能劳动者实际劳动报酬的变动情况及其对中国人力资本投资的影响。理论研究表明，随着中间产品加工贸易的发展，高技能劳动者相对低技能劳动者的实际报酬趋于增加，有利于劳动者进行一些人力资本投资。

最后，通过理论机制的简单分析得到，随着贸易开放度的提高，劳动者人力资本投资的收益率趋于降低，不利于其增加子女的教育投入，从而不利于中国人力资本的长期积累与提升；随着外贸高质量发展，劳动者收入水平、人力资本投资的收益率均趋于增加，有利于其增加子女的教育投入，促进中国人力资本的长期积累与提升。

第四章

单一劳动力市场下的实证分析[①]

结合第三章第一节中理论分析部分的相关结论,本章将建立相关计量模型,并采用2007年中国居民家庭收入调查、世界贸易组织关税数据库(2000~2006)、中国工业企业数据库(1998~2007)、海关贸易数据库(2000~2006)以及世界银行投资环境调查数据库(2005)等微观个体数据,从微观角度实证分析对外开放度对中国劳动者人力资本投资的异质性影响,同时还将专门分析进口竞争对于中国劳动者人力资本投资的影响。

第一节 计量模型、指标选取和数据来源

一、计量模型

借鉴 Hering 和 Poncet (2010) 的研究方法,我们将个体变量和城市变量合并,其基本计量模型设定如下:

$$humancapital_{ic} = \alpha + \beta open_c + \gamma X_c + \lambda I_{ic} + \varepsilon_{ic} \tag{4-1}$$

[①] 本章内容最早发表于《财贸研究》,2017年第10期,第38-51页。

其中，下标 i 表示个体，c 表示城市；humancapital$_{ic}$ 表示个体劳动者人力资本投资和积累变量；open$_c$ 代表城市 c 的贸易开放度；X$_c$ 为城市 c 的其他控制变量；I$_{ci}$ 为城市 c 中的个体控制变量；ε$_{ic}$ 为随机误差项。在本章中，我们最关心的是回归系数 β，如果 β 显著为负，则表示贸易开放后，个体劳动者更不倾向于进行人力资本投资，贸易开放对中国的人力资本积累影响为负。

进一步分析，我们还将从地区、行业、企业和个体劳动者四个角度分别考察贸易开放对人力资本积累存在的异质性影响。我们进一步设定扩展计量模型如下：

$$\text{humancapital}_{ic} = \alpha + \beta_1 \text{open}_c + \beta_2 \text{open}_c \times \text{diqu}_c + \gamma X_c + \lambda I_{ic} + \varepsilon_{ic} \quad (4-2)$$

$$\text{humancapital}_{ic} = \alpha + \beta_1 \text{open}_c + \beta_2 \text{open}_c \times \text{hangye}_i + \gamma X_c + \lambda I_{ic} + \varepsilon_{ic} \quad (4-3)$$

$$\text{humancapital}_{ic} = \alpha + \beta_1 \text{open}_c + \beta_2 \text{open}_c \times \text{qiye}_i + \gamma X_c + \lambda I_{ic} + \varepsilon_{ic} \quad (4-4)$$

$$\text{humancapital}_{ic} = \alpha + \beta_1 \text{open}_c + \beta_2 \text{open}_c \times \text{individual}_i + \gamma X_c + \lambda I_{ic} + \varepsilon_{ic} \quad (4-5)$$

其中，diqu$_c$ 表示城市所在地区虚拟变量（东部或中西部），hangye$_i$ 表示劳动者就业单位所在行业虚拟变量，qiye$_i$ 表示企业经营状况（盈利或非盈利）、规模（大企业或小企业）等虚拟变量，individual$_i$ 为个人职业技能虚拟变量（高技能或低技能劳动者）。

二、指标选取及测度

在个体劳动者人力资本投资和积累变量（humancapital$_{ic}$）方面，本章用个体数据中的受教育年限和接受脱产职业培训的月数分别进行测度。受教育年限代表了个体劳动者的正式教育决策，具有一定的长期性，而脱产职业培训多为短期性的人力资本投资决策，短期内对贸易开放的反应更为敏感，考察贸易开放对中国个体劳动者人力资本投资的长期和短期影响会相对比较全面。在城市的贸易开放度（open$_c$）方面，我们分别用当地城市出口、进口占其 GDP 的比重进行测度。

考虑到遗漏重要解释变量会造成估计结果的有偏，稳健起见，我们还加入了城市控制变量 X$_c$ 和个体控制变量 I$_{ci}$。其中，城市控制变量 X$_c$ 包括：①城市 c 的金融发展水平。研究表明,地区金融发展水平可以影响进行人力资本投资所面临的融资约束,是影响地区人力资本投资和积累的重要因素(Arora and Rashmi Umesh,2011)。②财政收入。财政收入水平代表了地区对教育发展的支撑能力。③城市人力资本存量、人力资本分布变量。人力资本存量及分布是影响一个地区贸易模式的重要因素,会影响不同劳动者间贸易利得和收入分配,进而影响个体劳动者人力资本决策(Bougheas and Riezman,2007;Grossman,2004;Grossman and Maggi,2000)。④地区其他特征变量,如地区GDP、人均 GDP、人口等。

个体控制变量 I_{ci} 包括:①能力水平。如上文所述,对于能力越强的个体劳动者而言,其进行人力资本投资的净收益越大,则越倾向于进行人力资本投资。②年龄。上文理论分析中,随着个体劳动者年龄的增加,其进行人力资本投资的净收益趋于下降,能力门槛值趋于上升,其越不倾向于进行人力资本投资。③户口。当前劳动者的户口状况是影响劳动者人力资本投资的重要因素,一般认为城市人口比农村人口、本地户口比外来户口生活水平相对较高,更容易受到良好的基础教育,基本能力相对较高。④性别。受历史、文化观念因素的影响,性别在教育培训方面的影响较大。⑤医疗社会保障水平。具有较好的医疗社会保障水平,个体劳动者可以有更强的资金保障进行人力资本投资。⑥健康水平。健康水平是影响一个人学习和工作能力的重要因素。⑦其他个体特征变量。如党员、民族、婚姻等。

除此之外,在个体控制变量中,我们还加入了个体所在企业的状态变量,如企业所有制性质、企业经营状况、是否改制、企业规模(人数)、职业种类、所在行业、就业途径、社会关系等控制变量。各个主要变量的指标含义及测度如表 4-1 所示。

表 4-1 主要变量的指标含义及测度

变量	指标含义及测度
地区	1 为东部,0 为中西部
制造业虚拟变量	1 为制造业,0 为其他行业
生产服务业虚拟变量	1 为生产服务业,0 为其他行业

续表

变量	指标含义及测度
企业规模	1 为大企业，0 为小企业
企业经营状况	1 为盈利企业，0 为非盈利企业
职业	1 为高技能劳动者，0 为低技能劳动者
金融发展	城市贷款占 GDP 的比重
城市人力资本及分布	我们用全体样本中的各地个体劳动者文化程度的均值、标准差分别测量
能力	1 为能力较强，0 为能力较差
性别	1 为男性，0 为女性
健康	1 为较好，0 为较差
医疗社会保障	1 为没有医疗社会保障，0 为拥有医疗社会保障
党员	1 为党员，0 为非党员
婚姻	1 为未婚，0 为已婚
户口	1 为本地城市户口，0 为本地农村或外来人口
企业所有制性质	1 为国有企业，0 为非国有企业
企业是否改制	1 为是，0 为否
就业性质	1 为稳定工作，0 为非稳定工作
就业途径	1 为靠关系，0 为其他
社会关系	如果想调动工作，估计得到多少亲戚和朋友的帮助

三、内生性问题

在计量模型的估计中，内生性问题会使估计结果有偏和不一致，我们应该注意贸易开放的内生性问题。一方面，虽然我们已经控制了其他影响贸易开放和人力资本积累之间关系的重要变量，但还很可能遗漏了某些重要解释变量；另一方面，人力资本积累和贸易开放之间还可能存在反向因果的关系，也会使估计结果有偏和不一致。大量研究已经表明，人力资本对国际贸易发展有着重要影响。一些学者研究认为，人力资本存量是影响各国贸易模式的重要因素，人力资本禀赋高的国家将出口人力资本密集型产品（Bougheas and

Riezman, 2007; Frias, Iglesias and Neira, 2000; Covers and Grip, 1997)。近年来，越来越多的学者还从人力资本分布的角度研究对国际贸易的影响。如Grossman 和 Maggi（2000）研究发现，一国贸易模式和比较优势是特定人力资本分布的表现。Grossman（2004）研究认为，各国人力资本分布的差异可能成为其比较优势的来源，如德国的劳动力较为同质，便于质量和成本控制，所以其汽车、工业设备和化工产品等制造业优势突出。可见，人力资本存量和人力资本分布对一国贸易模式有重要的影响（Bougheas and Riezman, 2007）。因此，我们在实证分析贸易发展对人力资本积累的影响时，必须考虑内生性的问题。

控制内生性问题的一个通常做法是寻找一个与贸易开放相关但独立于人力资本积累的工具变量（IV），并进行相关估计。本章选取各城市到海岸线的距离、1992年各城市的电话机数（部）和邮电业务总量、1937年各城市所在省份公路网密度作为工具变量。这主要是基于以下考虑：

首先，地理因素是影响国际贸易的重要因素。由于海运是对外贸易的主要运输方式，从运输成本的角度来看，越接近海岸线就越接近国际市场（黄玖立和李坤望，2006），而且地理因素与当地人力资本不相关，是一个较好的工具变量（Frankel and Rommer, 1999）。其次，寻找工具变量的另一个角度是历史方面的变量（王永进、李坤望和盛丹，2010），因此历史上的基础设施数据不会影响当前的人力资本积累状况，满足工具变量的外生性要求；而从工具变量的相关性角度来看，基础设施是影响国际贸易发展的重要方面（王永进、盛丹、施炳展和李坤望，2010）。一个地区电话机数（部）、邮电业务总量和公路网密度是当地交通、外贸发展的重要测量指标，也是一个地区基础设施的重要组成部分。而且，自1992年邓小平南方谈话后，中国加快了改革开放进程，是中国对外开放进程中的分水岭。因此，选用1992年各地电话机数和邮电业务总量、1937年各城市所在省份公路网密度等历史基础设施性数据以及各城市到海岸线的距离，满足工具变量外生性及与内生变量相关的要求，是合理的工具变量。

四、数据来源与处理

本章所使用的个体数据来自中国社会科学院经济研究所收入分配课题组于 2002 年开展的中国居民家庭收入调查。该调查从北京、山西、辽宁、江苏、安徽、河南、湖北、广东、云南、甘肃、四川和重庆 12 个省份中收集到 6835 份城镇住户样本，20632 份城镇居民样本，而我们选用了在企业单位就业的个体样本数据。通过调查问卷中的城市代码（City Code），我们将其与城市地区变量和数据合并、处理，并且考虑到中国县级市的数据缺失，我们主要采用地级市的数据。城市地区变量数据主要来源于《中国城市统计年鉴 2003》、相关省市《统计年鉴 2003》和各地 2002 年统计公报，如果 2002 年没有，则根据增长率和 2003 年数据进行测算。在工具变量中，各城市到海岸线的距离数据来源于电子地图，1937 年各城市所在省份公路网密度数据来源于《中国公路史（第一册）》（1990），原始数据为公路里程（公里数），本章中用到的公路网密度为公路里程数/面积。最后，删除主要变量的缺失值，得到了年龄在 16 岁以上、60 岁以下，覆盖全国 68 个地级市的 6154 个观测样本。各个变量的基本统计信息如表 4-2 所示。

表 4-2 各个变量的描述性统计

变量名	样本数	均值	标准差	最小值	最大值
受教育年限	68	10.71	0.894	8.775	12.41
职业培训	68	0.105	0.0620	0.00972	0.327
出口比重	68	0.199	1.498	0.000267	12.37
进口比重	68	0.122	0.809	1.26e-05	6.688
金融发展	68	1.201	0.771	0.231	2.949
城市人力资本存量的对数	68	1.647	0.0584	1.528	1.773
城市人力资本分布的对数	68	0.441	0.0710	0.249	0.591
城市 GDP 的对数	68	6.237	1.087	4.288	8.049
地区虚拟变量	68	0.412	0.496	0	1

续表

变量名	样本数	均值	标准差	最小值	最大值
能力虚拟变量	68	0.352	0.0992	0.117	0.514
年龄的对数	68	3.662	0.0475	3.535	3.771
性别	68	0.563	0.0556	0.447	0.692
健康	68	0.676	0.127	0.400	0.977
医疗社会保障	68	2.758	0.600	1.904	4.663
党员	68	0.263	0.0890	0.0667	0.450
婚姻	68	0.0997	0.0636	0	0.310
户口	68	0.975	0.0326	0.848	1
企业所有制性质	68	0.473	0.167	0.159	0.840
企业经营状况	68	0.235	0.118	0	0.554
企业是否改制	68	0.301	0.136	0.0208	0.658
企业规模	68	0.610	0.180	0.102	0.901
就业性质	68	0.761	0.156	0.333	0.980
职业	68	0.632	0.134	0.300	0.923
就业途径	68	0.180	0.0877	0	0.373
社会关系	68	1.188	0.567	0.151	2.447

第二节 贸易开放对劳动者人力资本投资的影响

表4-3以不同组合的方式报告了计量模型下的初步结果。在估计方法上，考察贸易开放对个体劳动者受教育年限的影响时，我们使用了OLS估计和工具变量两阶段最小二乘估计（IV 2SLS）；而在考察贸易开放对脱产职业培训的影响时，我们发现有4759个脱产职业培训样本观测为0，具有明显的截取回归性质，所以我们对其采用Tobit和ivtobit估计方法。

在表4-3中，对于我们首先关心的贸易开放对个体劳动者受教育年限、脱

表 4-3 基本模型估计结果

变量	受教育年限的对数										职业培训			
	OLS 估计		IV 2SLS 估计		第一阶段回归结果		Tobit 估计		ivtobit 估计			第一阶段回归结果	
	(1) 出口	(2) 进口	(3) 出口	(4) 进口	(5) 出口	(6) 进口	(7) 出口	(8) 进口	(9) 出口	(10) 进口	(11) 出口	(12) 进口
贸易开放	-0.0101*** (0.00246)	-0.0187*** (0.00454)	-0.0227** (0.0109)	-0.0435** (0.0207)			-0.0680** (0.0269)	-0.134*** (0.0512)	-0.338** (0.158)	-0.677* (0.400)		
金融发展	0.0223*** (0.00579)	0.0226*** (0.00578)	0.0213*** (0.00589)	0.0219*** (0.00585)	0.221*** (0.0310)	0.133*** (0.0168)	-0.101*** (0.0359)	-0.0986*** (0.0359)	-0.119*** (0.0382)	-0.111*** (0.0380)	-0.0823*** (0.0320)	-0.0548*** (0.0174)
人力资本存量的对数	0.474*** (0.0594)	0.477*** (0.0593)	0.458*** (0.0600)	0.463*** (0.0595)	-1.190*** (0.284)	-0.491*** (0.154)	-1.465*** (0.352)	-1.448*** (0.351)	-1.791*** (0.405)	-1.738*** (0.420)	-2.126*** (0.305)	-0.918*** (0.161)
人力资本分布的对数	-0.215*** (0.0433)	-0.216*** (0.0432)	-0.206*** (0.0434)	-0.208*** (0.0433)	-0.630*** (0.228)	-0.340*** (0.124)	-0.270 (0.267)	-0.276 (0.267)	-0.0714 (0.289)	-0.103 (0.298)	1.141*** (0.221)	0.627*** (0.120)
城市 GDP 的对数	0.00973*** (0.00307)	0.00988*** (0.00307)	0.00990*** (0.00316)	0.0103*** (0.00317)	0.483*** (0.0298)	0.262*** (0.0162)	0.0715*** (0.0192)	0.0726*** (0.0192)	0.0730*** (0.0195)	0.0800*** (0.0205)	-0.0197 (0.0178)	-0.0226** (0.00961)
能力	0.215*** (0.00533)	0.215*** (0.00533)	0.214*** (0.00581)	0.214*** (0.00581)	-0.0322 (0.0268)	-0.0176 (0.0146)	0.166*** (0.0351)	0.166*** (0.0351)	0.151*** (0.0362)	0.153*** (0.0369)	-0.0436 (0.0274)	-0.0249* (0.0149)
年龄的对数	-0.317*** (0.0153)	-0.317*** (0.0153)	-0.315*** (0.0152)	-0.315*** (0.0152)	0.209*** (0.0700)	0.117*** (0.0380)	0.0442 (0.0946)	0.0455 (0.0947)	0.0854 (0.0987)	0.0915 (0.102)	0.125* (0.0713)	0.0696* (0.0387)
性别	-0.000447 (0.00561)	-0.000459 (0.00561)	-0.000433 (0.00556)	-0.000409 (0.00556)	-0.00927 (0.0257)	-0.00545 (0.0140)	0.0137 (0.0346)	0.0136 (0.0346)	0.0150 (0.0351)	0.0145 (0.0353)	0.00491 (0.0262)	0.00226 (0.0142)

续表

变量	受教育年限的对数						职业培训					
	OLS 估计		IV 2SLS 估计		第一阶段回归结果		Tobit 估计		ivtobit 估计		第一阶段回归结果	
	(1)	(2)	(3)	(4)	(5)	(6)	(7)	(8)	(9)	(10)	(11)	(12)
	出口	进口	出口	进口	出口	进口	出口	进口	出口	进口	出口	进口
健康	0.000968 (0.00581)	0.000926 (0.00581)	0.00133 (0.00577)	0.00125 (0.00577)	0.0118 (0.0267)	0.00410 (0.0145)	0.0258 (0.0358)	0.0256 (0.0358)	0.0333 (0.0367)	0.0335 (0.0370)	0.0254 (0.0272)	0.0158 (0.0148)
社会保障	−0.00410* (0.00234)	−0.00410* (0.00234)	−0.00428* (0.00242)	−0.00428* (0.00242)	0.00471 (0.0112)	0.00258 (0.00608)	−0.0694*** (0.0150)	−0.0694*** (0.0150)	−0.0712*** (0.0154)	−0.0723*** (0.0156)	−0.0192* (0.0114)	−0.00846 (0.00618)
党员	0.0635*** (0.00621)	0.0635*** (0.00621)	0.0644*** (0.00637)	0.0644*** (0.00637)	0.0333 (0.0293)	0.0181 (0.0159)	0.235*** (0.0376)	0.235*** (0.0376)	0.247*** (0.0395)	0.253*** (0.0409)	0.0623** (0.0298)	0.0360** (0.0162)
婚姻	−0.0275** (0.0113)	−0.0274** (0.0113)	−0.0265** (0.0115)	−0.0262** (0.0115)	0.129** (0.0533)	0.0726** (0.0289)	−0.0562 (0.0720)	−0.0554 (0.0720)	−0.0320 (0.0741)	−0.0291 (0.0758)	0.0683 (0.0542)	0.0393 (0.0295)
户口	0.0812*** (0.0197)	0.0812*** (0.0197)	0.0828*** (0.0181)	0.0830*** (0.0181)	0.134 (0.0832)	0.0734 (0.0452)	0.220 (0.134)	0.220 (0.134)	0.248* (0.138)	0.254* (0.139)	0.143* (0.0848)	0.0671 (0.0460)
企业所有制性质	0.0150** (0.00601)	0.0150** (0.00601)	0.0151** (0.00628)	0.0152** (0.00629)	0.0531* (0.0292)	0.0302* (0.0158)	0.0197 (0.0388)	0.0200 (0.0388)	0.0217 (0.0395)	0.0230 (0.0398)	0.00715 (0.0297)	0.00523 (0.0161)
企业经营	0.0127** (0.00634)	0.0126** (0.00634)	0.0130** (0.00628)	0.0130** (0.00628)	0.0189 (0.0291)	0.00839 (0.0158)	0.0220 (0.0382)	0.0220 (0.0382)	0.0295 (0.0392)	0.0308 (0.0397)	0.0337 (0.0297)	0.0149 (0.0161)
企业是否改制	0.0126** (0.00610)	0.0126** (0.00610)	0.0123* (0.00639)	0.0123* (0.00639)	−0.0273 (0.0295)	−0.0123 (0.0160)	0.0333 (0.0388)	0.0335 (0.0388)	0.0253 (0.0397)	0.0265 (0.0400)	−0.0173 (0.0302)	−0.0122 (0.0164)

续表

变量	受教育年限的对数						职业培训					
	OLS 估计		IV 2SLS 估计		第一阶段回归结果		Tobit 估计		ivtobit 估计		第一阶段回归结果	
	(1)	(2)	(3)	(4)	(5)	(6)	(7)	(8)	(9)	(10)	(11)	(12)
	出口	进口	出口	进口	出口	进口	出口	进口	出口	进口	出口	进口
企业规模	-0.00607	-0.00612	-0.00683	-0.00699	-0.0515*	-0.0303*	0.0374	0.0370	0.0195	0.0173	-0.0478	-0.0284*
	(0.00639)	(0.00639)	(0.00669)	(0.00670)	(0.0308)	(0.0167)	(0.0415)	(0.0415)	(0.0433)	(0.0447)	(0.0314)	(0.0171)
就业性质	0.0191**	0.0190**	0.0184**	0.0183**	-0.0491	-0.0281	-0.00601	-0.00625	-0.0199	-0.0218	-0.0446	-0.0262
	(0.00833)	(0.00833)	(0.00807)	(0.00807)	(0.0372)	(0.0202)	(0.0521)	(0.0521)	(0.0534)	(0.0544)	(0.0379)	(0.0206)
职业	0.0764***	0.0764***	0.0764***	0.0763***	0.0136	0.00713	0.187***	0.187***	0.181***	0.184***	-0.00172	-0.00192
	(0.00605)	(0.00605)	(0.00622)	(0.00622)	(0.0288)	(0.0156)	(0.0401)	(0.0401)	(0.0407)	(0.0409)	(0.0293)	(0.0159)
就业途径	-0.0308***	-0.0308***	-0.0313***	-0.0314***	-0.0405	-0.0224	0.0760*	0.0759*	0.0618	0.0620	-0.0427	-0.0243
	(0.00690)	(0.00690)	(0.00712)	(0.00713)	(0.0329)	(0.0178)	(0.0438)	(0.0438)	(0.0452)	(0.0459)	(0.0334)	(0.0181)
社会关系	0.00295**	0.00296**	0.00278**	0.00278**	-0.0140**	-0.00722**	0.0340***	0.0340***	0.0292***	0.0297***	-0.0122*	-0.00724**
	(0.00124)	(0.00124)	(0.00136)	(0.00136)	(0.00624)	(0.00339)	(0.00772)	(0.00772)	(0.00819)	(0.00845)	(0.00636)	(0.00345)
电话机数的对数					-0.486***	-0.258***					1.89e-07***	1.97e-07***
					(0.0270)	(0.0146)					(6.78e-08)	(3.68e-08)
公路里程对数											0.337***	0.0377***
											(0.0417)	(0.00967)
海岸线距离					0.000445***	0.000204**					0.000663***	
					(0.000146)	(7.92e-05)					(9.29e-05)	

续表

变量	受教育年限的对数						职业培训					
	OLS 估计		IV 2SLS 估计		第一阶段回归结果		Tobit 估计		ivtobit 估计		第一阶段回归结果	
	(1)	(2)	(3)	(4)	(5)	(6)	(7)	(8)	(9)	(10)	(11)	(12)
	出口	进口	出口	进口	出口	进口	出口	进口	出口	进口	出口	进口
海岸线距离的平方					-5.53e-07*** (1.08e-07)	-2.80e-07*** (5.86e-08)					0.459 (0.607)	0.934*** (0.318)
常数项	2.535*** (0.117)	2.530*** (0.117)	2.551*** (0.114)	2.540*** (0.113)	3.922*** (0.542)	1.812*** (0.294)	0.763 (0.692)	0.728 (0.692)	1.118 (0.727)	0.962 (0.728)		
外生性检验			0.601 (0.7403)	0.495 (0.7807)					2.10 (0.1470)	1.94 (0.1641)		
弱识别检验			130.488 (0.0000)	123.938 (0.0000)								
Observations	6154	6154	6154	6154	6154	6154	6154	6154	6154	6154	6154	6154
R-squared	0.382	0.382	0.379	0.379	0.074	0.066					0.0260	

注：外生性和弱识别检验下括号内的为 p 值，其余回归系数括号内的为标准误，***、** 和 * 分别表示 1%、5% 和 10% 显著性水平上显著，在 10% 显著性水平下接受原假设，表明工具变量合理；Tobit 模型报告的为边际效应结果；外生性检验为 Sargan 检验，在 10% 显著性水平下接受原假设，表明工具变量是合理的，下同。在工具变量说明工具变量的选取上，第（3）和第（4）列选用 1992 年末各城市的电话机数（部）的对数，1937 年各城市距海岸线距离及其平方；第（9）列选用 1992 年末各城市的电话机数（部），1937 年各城市距海岸线距离和各城市所在省份公路网密度；第（10）列选用 1992 年末各城市的电话机数（部），1937 年各城市所在省份公路网密度。

产职业培训的影响,在不同列下均高度显著为负①。这也初步验证了本书的经验假说1,即在中国等低技能劳动丰裕国家中,贸易开放后,低技能劳动者的相对报酬增加,个体劳动者更不倾向于进行人力资本投资,不利于中国人力资本的积累。我们进一步分析发现,进口对个体劳动者人力资本投资的影响大于出口,进口相比于出口更不利于中国人力资本的积累。对此我们的解释是,出口相对于进口,其带来的"出口中学"及知识外溢效果更高,所以出口行业内劳动者的人力资本投资降低程度要小于进口行业。

同时,在金融发展水平的影响方面,其对个体劳动者受教育年限的影响均高度显著为正。这说明一个地区金融发展水平的提高,会缓解个体劳动者进行人力资本投资时所面临的融资约束,提高其对人力资本投资预期收益率的信心,促进个体劳动者进行人力资本投资;并且,金融发展水平的提高会促进产品技术复杂度的提升,一定程度上会增加对高技术劳动者的需求(齐俊妍、王永进、施炳展和盛丹,2011),有利于中国人力资本的积累。但同时,金融发展对脱产职业培训表现为显著的负面影响。对此我们的解释是,职业培训大多与企业相关,而金融贷款占GDP比重的增大,虽然能够表明一个地区内个人或企业在融资能力上的增强,但如果一个地区内的个人或企业过度依赖于贷款,则表明其面临一定的流动性约束,不利于脱产职业培训等短期人力资本投资。

在地区其他变量的影响上,我们发现城市人力资本存量的提高有利于劳动者受教育年限的增加,这说明地区整体文化水平的提高在一定程度上抬高了劳动者进入高技能行业的文化水平门槛,从而倒逼个体劳动者增加受教育年限等正式教育投资。但其对职业培训表现为显著的负面影响,这表明由于人力资本存量较高的地区企业所雇用的工人文化水平相对较高,一定程度上减少了其对员工脱产职业培训的倾向。而在人力资本分布的影响上,虽然其对中国个体劳动者人力资本投资的负面影响不显著,但从一定程度上反映出,对于人力资本更为多样化(分布越大)的地区,贸易会提高低技术工人的实

---

① 我们还考察了贸易开放的平方项对人力资本投资的影响,发现总体上其系数为负,说明随着贸易开放度的提高,其更不利于中国人力资本积累。受篇幅所限,我们在此不再赘述。

际工资,降低高技术工人的实际工资(Grossman and Maggi,2000),在人力资本分布较大地区进行人力资本投资的净收益相对减少,进而不利于人力资本投资。另外,我们还发现中国东部地区的个体劳动者比中西部地区更倾向于进行正式教育投资,而中西部地区更倾向于进行脱产职业培训。这从一定程度上反映出我国地区发展差距的影响,东部地区经济条件、教育水平和资源较高,本身人力资本存量较高,有利于其个体劳动者进行正式教育等长期人力资本投资;而在中西部地区,相反不利于长期人力资本投资的增加,其个体劳动者往往进行短期性的职业培训以满足经济社会对其技能水平的要求。

在个体劳动者自身影响因素方面,表4-3表明,能力越低的个体劳动者、年龄越大的劳动者、外地及农村劳动者、就业不稳定的劳动者、不能通过正式途径就业的劳动者等更不倾向于进行正式教育等人力资本投资,其受教育年限相对较低,这与理论分析中关于个体劳动者能力、年龄的影响相一致。而在户口影响中,本地城市人口比外来人口、农村人口拥有更好的教育资源和机会,进行人力资本投资的净收益率相对较大(陈钊、陆铭和佐藤宏,2009;陈斌开、张鹏飞和杨汝岱,2010)。就业不稳定、不能通过正式途径就业的劳动者所获报酬相对较低,进行人力资本投资的净收益较低,不利于其进行人力资本投资。但同时,我们也发现其对个体劳动者脱产职业培训的影响并不显著,这一定程度上反映出我国脱产职业培训发展的滞后,其与经济社会发展的关系相对不紧密。

另外,在个体劳动者的医疗社会保障、党员身份、职业、所处行业、社会关系的影响方面,其对个体劳动者受教育年限、脱产职业培训均有显著影响。这说明,拥有较高的医疗保障水平一方面可以保证个体劳动者拥有健康的身体,提高学习和工作效率,保证进行人力资本投资预期收益率的实现;另一方面可以缓解预防性储蓄行为,为人力资本投资提供更强的资金支持,促进人力资本的积累(Morten I. Lau and Panu Poutvaar,2001;Barbie,Hagedorn and Kaul,2006)。同时,从事高技能职业的劳动者、生产服务性行业的劳动者更倾向于进行正式教育等长期性人力资本投资,也更倾向于职业培训等短期性质的人力资本投资。这一方面反映出其所处职业和行业对其技能水平的要求较高,还需要不断进行学习和培训,更反映出其人力资本投资回报率较高,进行长期性和短期性人力资本投资的倾向较大。而且,我们还发现党员、社会关系较广的个体劳动者更倾向于进行人力资本投资。

在企业变量的影响方面,经营状况较好企业中的劳动者更倾向于进行人力资本投资,这一方面说明经营状况较好企业对个体劳动者的要求相对较高,对职业培训等人力资本支出相对较大,另一方面也表明其劳动者进行人力资本投资的净收益相对较大,更倾向于进行人力资本投资。同时,我们还发现,国有企业以及改制后企业中的劳动者更倾向于进行正式教育投资,但在脱产职业培训方面影响并不显著。这说明国有企业尤其是改制后企业对于劳动者的教育水平要求相对较高,促使劳动者进行正式教育人力资本投资。但同时,在脱产职业培训方面,我国国有企业由于经营压力相对小,对员工职业培训的力度也有待提高。

第三节 贸易开放对中国人力资本积累的异质性影响

在基本模型估计结果中,贸易开放后,低技能劳动相对报酬增加,个体劳动者更不倾向于进行人力资本投资,不利于中国人力资本的积累;进口对个体劳动者人力资本投资的影响大于出口,进口相比出口更不利于中国人力资本的积累。而从本书的扩展经验假说以及基本模型估计结果中,我们发现贸易开放对不同地区、行业、企业和技能职业中的劳动人力资本投资的影响并不相同。为了验证贸易开放对人力资本积累存在的异质性影响,我们将从地区、行业、企业和个体劳动者四个角度分别考察贸易开放对中国人力资本积累存在的异质性影响。

我们首先考察贸易开放对中国个体劳动者受教育年限的异质性影响,表

4-4报告了相关估计结果，估计方法为工具变量两阶段最小二乘估计（IV 2SLS）。我们从中可以看到，贸易开放从总体上不利于中国人力资本积累，而且不同地区、行业、企业和职业中的劳动者受到贸易开放的影响并不一样。具体来讲，从地区层面上来看，东部地区的个体劳动者相比中西部地区受到贸易开放的冲击较大，这也验证了本书的经验假说2，说明东部地区由于贸易开放程度和市场化程度更高，贸易开放后其个体劳动者的相对报酬变动相对较大，进行人力资本投资的净收益受到的冲击较大，其个体劳动者更不倾向于进行人力资本投资。

在行业层面上，我们首先对行业做了进一步划分，引入制造业虚拟变量和生产服务业虚拟变量，进而考察贸易开放对制造业、生产服务业存在的异质性影响。从表4-4的估计结果中，我们看到对于受教育年限等正式教育而言，虽然制造业相比生产服务业的开放程度较大，但制造业劳动者受到贸易开放的影响相比生产服务业劳动者更小，这虽然与本书的经验假说3并不一致，但也一定程度上验证了假说5。制造业由于开放程度更高，在贸易开放中获得的知识外溢和"干中学"效果要高于服务业，所以人力资本投资并未降低很多。

在企业层面上，企业经营利润和规模的扩大有助于降低贸易开放对人力资本积累的负面作用。我们认为经营状况好、规模大的企业为了得到更大发展，更倾向于进行技术升级并参与出口，造成其研发投入相对较大（Ferguson，2010），所以其对高技能劳动者的需求较高，其个体劳动者相对报酬受到贸易开放的影响相对较小，所以其人力资本投资受到贸易开放影响相对较小，这与本书的经验假说4相一致。

在个体劳动者层面上，如表4-4所示，对于从事高技能职业的劳动者而言，其受教育年限等正式教育投资受到贸易开放的影响相对较小，这与经验假说6并不一致。对此我们的解释是，高技能职业面临的外部冲击效果要小于知识外溢与"干中学"的正面效果，在正式教育人力投资影响方面，高技能职业受到的冲击要相对较小。

表 4-4 贸易开放对个体劳动者受教育年限的异质性影响（工具变量两阶段最小二乘估计）

变量	(1) 出口 教育年限	(2) 教育年限	(3) 教育年限	(4) 教育年限	(5) 教育年限	(6) 教育年限	(7) 进口 教育年限	(8) 教育年限	(9) 教育年限	(10) 教育年限
贸易开放	-0.0222** (0.0105)	-0.119** (0.0533)	-0.0740** (0.0287)	-0.0523** (0.0204)	-0.0913** (0.0375)	-0.0483** (0.0234)	-0.167** (0.0795)	-0.107** (0.0446)	-0.0932*** (0.0342)	-0.131** (0.0577)
贸易开放×地区	-0.498*** (0.156)									
贸易开放×制造业		0.113** (0.0533)					0.155* (0.0796)			
贸易开放×生产型服务业		0.104* (0.0531)					0.138* (0.0793)			
贸易开放×企业规模			0.0660** (0.0289)							
贸易开放×企业经营状况				0.0366* (0.0208)						
贸易开放×职业					0.0817** (0.0375)			0.0916** (0.0450)		
贸易开放×职业						-0.306** (0.129)			0.0634* (0.0353)	0.113* (0.0579)
金融发展	0.0219*** (0.00588)	0.0190*** (0.00654)	0.0186*** (0.00647)	0.0188*** (0.00641)	0.0183*** (0.00654)	0.0207*** (0.00578)	0.0161*** (0.00548)	0.0154*** (0.00543)	0.0157*** (0.00544)	0.0153** (0.00546)

续表

变量	出口						进口			
	(1)	(2)	(3)	(4)	(5)	(6)	(7)	(8)	(9)	(10)
	教育年限	教育年限	教育年限	教育年限	教育年限	教育年限	教育年限	教育年限	教育年限	教育年限
城市人力资本存量的对数	0.420*** (0.0612)	0.425*** (0.0662)	0.435*** (0.0639)	0.429*** (0.0640)	0.439*** (0.0637)	0.413*** (0.0649)	0.409*** (0.0665)	0.417*** (0.0651)	0.404*** (0.0659)	0.421*** (0.0649)
城市人力资本分布的对数	-0.246*** (0.0449)	-0.188*** (0.0468)	-0.183*** (0.0466)	-0.188*** (0.0457)	-0.183*** (0.0469)	-0.211*** (0.0455)	-0.191*** (0.0455)	-0.187*** (0.0456)	-0.187*** (0.0453)	-0.187*** (0.0457)
城市GDP的对数	0.0158*** (0.00367)	1.06e-05** (4.11e-06)	1.02e-05** (4.03e-06)	1.04e-05** (4.01e-06)	1.03e-05** (4.06e-06)	1.80e-05*** (4.93e-06)	1.15e-05*** (4.16e-06)	1.10e-05*** (4.09e-06)	1.18e-05*** (4.13e-06)	1.11e-05*** (4.11e-06)
能力虚拟变量	0.215*** (0.00581)	0.217*** (0.00609)	0.214*** (0.00592)	0.213*** (0.00592)	0.216*** (0.00597)	0.215*** (0.00583)	0.216*** (0.00596)	0.215*** (0.00586)	0.214*** (0.00590)	0.216*** (0.00589)
年龄的对数	-0.313*** (0.0152)	-0.318*** (0.0157)	-0.311*** (0.0157)	-0.313*** (0.0154)	-0.309*** (0.0159)	-0.313*** (0.0152)	-0.317*** (0.0155)	-0.312*** (0.0155)	-0.313*** (0.0154)	-0.311*** (0.0156)
性别	-0.000764 (0.00555)	0.000988 (0.00581)	0.00175 (0.00574)	8.75e-05 (0.00564)	0.00123 (0.00575)	-0.000469 (0.00556)	0.000793 (0.00571)	0.00111 (0.00566)	3.92e-05 (0.00563)	0.000882 (0.00567)
健康	0.00107 (0.00577)	0.00309 (0.00608)	0.00136 (0.00589)	0.00206 (0.00588)	0.00320 (0.00602)	0.00118 (0.00579)	0.00267 (0.00594)	0.00137 (0.00583)	0.00220 (0.00586)	0.00272 (0.00591)
医疗社会保障	-0.00476** (0.00242)	-0.00443* (0.00251)	-0.00429* (0.00247)	-0.00434* (0.00245)	-0.00434* (0.00248)	-0.00462* (0.00241)	-0.00464* (0.00246)	-0.00458* (0.00244)	-0.00456* (0.00244)	-0.00457* (0.00244)

续表

变量	(1)	(2)	(3)	(4)	(5)	(6)	(7)	(8)	(9)	(10)
	教育年限	教育年限	教育年限	教育年限	教育年限	教育年限	教育年限	教育年限	教育年限	教育年限
			出口					进口		
党员	0.0643*** (0.00636)	0.0670*** (0.00680)	0.0650*** (0.00650)	0.0651*** (0.00646)	0.0630*** (0.00650)	0.0645*** (0.00639)	0.0661*** (0.00661)	0.0647*** (0.00643)	0.0651*** (0.00645)	0.0632*** (0.00643)
婚姻	-0.0246** (0.0115)	-0.0280** (0.0120)	-0.0231* (0.0119)	-0.0245** (0.0117)	-0.0201 (0.0122)	-0.0244** (0.0115)	-0.0273** (0.0118)	-0.0237** (0.0117)	-0.0244** (0.0117)	-0.0214* (0.0119)
户口	0.0809*** (0.0180)	0.0848*** (0.0188)	0.0879*** (0.0187)	0.0851*** (0.0184)	0.0888*** (0.0189)	0.0815*** (0.0181)	0.0834*** (0.0184)	0.0858*** (0.0184)	0.0846*** (0.0183)	0.0865*** (0.0186)
企业所有制性质	0.0146** (0.00628)	0.0157** (0.00656)	0.0143** (0.00640)	0.0142** (0.00636)	0.0131** (0.00647)	0.0144** (0.00629)	0.0152** (0.00646)	0.0140** (0.00635)	0.0139** (0.00636)	0.0130** (0.00639)
企业经营状况	0.0129** (0.00627)	0.0163** (0.00665)	0.0138** (0.00640)	0.0105 (0.00659)	0.0136** (0.00644)	0.0138** (0.00629)	0.0158** (0.00650)	0.0139** (0.00634)	0.0100 (0.00669)	0.0137** (0.00636)
企业是否改制	0.0120* (0.00639)	0.0108 (0.00661)	0.00975 (0.00653)	0.0101 (0.00648)	0.00927 (0.00660)	0.0111* (0.00637)	0.0107* (0.00649)	0.00996 (0.00645)	0.0100 (0.00646)	0.00957 (0.00649)
企业规模	-0.00772 (0.00669)	-0.00557 (0.00691)	-0.0129* (0.00759)	-0.00686 (0.00678)	-0.00845 (0.00699)	-0.00677 (0.00670)	-0.00553 (0.00679)	-0.0122 (0.00761)	-0.00673 (0.00678)	-0.00739 (0.00686)
就业性质	0.0177** (0.00806)	0.0156* (0.00852)	0.0169** (0.00828)	0.0176** (0.00820)	0.0152* (0.00848)	0.0175** (0.00808)	0.0162* (0.00833)	0.0174** (0.00818)	0.0174** (0.00818)	0.0161* (0.00830)

续表

变量	出口						进口			
	(1)	(2)	(3)	(4)	(5)	(6)	(7)	(8)	(9)	(10)
	教育年限	教育年限	教育年限	教育年限	教育年限	教育年限	教育年限	教育年限	教育年限	教育年限
职业	0.0767*** (0.00621)	0.0755*** (0.00647)	0.0736*** (0.00647)	0.0764*** (0.00631)	0.0690*** (0.00727)	0.0764*** (0.00622)	0.0757*** (0.00635)	0.0743*** (0.00636)	0.0761*** (0.00630)	0.0692*** (0.00728)
就业途径	-0.0313*** (0.00711)	-0.0328*** (0.00746)	-0.0331*** (0.00734)	-0.0323*** (0.00726)	-0.0340*** (0.00748)	-0.0317*** (0.00714)	-0.0322*** (0.00731)	-0.0325*** (0.00726)	-0.0323*** (0.00725)	-0.0332*** (0.00734)
社会关系	0.00293** (0.00136)	0.00232 (0.00143)	0.00249* (0.00139)	0.00256* (0.00138)	0.00237* (0.00141)	0.00275* (0.00136)	0.00245* (0.00140)	0.00256* (0.00138)	0.00255* (0.00138)	0.00250* (0.00139)
常数项	2.597*** (0.115)	2.659*** (0.125)	2.622*** (0.120)	2.640*** (0.120)	2.610*** (0.120)	2.652*** (0.121)	2.667*** (0.125)	2.641*** (0.121)	2.662*** (0.122)	2.631*** (0.121)
外生性检验	1.922 (0.3825)	0.049 (0.9760)	0.145 (0.9303)	0.039 (0.9809)	0.150 (0.9276)	1.035 (0.5959)	1.398 (0.4970)	1.718 (0.4235)	0.041 (0.9798)	1.625 (0.4437)
弱识别检验	143.005 (0.0000)	20.105 (0.0000)	35.741 (0.0000)	51.223 (0.0000)	27.762 (0.0000)	95.535 (0.0000)	29.838 (0.0000)	50.189 (0.0000)	62.020 (0.0000)	39.340 (0.0000)
Observations	6154	6154	6154	6154	6154	6154	6154	6154	6154	6154
R-squared	0.381	0.326	0.353	0.361	0.345	0.378	0.353	0.366	0.363	0.361

注：在工具变量的选取上，各列选用1992年末各城市的电话机数（部）的对数、1937年各城市所在省份公路网密度，各城市距海岸线距离作为工具变量。

接下来,我们分析贸易开放对中国个体劳动者短期性人力资本投资的影响,表4-5报告了对脱产职业培训影响的相关结果,估计方法为ivtobit估计。与相关假说相一致,从表4-5中我们可以看到,贸易开放从总体上不利于中国人力资本积累,而且不同地区、行业、企业和职业中的劳动者职业培训受到贸易开放的影响并不一样。具体来说,东部地区的个体劳动者相比中西部地区受到贸易开放的冲击较大;企业层面上,规模较大、经营状况较好的企业劳动者职业培训受到贸易开放的冲击相对较小;从个体劳动者层面来看,从事高技能职业的劳动者脱产职业培训受到的贸易冲击影响相对较大,这验证了经验假说6。贸易开放对职业培训异质性影响的原因与正式教育相同,我们不再赘述。

但是,在行业层面上,与对受教育年限影响不同的是,制造性行业中劳动者的职业培训受到贸易开放的影响相对生产服务业更大,这与本书的经验假说3相一致。这说明中国作为生产加工基地,制造业贸易开放水平相对生产服务业更高,制造业劳动者的相对报酬受到贸易开放的影响较大,造成其个体劳动者进行人力资本投资的净收益受到的冲击更大,更不倾向于进行人力资本投资;而且,职业培训作为短期性的人力资本投资,更能及时地反映贸易开放对人力资本投资的影响。

最后,我们从表4-4和表4-5中还发现,进口与出口相比,其对正式教育、职业培训等人力资本投资异质性影响相对较大。另外,其他控制变量对中国个体劳动者正式教育、脱产职业培训等人力资本投资的影响与基本模型基本一致,在此我们不再赘述。但我们想强调的是,中国的职业培训发展层次还相对较低,受到政策支持的力度还有待进一步提高,相比正式教育的人力资本投资,其与经济社会发展的关系相对不紧密。

表 4-5 贸易开放对个体劳动者职业培训的异质性影响（ivtobit 估计）

变量	出口						进口			
	(1) 职业培训	(2) 职业培训	(3) 职业培训	(4) 职业培训	(5) 职业培训	(6) 职业培训	(7) 职业培训	(8) 职业培训	(9) 职业培训	(10) 职业培训
贸易开放	-0.434*** (0.151)	0.278 (0.239)	-0.654* (0.354)	-0.611* (0.363)	0.191 (0.165)	-0.290 (0.286)	0.337 (0.451)	-1.263** (0.570)	-1.299*** (0.476)	0.219 (0.313)
贸易开放×地区	-2.996*** (0.977)									
贸易开放×制造业		-2.737** (1.217)								
贸易开放×生产服务业		-0.441* (0.263)					-2.626*** (0.958)			
贸易开放×企业规模			0.608* (0.354)				-0.564 (0.464)			
贸易开放×企业经营状况				0.594* (0.363)	-0.495* (0.269)			1.170** (0.571)	1.271*** (0.480)	
贸易开放×职业						-1.751** (0.742)				-1.784*** (0.669)
金融发展	-0.121*** (0.0386)	-0.0863** (0.0360)	-0.118*** (0.0398)	-0.116* (0.0603)	-0.0880** (0.0360)	-0.0691* (0.0398)	-0.0822** (0.0359)	-0.113*** (0.0386)	-0.100** (0.0429)	-0.0689* (0.0369)

续表

变量	出口						进口			
	（1）职业培训	（2）职业培训	（3）职业培训	（4）职业培训	（5）职业培训	（6）职业培训	（7）职业培训	（8）职业培训	（9）职业培训	（10）职业培训
城市人力资本存量的对数	-2.121*** (0.418)	-1.384*** (0.365)	-1.718*** (0.407)	-1.834*** (0.647)	-1.380*** (0.355)	-1.335*** (0.403)	-1.315*** (0.358)	-1.681*** (0.391)	-1.673*** (0.442)	-1.284*** (0.354)
城市人力资本分布的对数	-0.264 (0.301)	-0.342 (0.272)	-0.0494 (0.309)	-0.0850 (0.454)	-0.315 (0.272)	-0.384 (0.300)	-0.332 (0.270)	-0.0443 (0.302)	-0.139 (0.325)	-0.383 (0.274)
城市GDP的对数	0.107*** (0.0228)	0.0744*** (0.0194)	0.0725*** (0.0199)	0.0729** (0.0312)	0.0689*** (0.0190)	0.0957*** (0.0207)	0.0762*** (0.0194)	0.0767*** (0.0202)	0.0825*** (0.0232)	0.0799*** (0.0197)
能力虚拟变量	0.152*** (0.0369)	0.152*** (0.0354)	0.158*** (0.0367)	0.151*** (0.0582)	0.157*** (0.0351)	0.161*** (0.0356)	0.154*** (0.0353)	0.158*** (0.0368)	0.151*** (0.0422)	0.161*** (0.0350)
年龄的对数	0.112 (0.100)	0.0596 (0.0950)	0.0917 (0.103)	0.0788 (0.153)	0.0261 (0.0955)	0.0756 (0.0965)	0.0659 (0.0947)	0.1000 (0.103)	0.0840 (0.112)	0.0448 (0.0956)
性别	0.0132 (0.0358)	0.0115 (0.0348)	0.0295 (0.0373)	0.0187 (0.0553)	0.0104 (0.0346)	0.0127 (0.0345)	0.0116 (0.0347)	0.0291 (0.0370)	0.0172 (0.0406)	0.0106 (0.0345)
健康	0.0352 (0.0373)	0.0197 (0.0361)	0.0288 (0.0373)	0.0385 (0.0579)	0.0192 (0.0360)	0.0243 (0.0360)	0.0212 (0.0359)	0.0276 (0.0374)	0.0357 (0.0424)	0.0209 (0.0358)
医疗社会保障	-0.0752*** (0.0157)	-0.0662*** (0.0151)	-0.0687*** (0.0156)	-0.0683*** (0.0240)	-0.0667*** (0.0150)	-0.0685*** (0.0151)	-0.0649*** (0.0150)	-0.0698*** (0.0157)	-0.0682*** (0.0177)	-0.0657*** (0.0150)

续表

变量	(1)	(2)	(3)	(4)	(5)	(6)	(7)	(8)	(9)	(10)
	职业培训	职业培训	职业培训	职业培训	职业培训	职业培训	职业培训	职业培训	职业培训	职业培训
	出口					进口				
党员	0.254*** (0.0401)	0.220*** (0.0383)	0.242*** (0.0400)	0.249*** (0.0629)	0.232*** (0.0375)	0.235*** (0.0387)	0.223*** (0.0382)	0.244*** (0.0400)	0.245*** (0.0453)	0.231*** (0.0374)
婚姻	-0.0124 (0.0755)	-0.0525 (0.0721)	-0.0263 (0.0771)	-0.0339 (0.116)	-0.0747 (0.0731)	-0.0346 (0.0725)	-0.0503 (0.0718)	-0.0205 (0.0772)	-0.0328 (0.0851)	-0.0626 (0.0732)
户口	0.252* (0.139)	0.197 (0.135)	0.270* (0.144)	0.268 (0.197)	0.188 (0.136)	0.222 (0.136)	0.200 (0.135)	0.279* (0.143)	0.262* (0.153)	0.193 (0.135)
企业所有制性质	0.0183 (0.0402)	0.0130 (0.0391)	0.0191 (0.0403)	0.0152 (0.0622)	0.0242 (0.0389)	0.0221 (0.0387)	0.0167 (0.0390)	0.0206 (0.0405)	0.0180 (0.0457)	0.0248 (0.0388)
企业经营状况	0.0310 (0.0399)	0.00943 (0.0388)	0.0247 (0.0399)	-0.0217 (0.0679)	0.0200 (0.0381)	0.0212 (0.0384)	0.00990 (0.0387)	0.0251 (0.0400)	-0.0391 (0.0508)	0.0195 (0.0380)
企业是否改制	0.0210 (0.0405)	0.0352 (0.0390)	0.0200 (0.0413)	0.0191 (0.0637)	0.0379 (0.0391)	0.0324 (0.0389)	0.0363 (0.0388)	0.0197 (0.0412)	0.0209 (0.0463)	0.0376 (0.0389)
企业规模	0.00786 (0.0440)	0.0432 (0.0419)	-0.0249 (0.0581)	0.0212 (0.0674)	0.0426 (0.0420)	0.0226 (0.0423)	0.0425 (0.0416)	-0.0499 (0.0619)	0.0189 (0.0495)	0.0344 (0.0419)
就业性质	-0.0286 (0.0543)	0.00865 (0.0527)	-0.0235 (0.0552)	-0.0215 (0.0821)	0.00442 (0.0525)	-0.0143 (0.0524)	0.00465 (0.0525)	-0.0252 (0.0552)	-0.0227 (0.0611)	-0.00232 (0.0524)

续表

变量	出口						进口			
	(1)职业培训	(2)职业培训	(3)职业培训	(4)职业培训	(5)职业培训	(6)职业培训	(7)职业培训	(8)职业培训	(9)职业培训	(10)职业培训
职业	0.184***(0.0414)	0.189***(0.0403)	0.161***(0.0438)	0.183***(0.0626)	0.208***(0.0431)	0.183***(0.0400)	0.187***(0.0401)	0.160***(0.0434)	0.183***(0.0466)	0.235***(0.0463)
就业途径	0.0557(0.0460)	0.0809*(0.0442)	0.0553(0.0475)	0.0549(0.0716)	0.0834*(0.0443)	0.0687(0.0443)	0.0788*(0.0441)	0.0511(0.0476)	0.0563(0.0524)	0.0801*(0.0442)
社会关系	0.0284***(0.00831)	0.0342***(0.00783)	0.0296***(0.00843)	0.0298**(0.0133)	0.0343***(0.00776)	0.0324***(0.00802)	0.0338***(0.00778)	0.0292***(0.00841)	0.0303***(0.00944)	0.0340***(0.00773)
常数项	1.498**(0.746)	0.641(0.705)	0.979(0.729)	1.192(1.160)	0.760(0.688)	0.416(0.729)	0.485(0.698)	0.879(0.724)	0.902(0.826)	0.493(0.695)
外生性检验	1.11(0.2928)	1.97(0.1602)	2.42(0.1199)	2.54(0.1106)	1.46(0.2266)	0.44(0.5072)	0.99(0.3193)	1.29(0.2557)	2.47(0.1161)	1.625(0.4437)
观测值	6154	6154	6154	6154	6154	6154	6154	6154	6154	6154

注：在工具变量的选取上，各列选用 1992 年末各城市的电话机数（部）、1937 年各城市所在省份公路网密度的对数，各城市距海岸线距离作为工具变量。

第四节 中间产品贸易对中国人力资本积累的影响

本书关于对外贸易对于人力资本投资影响的分析机制是基于其对高、低技能劳动者相对实际报酬的影响。为了进一步验证本书的相关理论分析机制与结论,我们将对对外贸易进行简单分类,分别考察一般出口贸易、加工出口贸易对于城镇劳动者人力资本投资的影响。关于人力资本投资形式的选取,我们将以灵活性较强、受到经济波动影响较大、短期性较强的职业培训为例进行分析。

表4-6以不同组合的方式报告了相关估计结果。在工具变量的选取上,第(2)列选用1992年末各城市邮电业务总量、各城市距海岸线距离两者的对数;第(4)列选用1993年末各城市批发零售贸易业、餐饮业网点数(个)和各城市距海岸线距离。从表4-6中我们可以看到,一般出口贸易对于城镇劳动者职业培训具有显著的负面影响;而且,如图4-1所示,城镇数据样本下,随着城市一般出口贸易开放度的提高,高技能劳动者相对低技能劳动者的实际报酬趋于降低,这说明中国城镇劳动者进行人力资本投资的门槛值提高,更不倾向于进行职业培训。这既进一步验证了本书的经验假说7,也表明本书关于对外贸易对于人力资本影响的分析机制是稳健的。

表4-6 一般贸易、加工贸易对城镇劳动者职业培训的影响

	一般贸易		加工贸易	
	(1)	(2)	(3)	(4)
	Tobit	ivtobit	Tobit	ivtobit
贸易开放度	-1.697***	-2.092***	0.378**	0.383**
	(0.432)	(0.676)	(0.173)	(0.155)
外资	4.067***	4.544***	2.059***	0.892
	(0.871)	(1.075)	(0.692)	(0.654)

续表

	一般贸易		加工贸易	
	(1)	(2)	(3)	(4)
	Tobit	ivtobit	Tobit	ivtobit
GDP	-0.0231**	-0.0279**	-0.00345	-0.00774
	(0.00906)	(0.0110)	(0.00753)	(0.00664)
人均GDP	-0.660	2.910	-16.73	-15.88
	(12.52)	(13.38)	(11.92)	(10.49)
人均GDP的平方	-0.965	-1.237	0.479	1.619
	(1.140)	(1.195)	(1.106)	(0.992)
教育财政	-0.607**	-0.644**	-0.535**	0.0482
	(0.255)	(0.260)	(0.256)	(0.253)
人口对数	-10.96	-10.45	-0.286	8.012
	(9.352)	(9.390)	(10.86)	(9.796)
年龄	-1.450***	-1.470***	-1.367***	-1.319***
	(0.439)	(0.440)	(0.439)	(0.406)
性别	5.750	5.768	5.965	6.600
	(7.871)	(7.870)	(7.878)	(7.232)
健康	16.45***	16.43***	16.23***	18.36***
	(5.603)	(5.604)	(5.608)	(5.162)
户口	6.009	5.832	6.804	3.443
	(12.92)	(12.91)	(12.92)	(11.62)
医疗保障	26.96***	27.12***	26.91***	16.01*
	(9.198)	(9.200)	(9.221)	(8.440)
就业途径	-4.977***	-4.927***	-5.332***	-3.457**
	(1.585)	(1.586)	(1.587)	(1.453)
契约合同	-23.83***	-23.81***	-23.72***	-22.07***
	(4.498)	(4.498)	(4.504)	(4.142)
所有制	2.731	2.641	2.655	-0.666
	(9.140)	(9.143)	(9.152)	(8.433)
婚姻	YES	YES	YES	YES

续表

	一般贸易		加工贸易	
	(1)	(2)	(3)	(4)
	Tobit	ivtobit	Tobit	ivtobit
民族	YES	YES	YES	YES
职业	YES	YES	YES	YES
行业	YES	YES	YES	YES
常数项	6.210 (83.23)	2.278 (83.43)	-66.79 (92.09)	-100.8 (82.94)
外生性检验		0.59 (0.4437)		0.01 (0.9084)
Observations	4731	4731	4731	4731

注：职业培训下的解释变量外资、GDP、人均GDP及平方、教育财政、年龄为水平值。回归系数括号内为标准误，***、**和*分别表示在1%、5%和10%显著性水平上显著。

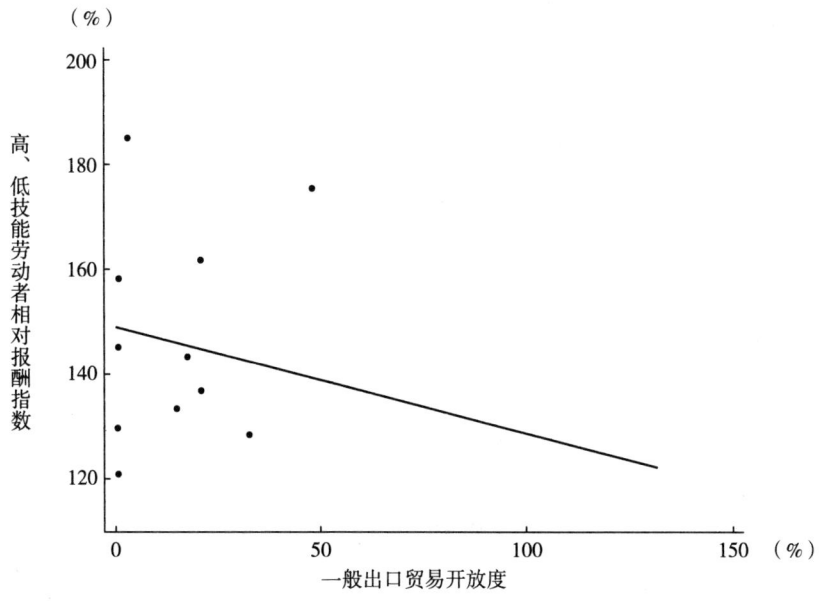

图4-1 一般出口贸易、出口加工贸易与高、低技能劳动者相对报酬的关系

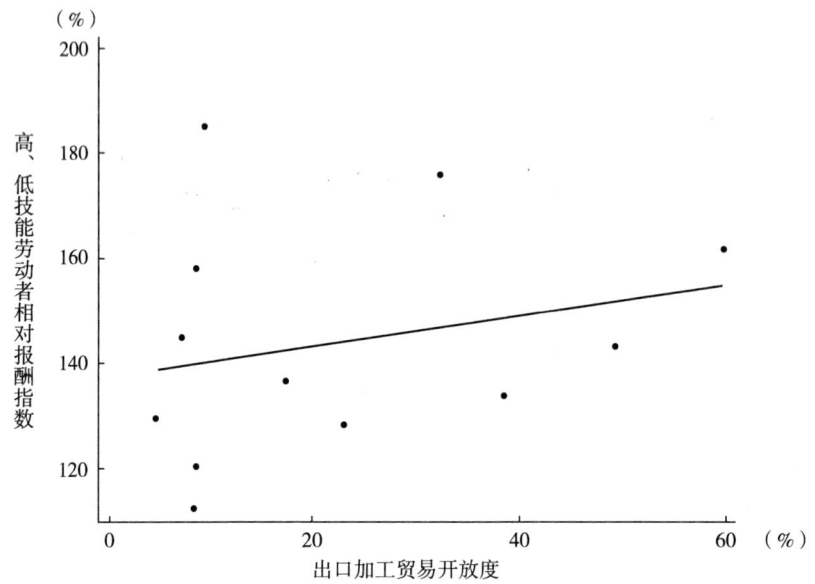

图 4-1　一般出口贸易、出口加工贸易与高、低技能劳动者相对报酬的关系（续）

同时，从表 4-6 中我们还可以看到，出口加工贸易对于城镇劳动者职业培训的影响显著为正；而且，图 4-1 还显示，在城镇数据样本下，随着城市出口加工贸易开放度的提高，高技能劳动者相对低技能劳动者的实际报酬趋于增加。而且，通过对比分析一般出口贸易回归结果，更加表明了本书关于对外贸易对于人力资本投资影响的分析机制是稳健的。

最后，关于其他解释变量对于职业培训人力资本投资影响的分析，其与城镇样本下的结果大同小异，在此不再赘述。

本章小结

贸易开放对一国人力资本积累的影响在各个国家表现各不相同。改革开放以来，中国的贸易和人力资本都得到迅速发展，但从理论和实证上专门探讨贸易开放对于中国人力资本积累影响的研究很少,尤其是对中国的微观实证研究还没有,并且已有研究大多考察贸易开放对人力资本的一般性影响,并没有考察对不同地区、不同行业、不同企业和不同个体影响上的差异性。鉴于此,本章采用中国居民家庭收入调查的数据,从微观角度实证研究贸易开放对中国人力资本投资和积累的影响,并从地区差异、行业差异、企业差异和个人差异方面考察贸易开放对人力资本积累的异质性影响。

本章研究发现,贸易开放后,低技能劳动相对报酬增加,进行人力资本投资的门槛提高,个体劳动者不倾向于进行人力资本投资,不利于中国人力资本的积累;而且,进口相比出口更不利于中国人力资本的积累。在贸易开放的异质性影响方面,在地区层面上,东部地区的个体劳动者相比中西部地区受到贸易开放的负面影响较大;在行业层面上,制造业中劳动者的职业培训受到贸易开放的负面影响相比生产服务业更大,其教育年限受到贸易开放的负面影响相比生产服务业更小;在企业层面上,企业经营利润和规模的扩大有助于降低贸易开放对人力资本积累的负面作用;在个体劳动者层面上,从事高技能职业劳动者的职业培训受到的贸易冲击相对较大。并且,进口相对于出口,其对个体劳动者的异质性影响相对较大。另外,我们还发现,随着出口加工贸易开放度的提高,高技能劳动者相对低技能劳动者的实际报酬趋于提高,城镇劳动者更倾向于进行职业培训;而随着一般出口贸易开放度的提高,高技能劳动者相对低技能劳动者的实际报酬趋于降低,城镇劳动者更不倾向于进行职业培训。

同时,在地区变量的影响方面,金融发展水平、城市人力资本存量等对中国人力资本积累的影响显著;另外,我们还发现中国东部地区的个体劳动者比中西部地区更倾向于进行正式教育投资,而中西部地区更倾向于进行脱产职业培训。在企业变量的影响方面,规模较大、经营状况较好、国有企业和改制后的企业中的劳动者更倾向于进行人力资本投资。在个体劳动者自身影响因素方面,能力越低的个体劳动者、年龄越大的劳动者、外地及农村劳动者、就业不稳定的劳动者、不能通过正式途径就业的劳动者等更不倾向于进行人力资本投资;而拥有较好医疗社会保障、社会关系广、从事高技能职业、生产服务性行业的劳动者以及党员劳动者更倾向于进行人力资本投资。最后，我们还看到，中国的职业培训发展层次还相对较低，受到政策支持的力度还有待进一步提高，相比正式教育的人力资本投资，其与经济社会发展的关系相对不紧密。

通过相关研究，我们的政策建议如下：随着贸易开放度的不断提高，我们应该充分认清其对中国人力资本积累和提升的不利影响，以及其在地区、行业、企业和个人四个层面上的异质性影响。为此，我们应积极缩小地区、城乡差距，促进区域间、城乡间劳动力的自由流动以及均衡发展；积极推动改革，如改革金融制度、财政制度、户籍制度、社会保障制度等，积极改善金融环境，不断加大财政对教育、职业培训和社会保障的支持力度，促进农民工"市民化"；不断提高教育投入；积极推进企业改制，促进企业经营效益的提高和技术升级。总之，我们应该不断提高中国个体劳动者人力资本投资的收益，减少其人力资本投资的成本，促进中国人力资本的积累和提升。

第五章

贸易开放度对城乡人力资本积累影响的实证分析[①]

结合第三章中理论分析部分的相关结论,本章将建立相关计量模型,并采用 2007 年中国居民家庭收入调查等微观个体数据,在二元劳动力市场分割背景下,从微观角度实证分析贸易开放度对中国城镇劳动者、农村劳动者的正式教育、职业培训等人力资本投资的影响,并从其子女教育投入的角度考察贸易开放度对中国人力资本积累的长期影响。

第一节 计量模型、指标选取和数据来源

一、计量模型

借鉴 Hering 和 Poncet(2010)的研究方法,本书将个体变量和城市变量合并,其基本计量模型设定如下:

$$humancapital_{ic} = \alpha + \beta open_c + \gamma X_c + \lambda I_{ic} + \varepsilon_{ic} \tag{5-1}$$

[①] 本章是与李坤望、王永进合作,最早发表于《世界经济》,2014 年第 3 期,第 56-79 页。

其中，下标 i 表示个体，c 表示城市；humancapital$_{ic}$ 表示劳动者人力资本投资和积累变量；open$_c$ 代表城市 c 的贸易开放度，β 为贸易开放度对人力资本投资和积累的影响；X$_c$ 为城市 c 的其他控制变量；I$_{ic}$ 为城市 c 中的个体控制变量；ε$_{ic}$ 为随机误差项。

另外，为考察城市贸易开放度对劳动者人力资本投资的异质性影响，本书引入城市贸易开放度与劳动者职业技能的交叉项，进一步分析城市贸易开放度对不同职业技能劳动者的异质性影响。本书进一步扩展计量模型如下：

$$humancapital_{ic} = \alpha + \beta open_c + \theta open_c \times jineng_{ic} + \gamma X_c + \lambda I_{ic} + \varepsilon_{ic} \quad (5-2)$$

其中，jineng$_{ic}$ 表示劳动者职业技能的虚拟变量，1 为从事高技能职业的劳动者，0 为从事中低技能职业的劳动者。

二、指标选取及测度

在劳动者人力资本投资和积累变量（humancapital$_{ic}$）方面，在城镇和外来务工成人样本中均采用受教育年限和接受脱产职业培训的天数分别进行测度；在劳动者子女教育投入方面，采用子女的辅导班费用分别进行测度。受教育年限代表了劳动者的正式教育决策，具有一定的长期性；而脱产职业培训多为短期性的人力资本投资决策，短期内对对外开放的反应更为敏感。与此同时，本书不仅考察对外开放对成人劳动者人力资本投资的影响，还将考察对外开放对其子女主动性教育投入即辅导班费用的影响，以分析对外开放对中国人力资本积累的长远影响。

在城市的贸易开放度（open$_c$）方面，结合数据来源和中国出口拉动型经济发展的实际，本书分别用当地城市的出口贸易占其 GDP 的比重进行测度。

考虑到遗漏重要解释变量会造成估计结果的有偏，稳健起见，本书还加入了城市控制变量 X$_c$ 和个体控制变量 I$_{ic}$。其中，城市控制变量 X$_c$ 包括：①城市 c 当年吸引的外资总额（亿美元）。研究表明，外资引入是影响人力资本积累的重要因素，比如外资引入会产生技术溢出效应，进而促进地区人力资本积累和提升（何洁，2000；潘文卿，2003；张海洋，2005），但外资引入并未带来技术溢出效应，外资引入主要是利用中国的廉价劳动力进行生产（赵江林，2004）。②财政教育支出（亿元）。财政支出水平代表了地区对教育发展的支撑能力，是影响人力资本积累的重要因素，但一些研究表明中国式财政集权下对教育的投入并不充足，不能促进人力资本积累的提升（中国经济增长与宏观稳定课题组，2006；傅勇和张晏，2007；左翔、殷醒民和潘孝挺，2011）。③城市人口数量的对数。一个地区人口数量增长越快，"人口红利"越大，而且"人口红利"是促进中国经济发展的重要因素，但"人口红利"主要是利用中国低技能劳动力，对中国人力资本积累和提升可能会存在一定的负面影响（中国经济增长与宏观稳定课题组，2007）。④城市其他特征变量，如城市GDP（亿元）、人均GDP（万元）等。

个体控制变量I_{ic}包括：①年龄。上文理论分析中，随着劳动者年龄的增加，其进行人力资本投资的净收益趋于下降，能力门槛值趋于上升，其越不倾向于进行人力资本投资。②户口。当前劳动者的户口状况是影响劳动者人力资本投资的重要因素，一般认为城市人口比农村人口、本地户口比外来户口劳动报酬相对较高，更容易得到良好的教育机会（姚先国和赖普清，2004；严善平，2006，2007；陈斌开、张鹏飞和杨汝岱，2010）。③性别。受历史、文化观念等因素的影响，女性在教育回报方面存在歧视，不利于其进行人力资本投资（王美艳，2005；宋月萍，2007）。④医疗社会保障水平。具有较好的医疗社会保障水平，劳动者可以有更强的资金保障和健康保障进行人力资本投资（中国经济增长与宏观稳定课题组，2006）。⑤健康水平。健康水平是影响一个人学习和工作能力的重要因素，也是决定劳动者人力资本投入和收益的重要因素（苑会娜，2009）。⑥就业途径。研究表明，个人关系在进入劳动市场尤其是高收入行业中有重要作用，这在一定程度上会削弱人力资本的作用，不利于人力资本的积累和提升（陈钊、陆铭和佐藤宏，2009）。⑦契约合同。研究表明，契约可以保证人力资本投资的收益权，促进人力资本投资（聂辉华，2003；姚先国和郭东杰，2004）。⑧就业单位所有制性质。不同所有制单位在工资考察机制上有所不同，国有企事业单位比较注重劳动者教育水平以及相关职业培训的作用，且拥有较高教育水平的劳动者更倾向于到国有企事业单位工作，而私有制单位受经济环境影响较大，在吸引高教育水平劳动者和职业培训方面能力相对不足（郭荣兴、李实和邢攸强，2003；邢春冰，2005）。⑨其他个体特征变量，如民族、婚姻、职业和行业等。各个主要变量的指标含义及测度如表 5-1 所示。

表 5-1 主要变量的指标含义及测度

变量	指标含义及测度
贸易开放度	当地城市的出口贸易占其 GDP 的百分比进行测度
人力资本	受教育年限和脱产职业培训
职业能力虚拟变量	1 为高技能职业，即专业性较强和管理性职业；0 为中低技能职业，即一般性职业
户口	城镇样本中，0 为农村户口，1 为本市/县非农户口，2 为外地非农户口；外来务工样本中，0 为外地农业户口，1 为本地农业户口
性别	1 为男性，2 为女性
医疗社会保障	以拥有哪种类型保险测度：1 为公费医疗性质类的保险保障，0 为自筹商业性质保险或没有医疗保险
健康	1. 很好；2. 较好；3. 一般，差不多；4. 较差；5. 很差
就业途径	城镇样本中，5 和 6 分别为家人、亲戚介绍和朋友、熟人介绍；外来务工样本中，1 为依靠关系介绍，0 为其他情况
契约合同	值越大，表明契约合同越弱：1. 固定工；2. 长期合同工（一年及以上）；3. 短期合同工（一年以下）；4. 无合同的临时工；5. 自我经营；6. 打零工；7. 不领工资的家庭帮工
单位所有制性质	值越大，则私有程度越高：1. 党政机关、国家、集体的事业单位、国有独资企业、国有控股企业、集体独资企业、集体控股企业；2. 其他单位企业
民族	城镇样本：1. 汉族；2. 壮族；3. 回族；4. 维吾尔族；5. 彝族；6. 苗族；7. 满族；8. 其他。外来务工：1 为汉族，0 为少数民族
婚姻	1. 未婚；2. 初婚；3. 再婚；4. 离异；5. 丧偶；6. 同居

三、内生性问题

在计量模型的估计中，内生性问题会使估计结果有偏和不一致，所以应该注意对外开放的内生性问题。一方面，虽然本书已经控制了其他影响对外开放和人力资本积累之间关系的重要变量，但还很可能遗漏了某些重要解释变量；另一方面，人力资本积累和对外开放之间还可能存在反向因果关系，也会使估计结果有偏和不一致。大量研究已经表明，人力资本对国际贸易发展有着重要影响。一些学者研究认为，人力资本存量是影响各国贸易模式的重要因素，人力资本禀赋高的国家将出口人力资本密集型产品（Bougheas and Riezman，2007；Covers and Grip，1997）。近年来，越来越多的学者还从人力资本分布的角度研究对国际贸易的影响。如 Grossman 和 Maggi（2000）研究发现，一国贸易模式和比较优势是特定人力资本分布的表现；Grossman（2004）研究认为，各国人力资本分布的差异可能成为其比较优势的来源，如德国的劳动力较为同质，便于质量和成本控制，所以其汽车、工业设备和化工产品等制造业优势突出。可见，人力资本存量和人力资本分布对一国贸易模式有重要的影响（Bougheas and Riezman，2007）。因此，本书在实证分析贸易发展对人力资本积累影响时，必须考虑内生性的问题。

控制内生性问题的一个通常做法是寻找一个与贸易开放度相关但独立于人力资本积累的工具变量（IV），并进行相关估计。本书选取各城市到海岸线的距离、1992年末各城市的邮电局（所）数（处）和电话机数（部）、1937年各城市所在省份公路网密度作为工具变量。这主要是基于以下考虑：

首先，地理因素是影响国际贸易的重要因素。由于海运是国际贸易的主要运输方式，从运输成本的角度来看，越接近海岸线就越接近国际市场（黄玖立和李坤望，2006），而且地理因素与当地人力资本不相关，是一个较好的工具变量（Frankel and Rommer，1999）。其次，寻找工具变量的另一个角度是历史方面的变量（王永进、李坤望和盛丹，2010），因为历史上的基础设施数据不会影响当前的人力资本积累状况，满足工具变量的外生性要求；而从工具变量的相关性角度来看，基础设施是影响国际贸易发展的重要方面（王永进、盛丹、施炳展和李坤望，2010）。一个地区邮电局（所）数（处）、电话机数（部）和公路网密度是当地交通、外贸发展的重要测量指标，也是一个地区基础设施的重要组成部分。而且，自1992年邓小平南方谈话后，中国加快了改革开放进程，是中国对外开放进程中的分水岭。因此，选用1992年各地邮电局（所）数（处）和电话机数、1937年各城市所在省份公路网密度等历史基础设施性数据以及各城市到海岸线的距离，满足工具变量外生性及与内生变量相关的要求，是合理的工具变量。

四、数据来源与处理

本书所使用的个体数据来自中国社会科学院经济研究所收入分配课题组于2007年开展的中国居民家庭收入调查，该调查包括城镇、外来务工和农村三个样本。其中，本书采用的城镇和外来务工调查是从上海、江苏、浙江、安徽、河南、湖北、广东、重庆、四川9个省份中收集整理所得。其中，城镇样本包含5003户、14699个个体样本；外来务工样本包含5007户、8446个个体样本。

通过调查问卷中的城市代码（City Code），本书将其与城市变量和数据合并处理，并且考虑到中国县级市的数据缺失，本书主要采用其在地级市的数据。城市变量数据主要来源于《中国城市统计年鉴2008》、相关省市《统计年鉴2008》和各地2007年统计公报数据。在工具变量中，各城市到海岸线的距离数据来源于电子地图；1937年各城市所在省份公路网密度数据来源于《中国公路史（第一册）》（1990），原始数据为公路里程（公里数），本书中用到的公路网密度为公路里程数/面积；其他工具变量来源于《中国城市统计年鉴1993—1994》。最后，经过删除主要变量的缺失值，得到了16岁以上处于就业状态的，覆盖全国18个地级市的7020个城镇观测样本和覆盖全国15个地级市的6528个外来务工观测样本。基本统计信息如表5-2所示。

表 5-2 各个变量的描述性统计

变量名	城镇样本					外来务工样本				
	样本数	均值	标准差	最小值	最大值	样本数	均值	标准差	最小值	最大值
受教育年限	7020	12.02	3.135	1	22	6528	9.065	2.424	1	20
职业培训	7020	21.24	121.3	0	4380	6528	11.52	50.55	0	998
职业能力虚拟变量	7020	0.298	0.458	0	1	6528	0.250	0.433	0	1
出口比重	7020	44.79	46.50	2.908	181.0	6528	47.97	47.90	2.908	181.0
外资	7020	47.89	42.43	0.556	148.7	6528	49.75	39.51	0.556	148.7
城市 GDP	7020	4299	3319	409.7	12189	6528	4449	3083	409.7	12189
城市人均 GDP	7020	4.375	2.241	0.823	8.392	6528	4.598	2.124	1.282	8.392
财政教育支出	7020	62.28	79.72	1.343	276.2	6528	62.45	75.64	1.343	276.2
城市人口对数	7020	6.575	0.670	5.143	8.082	6528	6.570	0.705	5.143	8.082
年龄	7020	39.29	9.940	16	78	6528	31.11	10.09	16	71
性别	7020	1.436	0.496	1	2	6528	1.400	0.490	1	2
婚姻	7020	1.960	0.553	1	6	6528	2.896	2.401	0	9
民族	7020	1.033	0.374	1	8	6528	0.983	0.131	0	1
健康	7020	2.088	0.711	1	5	6528	1.763	0.743	1	5
户口	7020	0.975	0.278	0	2	6528	0.191	0.393	0	1
医疗社会保障	7020	0.694	0.461	0	1	6528	0.420	0.494	0	1
就业途径	7020	1.704	2.601	0	6	6528	0.597	0.491	0	1
契约合同	7020	2.129	1.072	1	4	6528	3.418	1.528	1	7
所有制	7020	1.405	0.491	1	2	6528	1.874	0.332	1	2

第二节 城镇样本下的估计结果

表5-3以不同组合的方式报告了城镇样本下计量模型估计结果。在估计方法上，考察贸易开放度对城镇劳动者受教育年限的影响时，本书使用了OLS估计和工具变量广义矩估计（IV GMM）；而在考察贸易开放度对城镇劳动者脱产职业培训的影响时，本书发现有4300个脱产职业培训样本观测为0，具有明显的截取回归性质，所以本书对其采用Tobit和ivtobit估计方法。而且，为克服异方差的影响，在大样本条件下，本书均采用的是"OLS+稳健标准差"或"Tobit+稳健标准差"等估计方法（下同）。另外，在工具变量的选取上，第（2）列选用各城市距海岸线距离的对数和1992年末各城市的邮电局（所）数（处）的对数；第（4）列选用1992年末各城市的邮电业务总量的对数；第（6）列中贸易开放度选用各城市距海岸线距离、1992年末各城市的邮电局（所）数（处）作为工具变量，交叉项选用1992年末各城市的电话机数（部）、1992年末各城市的邮电局（所）数（处）分别与职业技能虚拟变量的乘积作为工具变量；第（8）列中贸易开放度选用1937年各城市所在省份公路网密度、1992年末各城市的电话机数（部）的对数作为工具变量，而交叉项选用1992年末各城市的电话机数（部）的对数与职业技能虚拟变量的乘积作为工具变量。

对于本书首先关心的贸易开放度对城镇劳动者受教育年限、脱产职业培训的影响，从表5-3的第（2）和第（4）列可以看出，贸易开放度的提高对中国城镇劳动者受教育年限、职业培训具有显著的负面影响；而且，如图5-1所示，本书城镇数据样本表明，随着城市贸易开放度的增加，高技能劳动者相对低技能劳动者的实际报酬水平趋于降低。这也验证了本书的经验假说7，即随着贸易开放度的提高，城镇高技能劳动者相对低技能劳动者的实际报酬减少，城镇劳动者进行人力资本投资的门槛值提高，更不倾向于进行人力资本投资。

表 5-3 城镇样本下贸易开放度对劳动者受教育年限、职业培训的影响

变量	基本模型					扩展模型			
	受教育年限		职业培训		受教育年限		职业培训	
	(1) OLS	(2) IV GMM	(3) Tobit	(4) ivtobit	(5) OLS	(6) IV GMM	(7) Tobit	(8) ivtobit
贸易开放度	-0.0147*** (0.00227)	-0.0208*** (0.00372)	-0.0363 (0.155)	-0.840* (0.483)	-0.0132*** (0.00232)	-0.0171*** (0.00597)	-0.0809 (0.157)	-0.00763 (0.280)
贸易开放度*职业技能					0.00315** (0.00158)	0.0134** (0.00657)	0.184 (0.115)	0.461** (0.182)
外资	0.151 (0.0996)	0.206* (0.106)	2.008*** (0.746)	3.889*** (1.307)	0.0930 (0.0993)	0.0973 (0.115)	1.962*** (0.747)	1.598* (0.941)
GDP	0.657** (0.263)	0.853*** (0.278)	-0.000459 (0.00688)	-0.00117 (0.00691)	0.512* (0.263)	0.553* (0.319)	-0.000192 (0.00689)	0.000128 (0.00691)
人均 GDP	-1.411*** (0.364)	-2.102*** (0.511)	-17.47** (7.476)	-24.71*** (8.547)	-1.027*** (0.364)	-1.192 (0.747)	-17.22** (7.479)	-15.97** (7.810)
人均 GDP 的平方	0.281** (0.111)	0.447*** (0.143)	0.637 (0.751)	0.595 (0.753)	0.206* (0.111)	0.225 (0.197)	0.603 (0.752)	0.583 (0.751)
教育财政	0.278** (0.137)	0.421*** (0.150)	-0.523** (0.234)	-0.983*** (0.352)	0.308** (0.136)	0.369** (0.180)	-0.509** (0.234)	-0.414 (0.271)
人口对数	-0.985*** (0.197)	-1.463*** (0.303)	-7.989 (11.70)	-53.98* (28.70)	-0.771*** (0.197)	-0.906* (0.472)	-8.000 (11.70)	-0.740 (17.96)

113

续表

变量	基本模型				扩展模型			
	受教育年限		职业培训		受教育年限		职业培训	
	(1) OLS	(2) IV GMM	(3) Tobit	(4) ivtobit	(5) OLS	(6) IV GMM	(7) Tobit	(8) ivtobit
年龄	-4.500*** (0.140)	-4.508*** (0.140)	-1.793*** (0.356)	-1.865*** (0.360)	-4.548*** (0.139)	-4.550*** (0.139)	-1.789*** (0.356)	-1.757*** (0.356)
性别	-0.358*** (0.0650)	-0.354*** (0.0649)	-0.208 (6.355)	0.0391 (6.375)	-0.271*** (0.0647)	-0.271*** (0.0648)	0.371 (6.366)	1.118 (6.374)
健康	-0.0430 (0.0471)	-0.0410 (0.0471)	14.51*** (4.475)	14.18*** (4.492)	-0.0764 (0.0466)	-0.0794* (0.0468)	14.34*** (4.477)	14.02*** (4.472)
户口	0.856*** (0.122)	0.849*** (0.121)	0.990 (11.43)	1.785 (11.47)	0.844*** (0.121)	0.817*** (0.122)	0.481 (11.44)	-0.609 (11.42)
医疗保障	0.527*** (0.0803)	0.552*** (0.0810)	26.76*** (7.651)	25.12*** (7.729)	0.534*** (0.0797)	0.549*** (0.0822)	26.76*** (7.651)	26.85*** (7.649)
就业途径	-0.125*** (0.0136)	-0.125*** (0.0136)	-4.576*** (1.331)	-4.251*** (1.347)	-0.112*** (0.0135)	-0.112*** (0.0135)	-4.484*** (1.332)	-4.366*** (1.335)
契约合同	-0.426*** (0.0382)	-0.425*** (0.0382)	-22.23*** (3.675)	-22.59*** (3.692)	-0.410*** (0.0381)	-0.410*** (0.0382)	-21.93*** (3.680)	-21.34*** (3.682)
所有制	-0.178** (0.0782)	-0.178** (0.0781)	-4.769 (7.560)	-3.946 (7.597)	-0.182** (0.0776)	-0.198** (0.0783)	-4.941 (7.562)	-5.263 (7.557)

续表

变量	基本模型				扩展模型			
	受教育年限		职业培训		受教育年限		职业培训	
	(1) OLS	(2) IV GMM	(3) Tobit	(4) ivtobit	(5) OLS	(6) IV GMM	(7) Tobit	(8) ivtobit
婚姻	YES	YES	YES	YES	YES	YES	YES	YES
民族	YES	YES	YES	YES	YES	YES	YES	YES
职业	YES	YES	YES	YES	YES	YES	YES	YES
行业	YES	YES	YES	YES	YES	YES	YES	YES
常数项	28.81*** (1.077)	29.23*** (1.115)	13.19 (85.79)	328.2* (198.9)	26.57*** (1.086)	26.75*** (1.173)	8.222 (85.85)	−47.11 (127.6)
外生性检验		2.63266 (0.1047)		3.10 (0.0784)		0.058702 (0.8086)		3.88 (0.1436)
Observations	7020	7020	7020	7020	7020	7020	7020	7020
R-squared	0.298	0.298			0.303	0.299		

注：受教育年限下的解释变量外资、GDP、人均 GDP 及平方、教育财政、职业培训下其均为水平值。回归系数括号内的为标准误。***、**和*分别表示在 1%、5%和 10%显著性水平下显著。外生性检验下，工具变量广义矩估计（IV GMM）下为 Hansen's J 检验，在 5%～10%显著性水平下接受原假设，表明工具变量合理；而在 ivtobit 估计下为 Wald test of exogeneity 检验，接受原假设，则表明工具变量合理，下同。

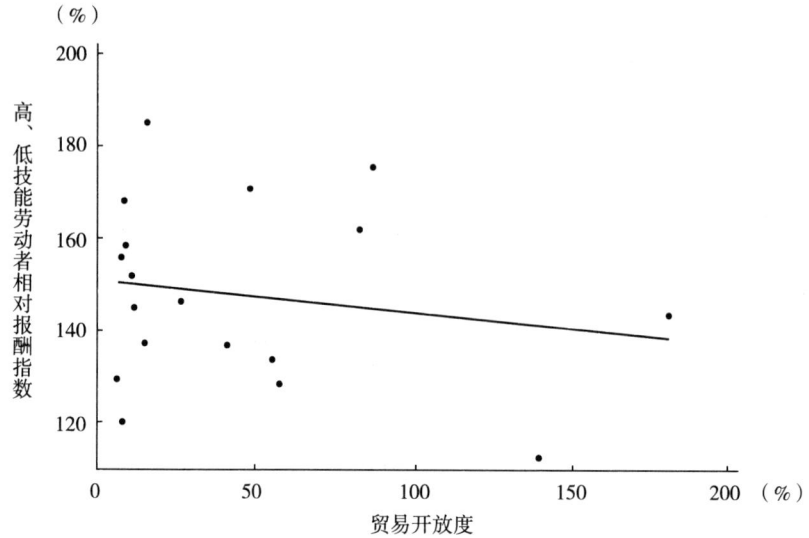

图 5-1　城镇样本下贸易开放度与高、低技能劳动者相对报酬的关系

另外，在引入城市贸易开放度与职业能力虚拟变量的交叉项后，表 5-3 中的第（6）和第（8）列显示，交叉项对城镇劳动者受教育年限、职业培训具有显著正面影响，这说明贸易开放度对技能水平较低的城镇劳动者的人力资本投资负面影响更大。随着城市贸易开放度的提高，低技能劳动者进行劳动所得实际报酬提高，低技能劳动者继续进行人力资本投资的倾向下降更大。

在外资的作用方面，估计结果显示，外资对中国城镇劳动者的人力资本投资具有显著的正面作用，尤其是在职业培训方面显著性很强。这说明，外资引入能够带来相关技术溢出，提高高技能劳动者的相对需求，其与低技能劳动者的相对实际劳动报酬增加，降低了劳动者进行人力资本投资的门槛值，促进了劳动者增加人力资本投资（Feenstra and Hanson，1996；何洁，2000；潘文卿，2003；张海洋，2005），而职业培训作为一项灵活的短期性人力资本投资，受到外资技术溢出的效应较强。

同时，在财政教育支出的影响方面，估计结果显示其对中国城镇劳动者受教育年限具有显著的正面影响，而对职业培训的影响为负或不显著。这说明财政教育支出水平作为政府对教育投入的主要指标，确实能够显著促进正式教育人力资本投资，但职业培训的回归结果也表明，中国财政教育支出过于集中于正式教育投入,对职业培训的投入不足,支出结构有待优化(中国经济增长与宏观稳定课题组,2006;傅勇和张晏,2007;左翔、殷醒民和潘孝挺,2011)。而在地区人口对数的影响方面,其对中国城镇劳动者受教育年限、职业培训存在显著负面影响。本书认为,人口红利是促进中国经济发展的重要因素,但人口红利主要是利用中国低技能劳动力,对中国人力资本积累和提升可能会存在一定的负面影响;如果一个地区人口数量增长越快,人口红利则越大,不利于中国人力资本积累和提升(中国经济增长与宏观稳定课题组,2007)。另外,在城市 GDP、人均 GDP 的影响方面,GDP 对中国城镇劳动者受教育年限的影响显著为正,而对职业培训的影响并不显著。对此本书认为,在经济发展水平较高的地区,对高技能劳动者需求较高,且劳动者更有能力继续进行正式教育等人力资本投资;而在经济发展相对落后地区,其劳动者对正式教育投入不足,对职业培训等短期性人力资本投资依赖较强。同时,人均 GDP 的平方项表明,人均 GDP 的提高对城镇劳动者人力资本投资具有显著的临界效应,在达到临界点之后,劳动者才会更倾向于增加人力资本投资。

另外,在中国城镇劳动者自身影响因素方面,在城镇劳动者年龄方面,其对受教育年限、职业培训的影响均显著为负,这也验证了理论部分的推论,即随着劳动者年龄的增加,其更不倾向于进行人力资本投资。在劳动者户口的影响方面,其对受教育年限具有显著的正面影响,但对职业培训的正面影响并不显著。这说明在教育机会和水平方面,城镇居民劳动报酬相对较高,更容易得到良好的教育机会(姚先国和赖普清,2004;严善平,2006,2007;陈斌开、张鹏飞和杨汝岱,2010);而对职业培训不显著的正面效应表明,在进入城镇劳动力市场后,外来人口、农村人口在职业培训等教育性投入方面的收益趋于相等,其也开始积极进行职业培训(严善平,2011)。同时,在劳动者医疗保障方面,估计结果表明其对城镇劳动者的受教育年限、职业培训均具有显著的正面影响。这表明具有较好的医疗社会保障水平,劳动者可以有更强的资金保障和健康保障进行人力资本投资(中国经济增长与宏观稳定课题组,2006)。而在劳动者健康水平方面,其对长期性的教育投资具有显著的负面影响,而在职业培训方面系数显著为正。对此,本书认为拥有健康的身体素质能够保证长期性正式教育投资收益的实现（苑会娜，2009）；而身体条件相对较差的劳动者更倾向于短期性的职业培训，从而保证自己在相对短的时间内掌握必要的技能水平。

在就业途径的影响方面，估计结果表明依赖关系进入就业市场的城镇劳动者更不倾向于进行正式教育、职业培训等人力资本投资。这表明关系在劳动者进入就业市场尤其是高收入行业发挥作用时，会削弱人力资本的作用，不利于人力资本的积累和提升（陈钊、陆铭和佐藤宏，2009）。而契约合同的影响方面，其对城镇劳动者人力资本投资影响均显著为负，说明契约合同越不稳固越不利于人力资本投资，也表明契约合同作为人力资本投资收益权的保证，能够促进人力资本投资（聂辉华，2003；姚先国和郭东杰，2004）。在就业单位所有制性质方面，估计结果显示其影响显著为负，这说明随着劳动者就业单位私有化程度的提高，其不利于城镇劳动者继续进行人力资本投资。对此本书认为，不同所有制单位在工资考察机制上有所不同，国有企事业单位比较注重劳动者教育水平以及相关职业培训的作用，且拥有较高教育水平的劳动者更倾向于到国有企事业单位工作，而私有制单位受经济环境影响较大，在吸引高教育水平劳动者和职业培训方面能力相对不足（郭荣兴、李实和邢攸强，2003；邢春冰，2005）。

第三节　外来务工样本下的估计结果

表5-4以不同组合的方式报告了外来务工样本下计量模型估计结果。与城镇样本类似，在估计方法上，考察城市贸易开放度对外来务工的受教育年限影响时，本书使用了OLS估计和工具变量广义矩估计（IV GMM）；而在考察城市贸易开放度对外来务工脱产职业培训的影响时，本书发现有4916个脱产职业培训样本观测值为0，具有明显的截取回归性质，所以本书对其采用Tobit和ivtobit估计方法。

表 5-4 外来务工样本下贸易开放度对劳动者受教育年限、职业培训的影响

变量	基本模型				扩展模型			
	受教育年限		职业培训		受教育年限		职业培训	
	(1) OLS	(2) IV GMM	(3) Tobit	(4) ivtobit	(5) OLS	(6) IV GMM	(7) Tobit	(8) ivtobit
贸易开放度	-0.0166*** (0.00225)	-0.0491*** (0.00505)	0.268*** (0.0947)	0.590*** (0.220)	-0.0167*** (0.00227)	-0.110*** (0.0153)	0.245** (0.0987)	0.228* (0.124)
贸易开放度* 职业技能					0.000615 (0.00134)	0.0174*** (0.00573)	0.0692 (0.0863)	0.0504* (0.0204)
外资	0.224** (0.0994)	0.695*** (0.118)	1.370*** (0.465)	0.698 (0.622)	0.224** (0.0993)	1.512*** (0.238)	1.389*** (0.466)	1.403*** (0.479)
GDP	1.052*** (0.253)	0.916*** (0.260)	-0.00764 (0.00473)	-0.00769 (0.00474)	1.052*** (0.253)	0.765** (0.301)	-0.00777 (0.00474)	-0.00782 (0.00484)
人均 GDP	-1.725*** (0.449)	-6.947*** (0.852)	-25.67*** (5.463)	-22.13*** (5.871)	-1.721*** (0.449)	-16.13*** (2.372)	-25.79*** (5.466)	-25.19*** (5.500)
人均 GDP 的平方	0.264* (0.144)	1.806*** (0.255)	1.158** (0.571)	1.102* (0.572)	0.264* (0.144)	4.524*** (0.701)	1.166** (0.571)	1.134* (0.580)
教育财政	0.287* (0.156)	1.546*** (0.236)	-0.213 (0.150)	-0.0584 (0.178)	0.285* (0.156)	3.676*** (0.575)	-0.215 (0.150)	-0.218 (0.152)
人口对数	-1.493*** (0.189)	-3.999*** (0.400)	-6.481 (7.341)	13.19 (14.14)	-1.491*** (0.189)	-8.381*** (1.129)	-6.762 (7.349)	-8.008 (7.785)

续表

变量	基本模型					扩展模型				
	受教育年限		职业培训		受教育年限		职业培训	
	(1) OLS	(2) IV GMM	(3) Tobit	(4) ivtobit	(5) OLS	(6) IV GMM	(7) Tobit	(8) ivtobit
年龄	-1.976*** (0.129)	-1.968*** (0.131)	-2.360*** (0.299)	-2.344*** (0.299)	-1.974*** (0.129)	-1.881*** (0.147)	-2.351*** (0.299)	-2.274*** (0.298)
性别	-0.334*** (0.0568)	-0.368*** (0.0577)	-32.84*** (4.260)	-32.89*** (4.264)	-0.335*** (0.0567)	-0.443*** (0.0664)	-32.93*** (4.262)	-31.87*** (4.246)
健康	-0.297*** (0.0391)	-0.293*** (0.0396)	5.737** (2.739)	5.227* (2.759)	-0.297*** (0.0391)	-0.290*** (0.0442)	5.759** (2.739)	5.527** (2.725)
户口	0.188** (0.0768)	0.142* (0.0777)	-16.20*** (6.040)	-17.76*** (6.119)	0.187** (0.0768)	0.0585 (0.0872)	-16.21*** (6.040)	-15.37*** (5.962)
医疗保障	-0.0618 (0.0584)	-0.128** (0.0602)	-14.47*** (4.203)	-15.11*** (4.224)	-0.0612 (0.0584)	-0.221*** (0.0714)	-14.38*** (4.205)	-13.73*** (4.186)
就业途径	-0.507*** (0.0569)	-0.569*** (0.0583)	-27.40*** (4.069)	-27.36*** (4.073)	-0.507*** (0.0569)	-0.687*** (0.0712)	-27.42*** (4.070)	-26.62*** (4.045)
契约合同	-0.171*** (0.0204)	-0.164*** (0.0206)	-10.22*** (1.517)	-9.782*** (1.540)	-0.172*** (0.0204)	-0.153*** (0.0228)	-10.23*** (1.517)	-9.906*** (1.505)
所有制	-0.0305*** (0.00763)	-0.0321*** (0.00773)	-1.281** (0.561)	-1.174** (0.565)	-0.0305*** (0.00763)	-0.0355*** (0.00860)	-1.280** (0.561)	-1.221** (0.558)

续表

变量	基本模型				扩展模型			
	受教育年限		职业培训		受教育年限		职业培训	
	(1)	(2)	(3)	(4)	(5)	(6)	(7)	(8)
	OLS	IV GMM	Tobit	ivtobit	OLS	IV GMM	Tobit	ivtobit
婚姻	YES	YES	YES	YES	YES	YES	YES	YES
民族	YES	YES	YES	YES	YES	YES	YES	YES
职业	YES	YES	YES	YES	YES	YES	YES	YES
行业	YES	YES	YES	YES	YES	YES	YES	YES
常数项	19.59*** (1.895)	36.50*** (3.000)	187.0*** (55.84)	46.85 (102.5)	19.58*** (1.895)	65.56*** (7.757)	189.3*** (55.92)	194.8*** (58.93)
外生性检验		0.74813 (0.3871)		2.65 (0.1034)		1.0225 (0.3119)		0.29 (0.8652)
Observations	6528	6528	6528	6528	6528	6528	6528	6528
R-squared	0.178	0.151			0.178	0.132		

注：回归系数括号内为标准误，***，**和*分别表示在1%，5%和10%显著性水平上显著。受教育年限下的解释变量外资、GDP、人均GDP及平方、教育财政、年龄均为对数值，职业培训下其均为水平值。

在工具变量的选取上，第（2）列选用各城市距海岸线距离的对数和1992年末各城市的邮电局（所）数（处）的对数；第（4）列选用1992年末各城市的邮电业务总量的对数；第（6）列中贸易开放度选用1992年末各城市的邮电业务总量的对数、各城市距离沿海的距离，交叉项选用1992年末各城市的电话机数（部）与职业技能虚拟变量的乘积；第（8）列中贸易开放度选用各城市距离沿海的距离、1992年末各城市的电话机数（部）及邮电业务总量作为工具变量，而交叉项选用1992年末各城市的邮电局（所）数（处）的对数与职业技能虚拟变量的乘积作为工具变量。

一方面，估计结果显示城市贸易开放度的提高对于外来务工人员受教育年限的影响为负；而且，如图5-2所示，本书外来务工数据样本表明，随着城市贸易开放度的提高，高技能劳动者相对低技能劳动者的实际报酬水平趋于降低。这也验证了本书的经验假说8，随着城市贸易开放度的提高，高技能劳动者相对低技能劳动者的实际报酬趋于降低，中国的农村劳动者进行教育投资的门槛值提高，更不倾向于进行教育投资。与城镇劳动者类似，当本书引入城市贸易开放度与职业技能虚拟变量的交叉项后发现，表5-4中的第（6）列表明，交叉项对农村劳动者教育投资具有显著正面影响，这说明贸易开放度的提高对技能水平较低的农村劳动者的教育投资负面影响更大。随着该城市贸易开放度的提高，作为低技能劳动者进行劳动所得实际报酬提高，低技能劳动者继续进行人力资本投资的倾向下降更大。

另一方面，我们也看到贸易开放度的提高对农民劳动者职业培训具有显著的正面影响；而且，图5-3还显示，在本书外来务工数据样本下，随着城市贸易开放度的提高，低技能劳动者劳动报酬趋于增加。这验证了本书的经验假说9，随着城市贸易开放度的提高，农村劳动者进入城镇务工相对农村劳动的实际报酬趋于增加，其更倾向于以农民工的身份进入城镇就业市场并进行职业培训。同时，表5-4中的第（8）列还显示，城市贸易开放度与职业技能虚拟变量的交叉项对职业培训具有显著的正面影响，这说明贸易开放度的提高对技能水平较高的农村劳动者的职业培训人力资本投资促进作用更大。随着该城市贸易开放度的提高，农民工中的高技能劳动者在城镇进行劳动所

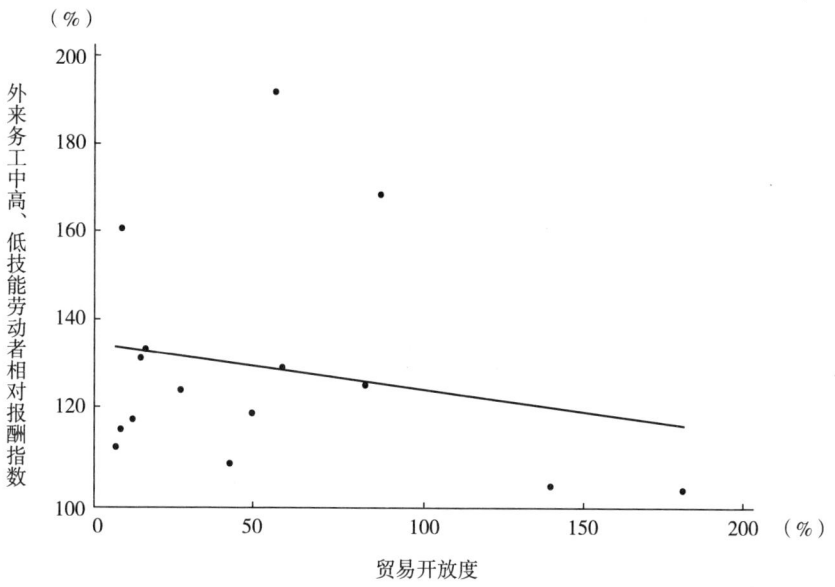

图 5-2　外来务工样本下贸易开放度与高、低技能劳动者相对报酬的关系

得实际报酬提高，为使自己的技能得到更大发挥并获得更高收入，高技能的农民工继续进行职业培训的倾向提高更大。

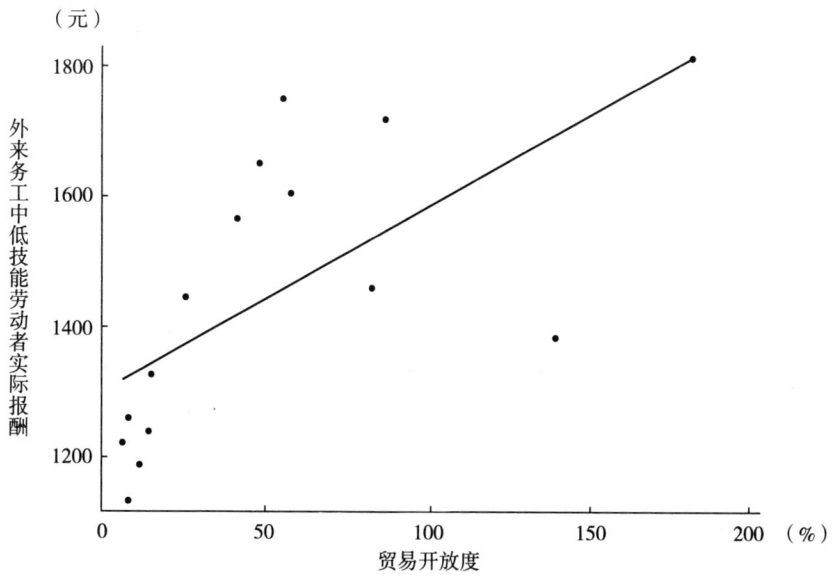

图 5-3　外来务工样本下贸易开放度与低技能劳动者报酬的关系

在其他城市变量的影响方面,与城镇样本类似,本书发现外资对农民工教育投资、职业培训具有显著正面影响,外资带来的技术外溢作用显著。同时,在财政教育支出的影响方面,估计结果显示其对中国农村劳动者受教育年限具有显著的正面影响,而对其职业培训的影响为负或不显著。城市人口对数对农民工教育投资、职业培训均具有显著的负面影响,进一步反映出过度依赖人口红利的不利影响。在城市 GDP、人均 GDP 的影响方面,GDP 对中国农村劳动者受教育年限的影响显著为正,而对职业培训的影响并不显著;人均 GDP 的平方项表明,人均 GDP 的提高对于农村劳动者人力资本投资也具有显著的临界效应,在达到临界点之后,农村劳动者才会更倾向于增加人力资本投资。

在劳动者自身影响因素方面,与城镇样本也类似,本书看到随着农民工年龄的增加,其更不倾向于进行人力资本投资,与理论分析一致。在劳动者户口的影响方面,本地农民工比外地农民工在受教育水平方面要高,这反映了本地农民工在教育机会和水平方面的优势;而外地农民工比本地农民工更倾向于进行职业培训,表明其为了突破就业市场歧视和自身教育差距,需接受更多职业培训。同时,在劳动者医疗保障方面,估计结果表明其对农民工的教育投资、职业培训具有显著的负面影响。对此本书的解释为,医疗社会保障在农村发展水平还较低,越是没有较好医疗社会保障的农村劳动者越需通过教育投资、职业培训进入城镇就业市场。与城镇样本一样,随着健康水平的降低,其对农民工长期性的教育投资具有显著的负面影响,而在职业培训下系数显著为正。在就业途径的影响方面,估计结果表明依赖关系进入就业市场的农民工更不倾向于进行教育投资、职业培训。而在契约合同的影响方面,其对农民工的人力资本投资影响均显著为负,说明契约合同越不稳固越不利于人力资本投资,也表明契约合同作为人力资本投资收益权的保证,能够促进人力资本投资(聂辉华,2003)。在就业单位所有制性质方面,估计结果显示其影响显著为负,这说明随着劳动者就业单位私有化程度的提高,其不利于农民工进行人力资本投资。

第四节　贸易开放度对城乡劳动者子女教育投入的影响

为了进一步验证本书的基本结论，在考察贸易开放度对成人劳动者人力资本投资的影响后，本书接下来实证分析贸易开放度对其子女教育投入的影响，进而考察贸易开放度对中国人力资本积累的长期影响。在外来务工样本中，子女教育投入调查很少，本书采用城镇样本下的数据进行分析。通过调查问卷代码、家庭成员代码等，本书对城镇调查样本中的成人劳动者与其子女（16周岁以下）的数据进行合并，通过删除缺失值，最终得到了3275个合并观测样本。通过观测数据样本，本书发现子女教育投入尤其是辅导班费用中有大量的观测值为0，具有明显的截取回归性质，因而采用Tobit和ivtobit估计。

在教育投入的变量选取上，本书采用子女参加辅导班费用进行测度。子女的辅导班费用是一项更为主动的获取技能知识的教育投入，与高技能劳动报酬相关性很强。如果人力资本投资的预期净收益增加，劳动者会倾向主动增加其对子女的教育投入，尤其是主动性较强的辅导班投入，以使其在未来能够成为高技能劳动者并获得较高的劳动报酬。

表5-5以不同组合的方式报告了相关估计结果。首先，从中可以看到贸易开放度的提高对劳动者子女辅导班教育投入具有显著的负面影响，这不仅验证了本书的经验假说20，也从另一方面进一步验证了本书的经验假说6，说明对于像中国这样低技能劳动力丰裕的国家而言，贸易开放度的提高不利于高技能劳动者相对报酬的增加，这不仅不利于其劳动者人力资本投资，还对其子女的教育投入产生不利影响，不利于中国人力资本的长期积累和提升。其次，从扩展模型的估计结果中还发现，贸易开放度与劳动者职业技能的交叉项对子女的辅导班教育投入具有显著的正面影响，这说明虽然贸易开放度的提高不利于子女辅导班教育投入的增加，但与从事低技能职业的劳动者相

比,从事高技能职业劳动者的子女教育投入受到的冲击要相对较小。随着贸易开放度的提高,从事低技能职业的劳动者更倾向于减少对其子女的教育投入,不利于中国人力资本的长期积累和提升。

表 5-5　贸易开放度对劳动者子女辅导班教育投入的影响

变量	基本模型		扩展模型	
	(1)	(2)	(3)	(4)
	Tobit 估计	ivtobit 估计	Tobit 估计	ivtobit 估计
贸易开放度	-5.789**	-7.148**	-7.483***	-13.48***
	(2.719)	(3.207)	(2.812)	(4.323)
贸易开放度*职业技能			5.381**	5.662**
			(2.243)	(2.510)
其他控制变量	YES	YES	YES	YES
常数项	-449.4	143.4	-1143	1379
	(1.510)	(1.682)	(1.508)	(2.071)
外生性检验		0.64		3.55
		(0.4228)		(0.1696)
Observations	3204	3204	3204	3204

注:回归系数括号内为标准误,***、**和*分别表示在1%、5%和10%显著性水平上显著。在工具变量的选取上,第(2)列选用各城市距海岸线距离和1992年末各城市的电话机数(部);第(4)列中贸易开放度选用各城市距海岸线距离及其对数为工具变量,交叉项选用贸易开放度工具变量与职业技能的乘积。

本章小结

本章采用2007年中国居民家庭收入调查微观个体数据,在二元劳动力市场分割的背景下,从微观角度实证分析对外开放对中国城镇劳动者、农村劳动者正式教育、职业培训等人力资本投资的影响,并从其子女教育投入的角度考察对外开放对中国人力资本积累的长期影响。

本章分析表明,随着贸易开放度的提高,城镇高技能劳动者相对低技能劳动者的实际报酬减少,城镇劳动者进行人力资本投资的门槛提高,其不倾向于进行人力资本投资;同时,实证分析还表明,贸易开放度的提高对于技能水平较低的城镇劳动者人力资本投资的负面影响更大。对于中国农村劳动者而言,随着贸易开放度的提高,一方面,高低技能劳动者相对低技能劳动者的实际报酬降低,农村劳动者进行教育投资的门槛提高,其更不倾向于进行教育投资,而且技能水平较低的农村劳动者更不倾向于进行教育投资;另一方面,中国城镇低技能劳动者相对农村劳动者的报酬增加,农村劳动者更倾向于以农民工身份进入城镇就业市场并进行职业培训,而且技能水平较高的农民工更倾向于进行职业培训。本章还实证分析了贸易开放度对劳动者子女教育投入的影响,发现贸易开放度的提高对其子女,尤其技能水平较低劳动者子女的辅导班教育投入具有显著负面影响,不利于中国人力资本的长期积累和提升。

同时,实证分析表明外资对中国城镇劳动者的职业培训、农民工人力资本投资具有显著正面影响;财政教育支出对中国城镇劳动者、农民工教育投资具有显著正面影响,对职业培训影响并不显著,反映出中国财政教育支出结构有待优化;本章还发现依赖人口红利对中国人力资本积累具有一定不利影响;在经济发展相对落后的城市,中国劳动者对教育投入不足,对职业培训等短期性人力资本投资依赖较强。另外,对于年龄越大、医疗社会保障水平越低、健康水平越差、依赖关系就业、契约合同保障越低、农村和外来户口、就业单位私有化程度越高的中国城镇劳动者和农民工,其总体上越不倾向于进行人力资本投资。

第六章

外贸高质量发展对城乡人力资本积累影响的实证分析

结合第三章中理论分析部分的相关结论,本章将建立相关计量模型,并采用2007年中国居民家庭收入调查等微观个体数据,在二元劳动力市场分割背景下,从微观角度实证分析外贸高质量发展对中国城乡劳动者教育投资、职业培训等人力资本投资的影响,还将从其子女教育投入的角度考察对外开放对中国人力资本积累的长期影响。如导论所述,在外贸高质量发展的指标选取上,本书分别选择各城市的出口企业生产率水平、出口技术复杂度、出口多样化水平等指标进行衡量。

第一节 出口企业生产率对城乡人力资本积累影响的实证分析[①]

本节将结合第三章第四节理论分析中的相关结论,在中国二元劳动力市场分割背景下,从实证上分析出口企业生产率提高对中国人力资本积累的影响。

---

① 本节是与王永进、李坤望合作,最早发表于《经济研究》,2014年第1期,第83-96页。

一、计量模型、指标选取与数据来源

(一) 计量模型的设定

基于本书从微观个体角度考察城市出口企业生产率提高对人力资本投资影响的目的，本书借鉴 Hering 等（2010）的研究方法，将个体变量和城市变量合并，设定计量模型如下：

$$humancapital_{ic} = \alpha + \beta EX\_TFP_c + \gamma X_c + \lambda I_{ic} + \varepsilon_{ic} \quad (6-1)$$

其中，下标 i 表示个体，c 表示城市；$humancapital_{ic}$ 表示劳动者人力资本投资变量；EX_TFP_c 代表城市 c 的出口企业生产率，β 为城市出口企业生产率提高对人力资本投资的影响；X_c 为城市 c 其他控制变量；I_{ic} 为城市 c 中的个体控制变量；ε_{ic} 为随机误差项。

另外，为考察城市出口企业生产率对劳动者人力资本投资的异质性影响，本书引入城市出口企业生产率与劳动者职业技能的交叉项，进一步分析城市出口企业生产率对不同职业技能劳动者的异质性影响。本书进一步扩展计量模型如下：

$$humancapital_{ic} = \alpha + \theta EX\_TFP_c \times zhiyeability_{ic} + \gamma X_c + \lambda I_{ic} + \varepsilon_{ic} \quad (6-2)$$

其中，$zhiyeability_{ic}$ 表示劳动者职业技能的虚拟变量，1 为从事高技能职业的劳动者，0 为从事中低技能职业的劳动者。

(二) 指标选取与测度

1. 出口企业生产率

对于各城市分行业的全要素生产率，本书根据《中国工业企业数据库》（1999~2007 年）企业层面的全要素生产率以产值为比重加权平均得到，具体计算公式为 $tfp_{fcit} = \Sigma_f(q_{fcit} \times tfp_{fcit})$，其中，$tfp_{fcit}$ 表示城市 c 行业 i 时间 t 企业 f 的全要素生产率，q_{fcit} 为企业 f 的产值在其所在城市所在产业产值中的比重。

企业的全要素生产率采用 Olley-Pakes 方法计算得到，并参照 Brandt 等（2012）的处理方法进行了价格指数平减，其中，总产出采用四分位的行业的产出价格指数进行折算,资本存量 K_{it} 为固定资产净值年平均余额,采用年度投资价格指数进行平减。投资 $I_{it}=K_{it}-(1-\delta)K_{it-1}$,折旧率 δ 首先根据企业本年折旧与上一年的固定资产净值相除得到企业折旧率,在剔除大于 1 和小于 0 的数值后,再进行行业平均,最后得到四分位行业的折旧率。

2007 年城市 c 的出口企业生产率为:

$$TFP_c = \Sigma_i (pror_{ci} \times tfp_{ci,2007}) \tag{6-3}$$

其中,$pror_{ci}$ 表示 2007 年行业 i 企业的产值占城市企业总产值的比重,该数据系根据 2007 年《中国工业企业数据库》整理得到,下同。

2. 人力资本投资

在劳动者人力资本投资变量($humancapital_{ic}$)方面,在城镇和外来务工成人样本中均采用受教育年限(eduyear)和接受脱产职业培训的天数(peixun)分别进行测度;在劳动者子女教育投入方面,采用子女的常规教育投入(child_edu)与辅导班费用(child_fudao)分别进行测度。受教育年限代表了劳动者的正式教育决策,具有一定的长期性;而脱产职业培训多为短期性的人力资本投资决策,短期内对贸易开放的反应更为敏感。与此同时,本书不仅考察城市出口企业生产率提高对成人劳动者人力资本投资的影响,还将考察城市出口企业生产率提高对其子女辅导班主动性教育投入的影响,以分析城市出口企业生产率水平提高对中国人力资本积累的长远影响。

3. 控制变量的选取

在控制变量的选择上,本书分别加入了城市控制变量 X_c 和个体控制变量 I_{ic}。经过慎重考虑,并做了相关异方差等检验后,本书选择的城市控制变量 X_c 包括:①城市人均 GDP(万元)的对数(lnpergdp)。人均 GDP 是地区经济发展程度最直接的反映,一方面,人均 GDP 越高,地区经济发展水平越高,地区对高技能劳动者需求与报酬也越大,另一方面,人均 GDP 越高,地区内劳动者进行人力资本投资的预期报酬越大,其越倾向于进行人力资本投资。但是,随着人均 GDP 的增加,尤其是进入中等收入陷阱后,收入差距会不断扩大,而这可能会制约低技能劳动者增加人力资本投资(王少平等,2007)。②教育支出(亿元)的对数(lnedu_zhichu)。财政教育支出水平代表了地区对教育发展的支撑能力，是影响人力资本积累的重要因素，但在中国式财政集权下，其作用效果受到其支出规模、支出结构的影响（中国经济增长与宏观稳定课题组，2006；傅勇等，2007；陈斌开等，2010；左翔等，2011）。③地区人口数量的对数（lnpop）。在二元劳动力市场下，地区人口数量代表了地区无限供给劳动者，尤其是低技能劳动者的数量，而低技能劳动者数量越多，将越会制约城镇低技能劳动者工资报酬的增加，从而不利于低技能劳动者增加人力资本投资；而人口越多的地区，高技能劳动者的需求数量也越大，有利于促进其报酬增加与地区经济增长（陈晓光，2006），从而地区内高、低技能劳动者相对报酬相对更高，有利于促进劳动者进行人力资本投资，从而成为高技能劳动者。④地区行业资本劳动比的对数（lnkl）。地区行业资本劳动比代表其资本深化水平，而资本深化会影响技术进步与产业升级（陈勇等，2006），地区企业的资本劳动比越高，企业越需要对职工进行相关职业培训，从而影响其人力资本投资水平，因此，本书在考察职业培训时引入地区资本劳动比作为控制变量。在其指标测算上，本书首先根据《中国工业企业数据库》（2007）企业层面的资本劳动比以产值为比重加权平均得到各个行业的资本劳动比，然后再以各个行业的产值占到地区各行业总产值的比重进行加权平均，最终得到各个城市行业资本劳动比。

个体控制变量 I_{ci} 包括：①年龄（age）。上文理论分析中，随着劳动者年龄的增加，其进行人力资本投资的净收益趋于下降，能力门槛值趋于上升，年龄越大其越不倾向于进行人力资本投资。②户口（hukou）。现有户籍政策很大程度上造成城市人口比农村人口、本地户口比外来户口劳动报酬相对较高，更容易得到良好的正式教育、职业培训等机会（姚先国等，2004；严善平，2006，2007；陈斌开等，2010）。③性别（gender）。受历史、文化观念等因素的影响，传统女性在教育机会、教育回报方面存在一定歧视，不利于其进行人力资本投资（王美艳，2005；宋月萍，2007）。④医疗社会保障水平（yiliao）。具有较好的医疗社会保障水平，劳动者可以有更强的资金保障和健康保障进行人力资本投资。⑤健康水平（health）。健康水平是影响一个人学习和工作能力的重要因素，也是决定劳动者人力资本投入和收益的重要因素（苑会娜，2009）。⑥就业途径（employ_way）。个人关系在进入劳动市场尤其是高收入行业中有重要作用，会影响人力资本投资的收益（陈钊等，2009）。⑦契约合同（contract）。研究表明，契约可以保证人力资本投资的收益权（聂辉华，2003；姚先国等，2004）。⑧就业单位所有制性质（ownership）。不同所有制单位在工资考察机制上有所不同，对不同教育水平的吸引力和需求不同（郭荣兴等，2003；邢春冰，2005）。⑨其他个体特征变量，如民族（minzu）、婚姻（marriage）、职业（zhiye）和行业（hangye）等。各个主要变量的指标含义及测度如表6-1所示。

表6-1 主要变量的指标含义及测度

变量	指标含义及测度
户口	城镇样本中0为农村户口，1为本市/县非农户口，2为外地非农户口；外来务工样本中，0为外地农业户口，1为本地农业户口
性别	1为男性，2为女性
医疗社会保障	以拥有哪种类型保险测度：1为公费医疗性质类的保险保障，0为自筹商业性质保险或没有医疗保险
健康	1. 很好；2. 较好；3. 一般，差不多；4. 较差；5. 很差
就业途径	1为依靠关系介绍，0为其他情况
契约合同	值越大，表明契约合同越弱。1. 固定工；2. 长期合同工（一年及以上）；3. 短期合同工（一年以下）；4. 无合同的临时工；5. 自我经营；6. 打零工；7. 不领工资的家庭帮工
所有制性质	值越大，则私有程度越高。1. 党政机关、国家、集体的事业单位、国有独资企业、国有控股企业、集体独资企业、集体控股企业；2. 其他单位企业
民族	城镇样本：1. 汉；2. 壮；3. 回；4. 维吾尔；5. 彝；6. 苗；7. 满；8. 其他。外来务工：1为汉族，0为少数民族
婚姻	1. 未婚；2. 初婚；3. 再婚；4. 离异；5. 丧偶；6. 同居
职业技能虚拟变量	1为专业性较强和管理性职业，0为一般性职业

资料来源：笔者根据相关资料统计整理而得。

(三) 内生性问题与处理

在计量模型的估计中，内生性问题会使估计结果有偏和不一致，所以应该注意城市出口企业生产率的内生性问题。一方面，虽然本书已经控制了其他影响城市出口企业生产率和人力资本投资之间关系的重要变量，但还很可能遗漏了某些重要解释变量；另一方面，如本书导论所述，人力资本也是影响出口企业生产率的重要因素，人力资本投资和城市出口企业生产率之间还可能存在反向因果关系，也会使估计结果有偏和不一致。因此，在实证分析城市出口企业生产率提高对人力资本投资影响时，必须考虑内生性的问题。

控制内生性问题的一个通常做法是寻找一个与城市出口企业生产率相关但独立于人力资本投资的工具变量（IV），并进行相关估计。本书选取城市出口企业生产率的滞后一期与滞后二期作为工具变量进行相关估计。这主要是基于以下考虑：从外生性角度来看，滞后一期与滞后二期城市出口企业生产率为历史数据，不会对当前的人力资本投资产生显著影响（王永进等，2010），而且，由于本书所采用的数据为微观家户数据，出口企业生产率水平则是地区层面的，在理论上，个体层面的人力资本投资很难对地区层面的变量产生影响，这就避免了逆向影响的问题；从与内生变量的相关性上来看，滞后期的城市出口企业生产率水平反映了该城市出口企业生产率整体一般水平，而出口企业生产率的整体一般水平是相对不变的，与当前城市出口企业生产率水平相关性较强。因此，选择滞后一期与滞后二期城市出口企业生产率满足工具变量的两个条件。

(四) 数据来源与处理

与第四章一样，本节所使用的个体数据依然来自中国社会科学院经济研究所收入分配课题组于2007年开展的中国居民家庭收入调查，该调查包括城镇、外来务工和农村三个样本。其中，本书采用的城镇和外来务工调查是从上海、江苏、浙江、安徽、河南、湖北、广东、重庆、四川9个省份中收集整理所得。其中，城镇样本包含5003户、14699个个体样本；外来务工样本包含5007户、8446个个体样本。通过调查问卷中的城市代码（City Code），本书将其与城市地区变量和数据合并处理，并且考虑到中国县级市的数据缺失,本书主要采用其所在地级市的数据。城市地区变量数据主要来源于《中国城市统计年鉴2008》、相关省市《统计年鉴2008》和各地2007年统计公报数据。最后,删除主要变量的缺失值,得到了16岁以上处于就业状态的,覆盖全国18个地级市的7028个城镇观测样本和覆盖全国15个地级市的6528个外来务工观测样本。

另外,测算城市出口企业生产率、行业资本劳动比以及各项数据加权比重所使用的数据是《中国工业企业数据库》。各个变量的基本统计信息如表6-2和表6-3所示。

表6-2 城市层面下各个变量的描述性统计

变量名	城镇样本					外来务工样本				
	样本数	均值	标准差	最小值	最大值	样本数	均值	标准差	最小值	最大值
EX_TFP_C	7028	0.157	0.112	0.0546	0.528	6528	0.146	0.103	0.0546	0.528
lnpergdp	7028	1.310	0.617	−0.194	2.127	6528	1.396	0.542	0.248	2.127
lnedu_zhichu	7028	12.69	1.206	9.505	14.83	6528	3.605	1.085	0.295	5.621
lnpop	7028	6.575	0.670	5.143	8.082	6528	6.570	0.705	5.143	8.082
lnkli	7028	5.848	0.115	5.602	6.056	6528	5.841	0.119	5.602	6.043

表6-3 个体层面下各个变量的描述性统计

变量名	城镇样本					外来务工样本				
	样本数	均值	标准差	最小值	最大值	样本数	均值	标准差	最小值	最大值
eduyear	7028	12.02	3.135	1	22	6528	9.065	2.424	1	20
peixun	7028	21.24	121.3	0	1997	6528	11.52	50.55	0	998
age	7028	39.29	9.940	16	78	6528	31.11	10.09	16	71
hukou	7028	0.975	0.278	0	2	6528	0.191	0.393	0	1
gender	7028	1.436	0.496	1	2	6528	1.400	0.490	1	2
yiliao	7028	0.694	0.461	0	1	6528	0.420	0.494	0	1
health	7028	2.088	0.711	1	5	6528	1.763	0.743	1	5
employ_way	7028	1.704	2.601	0	6	6528	0.597	0.491	0	1
contract	7028	2.129	1.072	1	4	6528	3.418	1.528	1	7

续表

变量名	城镇样本					外来务工样本				
	样本数	均值	标准差	最小值	最大值	样本数	均值	标准差	最小值	最大值
ownership	7028	1.405	0.491	1	2	6528	1.874	0.332	1	2
minzu	7028	1.033	0.374	1	8	6528	0.983	0.131	0	1
marriage	7028	1.960	0.553	1	6	6528	2.896	2.401	1	6
zhiye	7028	0.298	0.458	0	1	6528	0.249	0.433	0	1

二、出口企业生产率对城乡劳动者人力资本投资的影响

表6-4分别报告了城镇样本和外来务工样本下的基本估计结果，在估计方法的选择上，本书分别采用了OLS估计与工具变量广义矩估计（IV GMM）方法。同时，识别不足检验、弱识别检验与外生性检验表明本书的工具变量选取是有效的。接下来，本书将对估计结果进行相关分析。

首先，在本书最为关心的城市出口企业生产率影响方面，城镇样本下的估计结果显示，随着城市出口企业生产率的提高，城镇劳动者更倾向于进行正式教育、脱产职业培训等人力资本投资；而且，估计结果进一步表明，如果城市出口企业生产率提高1%，则城镇劳动者的正式教育人力资本投资将提高0.0109%~0.0118%，而其脱产职业培训也会相应增加0.05~0.07天。另外，如图6-1所示，本书城镇数据样本表明，随着城市出口企业生产率的提高，高、低技能劳动者的相对实际报酬趋于增加。这同时也验证了本书的经验假说10，即随着城市出口企业生产率的提高，高技能与低技能劳动者的相对报酬趋于增加，中国城镇劳动者进行人力资本投资的门槛值趋于降低，有利于其进行正式教育、职业培训等人力资本投资，能够促进中国人力资本的积累和提升。

表6-4 基本估计结果

变量	城镇样本				外来务工样本			
	OLS 估计		IV GMM 估计		OLS 估计		IV GMM 估计	
	(1)	(2)	(3)	(4)	(5)	(6)	(7)	(8)
	lneduyear	peixun	lneduyear	peixun	lneduyear	peixun	lneduyear	peixun
$\ln EX\_TFP_C$	0.0109*	7.127**	0.0118*	5.219*	0.0377***	2.955**	0.0426***	4.665***
	(0.00590)	(3.245)	(0.00636)	(2.804)	(0.00898)	(1.303)	(0.00904)	(1.472)
lnpergdp	0.0326***	4.677**	0.0345***	4.434**	0.0306**	-5.342***	0.0345**	-5.394***
	(0.0123)	(2.099)	(0.0127)	(2.068)	(0.0151)	(1.442)	(0.0151)	(1.423)
lnedu_zhichu	-0.00279		-0.00385		0.00372		0.00111	
	(0.00680)		(0.00703)		(0.00838)		(0.00848)	
lnkli		2.778		3.285		12.78**		12.97***
		(12.39)		(12.43)		(5.646)		(4.764)
lnpop	0.0373***	6.173**	0.0392***	6.874***	0.0136	-2.358**	0.0161	-2.222**
	(0.00939)	(2.609)	(0.00964)	(2.329)	(0.00980)	(1.051)	(0.00983)	(1.041)
age	-0.0106***	-0.277	-0.0106***	-0.225	-0.00913***	-0.232***	-0.00912***	-0.231***
	(0.000368)	(0.190)	(0.000368)	(0.172)	(0.000597)	(0.0602)	(0.000596)	(0.0590)
hukou	0.0844***	-0.987	0.0845***	-0.699	0.0177	-3.482*	0.0165	-3.794*
	(0.0126)	(3.219)	(0.0126)	(3.204)	(0.0108)	(1.949)	(0.0108)	(1.936)
gender	-0.0262***	-1.705	-0.0263***	-2.075	-0.0488***	-6.361***	-0.0486***	-6.457***
	(0.00625)	(2.897)	(0.00624)	(2.839)	(0.00786)	(1.211)	(0.00785)	(1.176)

续表

变量	城镇样本				外来务工样本			
	OLS 估计		IV GMM 估计		OLS 估计		IV GMM 估计	
	(1)	(2)	(3)	(4)	(5)	(6)	(7)	(8)
	lneduyear	peixun	lneduyear	peixun	lneduyear	peixun	lneduyear	peixun
yiliao	0.0475*** (0.00764)	5.058 (3.083)	0.0476*** (0.00763)	4.531 (3.001)	-0.00863 (0.00788)	-3.166** (1.287)	-0.00921 (0.00788)	-3.611*** (1.272)
health	-0.00683 (0.00458)	3.896 (2.488)	-0.00695 (0.00458)	3.096 (2.187)	-0.0412*** (0.00570)	0.490 (0.786)	-0.0416*** (0.00569)	0.268 (0.734)
employ_way	-0.00933*** (0.00137)	-1.077* (0.558)	-0.00933*** (0.00137)	-0.974* (0.538)	-0.0489*** (0.00763)	-6.406*** (1.382)	-0.0489*** (0.00762)	-6.445*** (1.382)
contract	-0.0384*** (0.00382)	-1.934 (1.647)	-0.0384*** (0.00381)	-1.332 (1.364)	-0.0250*** (0.00269)	-0.956** (0.381)	-0.0250*** (0.00268)	-0.957** (0.375)
ownership	-0.0215*** (0.00751)	3.756 (4.283)	-0.0215*** (0.00750)	2.096 (3.436)	-0.0288*** (0.0105)	4.483*** (1.236)	-0.0291*** (0.0104)	4.558*** (1.215)
zhiye	0.116*** (0.00636)	6.360* (3.403)	0.116*** (0.00633)	7.082** (3.209)	-0.00150 (0.00917)	3.157** (1.495)	-0.00191 (0.00914)	3.159** (1.493)
marriage	YES	YES	YES	YES	YES	YES	YES	YES
minzu	YES	YES	YES	YES	YES	YES	YES	YES
hangye	YES	YES	YES	YES	YES	YES	YES	YES

续表

变量	城镇样本					外来务工样本			
	OLS 估计		IV GMM 估计			OLS 估计		IV GMM 估计	
	(1)	(2)	(3)	(4)		(5)	(6)	(7)	(8)
	lneduyear	peixun	lneduyear	peixun		lneduyear	peixun	lneduyear	peixun
常数项	2.641***	−23.67	2.640***	−34.57		2.605***	−11.78	2.605***	−9.576
	(0.0506)	(66.71)	(0.0509)	(66.48)		(0.0677)	(31.72)	(0.0673)	(27.12)
识别不足检验			2111.309	3374.773				3370.203	3465.329
			(0.0000)	(0.0000)				(0.0000)	(0.0000)
弱识别检验			2.4e+04	3.5e+04				6.8e+04	3.6e+04
			(0.0000)	(0.0000)				(0.0000)	(0.0000)
外生性检验			2.12567	0.443249				0.652632	0.198094
			(0.1448)	(0.5056)				(0.4192)	(0.6563)
Observations	7028	7028	7028	7028		6528	6528	6528	6528
R-squared	0.271	0.006	0.271	0.006		0.163	0.020	0.163	0.020

注：回归系数括号内为标准误，***、** 和 * 分别表示在1%、5%和10%显著性水平上显著。在工具变量广义矩估计（IV GMM）下，识别不足检验是 Kleibergen-Paap rk LM 检验，在10%显著性水平下接受原假设，拒绝原假设表明工具变量是合理的；弱识别检验是 Cragg-Donald Wald F 检验，拒绝原假设表明工具变量是合理的，下同。外生性检验为 Hansen's J 检验，在10%显著性水平下接受原假设表明工具变量是合理的，下同。在工具变量的选取上，第（7）列选用城市出口企业生产率的对数作为工具变量，其余各列均选用城市出口企业生产率的滞后一期、滞后二期作为工具变量。

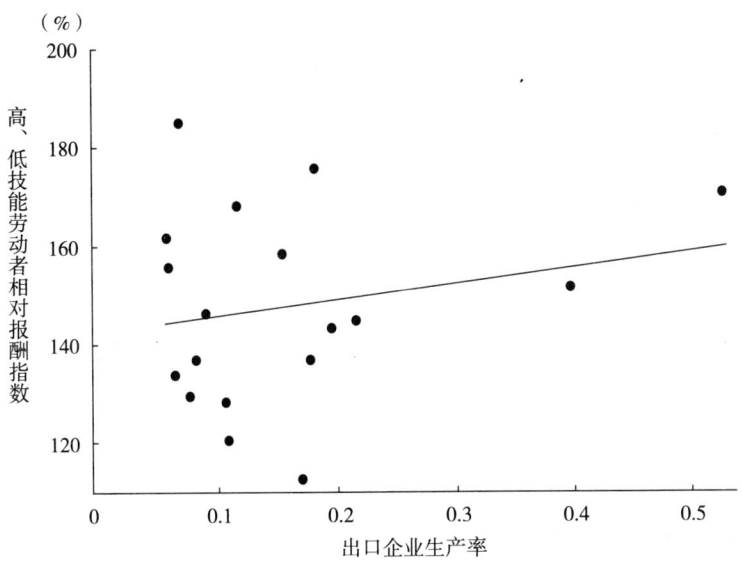

图 6-1　城镇样本下出口企业生产率与高、低技能劳动者相对报酬的关系

与此同时，外来务工样本下的估计结果表明，城市出口企业生产率的提高对于中国农村劳动者的正式教育、脱产职业培训也具有显著的促进作用；而且，估计结果进一步显示，城市出口企业生产率提高1%，则农村劳动者的正式教育人力资本投资将增加 0.0377% ~ 0.0426%，其脱产职业培训将相应增加 0.03 ~ 0.047 天。另外，如图 6-2 和图 6-3 所示，本书外来务工样本数据表明，随着城市出口企业生产率的提高，高、低技能劳动者的相对实际报酬趋于增加，外来务工中的低技能劳动报酬也趋于增加。这一方面验证了本书的经验假说 11，即随着城市出口企业生产率的提高，高技能与低技能劳动者的相对报酬趋于增加，中国农村劳动者进行正式教育人力资本投资的门槛值趋于降低，有利于其进行正式教育人力资本投资，有利于中国人力资本的积累和提升；另一方面也验证了本书的经验假说 12，即随着城市出口企业生产率的提高，中国城镇劳动力市场上低技能劳动者与农民相对报酬增加，中国农村劳动者进行职业培训并以农民工的身份进入城镇劳动力市场的门槛值降低，有利于其进行职业培训人力资本投资，促进中国人力资本的积累和提升。

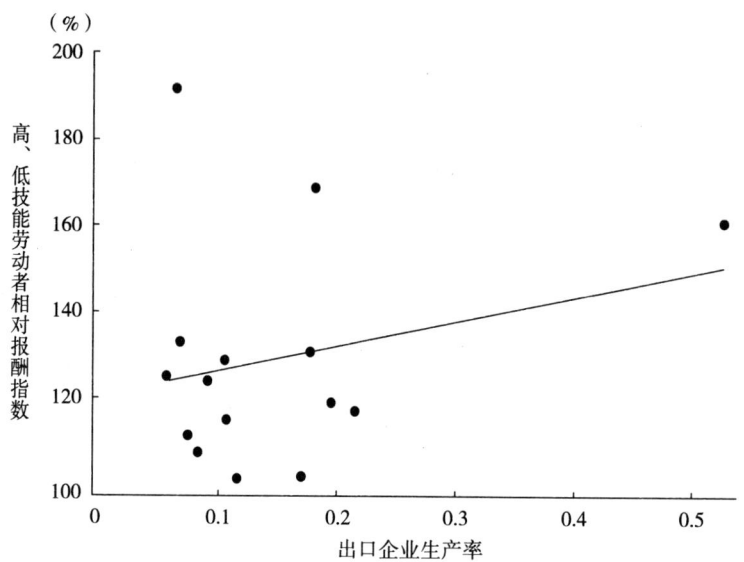

图 6-2　外来务工样本下出口企业生产率与高、低技能劳动者相对报酬的关系

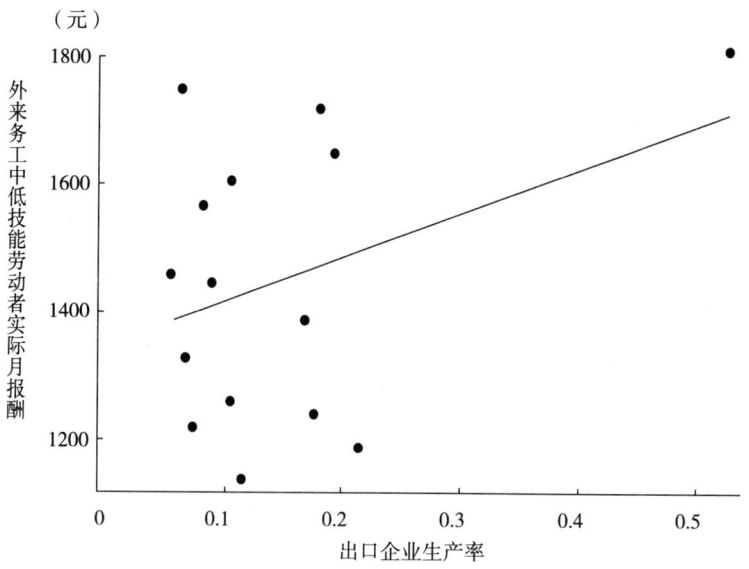

图 6-3　外来务工样本下出口企业生产率与低技能劳动者实际报酬的关系

另外，从回归结果中还进一步发现，城市出口企业生产率的提高对于农村劳动者正式教育的促进作用（0.0377% ~ 0.0426%）要显著大于城镇劳动者

(0.0109%~0.0118%)，而其对于农村劳动者脱产职业培训的促进作用（0.03~0.047天）却显著小于城镇劳动者（0.05~0.07天）。对此，本书认为这与本书相关假定与二元劳动力市场背景是分不开的。在本书分析框架下，一方面，正式教育人力资本投资作为农村劳动者成为高技能劳动者的唯一途径，城市出口企业生产率的提高对其影响相对更大；另一方面，在二元劳动力市场背景下，如表6-3所示，农村劳动者平均受教育程度相对更低，而其成为高技能劳动者的能力门槛值却与城镇劳动者相同，城市出口企业生产率的提高会促使农村劳动者对正式教育增加相对更多。对于时间短、灵活性强、受到经济环境影响更快的职业培训而言，在本书分析框架下，其作为城镇劳动者成为高技能劳动者的另一人力资本投资途径，城镇劳动者势必要进行更多职业培训才能成为高技能劳动者，城市出口企业生产率的提高对于城镇劳动者职业培训的影响也相对更大；另外，对于农民工而言，职业培训作为其进入城镇低技能劳动力市场的途径，其平均水平本身就相对较低（见表6-3），城市出口企业生产率的提高对农民工职业培训的促进作用相对城镇劳动者也就相对较小。

在地区人均GDP影响方面，本书的估计结果表明，其对城镇劳动者的正式教育、职业培训等人力资本投资均具有显著促进作用，人均GDP增长1%，则会促使城镇劳动者的正式教育增加0.0326%~0.0345%，职业培训增加0.044~0.047天；而对于农村劳动者而言，地区人均GDP增长1%，其正式教育人力资本投资增加0.0306%~0.0345%，作用大小与城镇劳动者基本相同。这表明，人均GDP越高的地区对高技能劳动者需求与报酬也越大，劳动者进行人力资本投资的预期报酬越大，其越倾向于进行人力资本投资，从而成为高技能劳动者并获得更高的预期报酬。但与城镇劳动者不同的是，人均GDP增长1%，则农民工的职业培训会减少约0.053天，说明随着人均GDP的增加，尤其是进入中等收入陷阱后，收入差距会不断扩大，而这可能会制约低技能劳动者增加人力资本投资（王少平等，2007），农民工的职业培训作为一种低技能人力资本投资进而可能会减少。

同时，在地区财政教育支出影响方面，其对城镇、农村劳动者正式教育人力资本投资均不存在显著影响，这一定程度上反映了中国各地教育投入的不足，需进一步加大教育支出，尤其是扩大对农村地区的教育投入（中国经济增长与宏观稳定课题组，2006；傅勇等，2007；陈斌开等，2010；左翔等，2011）。在地区行业资本劳动比的影响方面，资本劳动比增长一个百分点，则会促使农村劳动者的职业培训增加约0.13天，但其对城镇劳动者职业培训的正面影响却并不显著。这反映了随着地区资本深化水平的提高，技术进步与产业升级也随之加快（陈勇等，2006），企业更加需要对职工，尤其是农民工进行相关职业培训，而城镇劳动者由于职业培训总体水平相对较高（见表6-3），职业培训作为其成为高技能劳动者的人力资本投资行为，受到的影响可能并不十分显著。

在城市人口对数的影响方面，其对中国城镇劳动者受教育年限、职业培训等均具有显著的正面影响，而对于农村劳动者的职业培训却存在显著的负面影响。本书认为，在二元劳动力市场背景下，地区人口数量一定程度上代表了其无限供给劳动者，尤其是低技能劳动者的能力，地区人口越多，则越不利于低技能劳动者工资的增加，所以不利于农民工进行职业培训；同时，地区低技能劳动者工资越低，则高技能劳动者的相对工资越高，劳动者进行人力资本投资并成为高技能劳动者的净收益相对越大，从而有利于中国城镇劳动者进行正式教育、职业培训等人力资本投资。

在劳动者自身影响因素方面，估计结果表明，劳动者年龄增加1岁，会使城镇、农村劳动者的受教育年限分别降低约1.06%、0.91%，农村劳动者的职业培训减少约0.23天，说明劳动者的年龄越大，进行人力资本投资的净收益越少，越不倾向于进行人力资本投资，这与本书理论分析框架下的相关假定基本一致。与此同时，在劳动者户口的影响方面，城镇样本下的回归结果表明，拥有城镇户口对受教育年限具有显著的正面影响，这反映了在现有户籍制度下，城镇居民拥有更好的教育机会和就业机会（姚先国等，2004；严善平，2006，2007；陈斌开等，2010）；然而，城镇样本下的回归结果还显示，户口对职业培训的影响却并不显著，这一定程度上表明在进入城镇劳动力市场一段时间后，外来人口、农村人口在职业培训等方面的收益趋于相等

(严善平，2011)。另外，估计结果还表明，女性劳动者相比男性更不倾向于进行人力资本投资，其中，城镇女性劳动者的受教育年限比男性减少大约2.63%，农村女性劳动者的受教育年限比男性减少大约4.86%，农村女性劳动者的职业培训也比男性减少 6.361~6.457 天，这反映了受历史、文化观念等因素的影响，传统女性在教育机会、教育回报方面存在一定歧视，不利于其进行人力资本投资（王美艳，2005；宋月萍，2007），而且性别歧视在农村地区表现更为明显。

在医疗社会保障水平的影响方面，城镇样本下的回归结果表明，拥有公费医疗社会保障劳动者的受教育年限相比其他人高出大约 4.76%，但其对城镇劳动者职业培训的正面影响并不显著，这说明医疗社会保障水平越高的劳动者更倾向于进行长期性的正式教育人力资本投资，短期性的职业培训由于时间短、灵活性较强，受到的影响相对并不十分明显；与此同时，外来务工样本下的结果则表明，医疗社会保障对于农村劳动者正式教育人力资本投资的影响并不显著，一定程度上表明农村医疗社会保障发展时间短，还处于较低层次，对于长期性的正式教育人力资本投资影响不明显，而职业培训由于时间短、灵活性较强，受到医疗社会保障的影响相对较大，而且越是没有较好医疗社会保障的农村劳动者越倾向于进行职业培训，其投入的职业培训比其他农村劳动者高出 3.16~3.61 天，从而保证自己在相对短的时间内掌握必要的技能水平，并以农民工的身份进入城镇劳动力市场，进而获得相对农村较高的劳动报酬。

在劳动者的健康水平影响方面，虽然健康水平是决定劳动者人力资本投入和收益的重要因素（苑会娜，2009），但其对城镇劳动者正式教育、职业培训等人力资本投资的影响却并不显著，对此本书认为，这是由于城镇劳动者的医疗社会保障起步较早、层次相对较全，一定程度上缓解了劳动者自身健康因素的影响；然而，对于农村劳动者而言，由于医疗社会保障水平较低，自身健康水平越差，则其越不倾向于进行正式教育人力资本投资，但其对农村劳动者职业培训的影响却并不显著。另外，估计结果还表明，依赖关系就业的劳动者更不倾向于进行正式教育人力资本投资，反映出关系在就业市场尤其是高收入行业发挥作用时，会影响正常人力资本投资收益的实现，不利于人力资本的积累和提升（陈钊等，2009）。而契约合同的结果表明，契约合同作为人力资本投资收益权的保证，能够促进城乡劳动者进行正式教育、职业培训等人力资本投资，而且对于城镇劳动者正式教育人力资本投资的作用要大于农村劳动者，但对城镇劳动者职业培训的影响却没有农村劳动者显著。

同时，估计结果还显示，随着劳动者就业单位私有化程度的提高，其不利于城镇、农村劳动者继续进行正式教育人力资本投资，但私有制企业更倾向于对农民工进行职业培训。对此本书认为，由于受不同所有制单位工资考察机制的影响，国有企事业单位比较注重劳动者教育水平的作用，并且现有体制下其对高教育水平劳动者吸引力较强，而私有制单位受经济环境影响较大，吸引高教育水平劳动者能力相对不足（郭荣兴等，2003；邢春冰，2005）；而私有制企业以经济利润最大化为目的，更倾向于进行一些职业技能培训，所以对劳动者的职业培训具有一定的促进作用。

最后，本书还发现从事较高技能职业的城镇劳动者更倾向于进行正式教育、职业培训等人力资本投资，其比其他城镇劳动者分别高出11.6%、6.36~7.08天，而从事较高技能职业农村劳动者的职业培训也相对更高，大约比其他劳动者高出3.159天，低于城镇劳动者的水平。这说明从事较高技能职业对劳动者的人力资本投资水平要求更高，而且从事较高技能职业的收入更高，从而进行人力资本投资的净收益更大，其更倾向于进行人力资本投资；而且，农民工进行职业培训大多进入低技能劳动力市场，职业培训的增加水平要低于城镇劳动者。

三、出口企业生产率对城乡劳动者人力资本投资的异质性影响

如前所述，为考察城市出口企业生产率对劳动者人力资本投资的异质性影响，本书引入城市出口企业生产率与劳动者职业技能的交叉项，进一步分析城市出口企业生产率对不同职业技能劳动者的异质性影响。如表6-5所示，在引入城市出口企业生产率与职业技能虚拟变量的交叉项后，可以看到交叉项

表 6-5 扩展模型估计结果

变量	城镇样本				外来务工样本			
	OLS 估计		IV GMM 估计		OLS 估计		IV GMM 估计	
	(1)	(2)	(3)	(4)	(5)	(6)	(7)	(8)
	lneduyear	peixun	lneduyear	peixun	lneduyear	peixun	lneduyear	peixun
$lnEX\_TFP_C * zhiye$	0.017**	7.641**	0.0181**	0.0185**	0.0396***	1.530	0.0420***	3.909
	(0.008)	(3.652)	(0.009)	(0.008)	(0.0152)	(2.613)	(0.0153)	(3.031)
其他控制变量	YES	YES	YES	YES	YES	YES	YES	YES
识别不足检验			917.240	955.682			799.273	860.455
			(0.0000)	(0.0000)			(0.0000)	(0.0000)
弱识别检验			2.7e+04	3.0e+04			2.3e+04	2.5e+04
			(0.0000)	(0.0000)			(0.0000)	(0.0000)
外生性检验			0.001	0.406			0.844	0.012
			(0.9719)	(0.5240)			(0.3582)	(0.9133)
Observations	7028	7028	7028	7028	6528	6528	6528	6528
R-squared	0.273	0.005	0.273	0.275	0.161	0.019	0.161	0.019

注：回归系数括号内为标准误，***、**和*分别表示在1%、5%和10%显著性水平上显著。在工具变量的选取上，第（2）列选用的是城市出口企业生产率的滞后一期与滞后二期，滞后一期与职业技能虚拟变量的乘积；第（4）列中交叉项选用的是城市出口企业生产率的滞后一期与滞后二期分别与职业技能虚拟变量的乘积。

对城镇劳动者受教育年限、脱产职业培训等人力资本投资具有显著正面影响。这说明出口企业生产率的提高对从事高技能职业的城镇劳动者人力资本投资正面影响更大，随着城市出口企业生产率的提高，从事高技能职业劳动者的相对报酬水平得到更高水平提升，其继续进行人力资本投资的倾向更大。

与此同时，本书还发现交叉项对农村劳动者的教育投资具有显著的正面影响，这说明城市出口企业生产率的提高能够促进从事较高技能职业的农村劳动者的相对报酬增加更多，从而其比从事较低技能职业的劳动者更倾向于进行正式教育人力资本投资。同时，本书还发现交叉项对农村劳动者的职业培训也具有显著的正面影响，这反映了城市出口企业生产率提高以后，从事较高技能职业的农民工能够获得更多的报酬，从而其比其他农村劳动者更倾向于进行职业培训，提高相应的技能水平以获得更大的报酬。

四、出口企业生产率对城乡劳动者子女教育投入的影响

本书关于城市出口企业生产率对于人力资本投资影响的分析机制是基于其对于劳动者人力资本投资净收益影响基础之上的，随着城市出口企业生产率的提高，劳动者的收入、人力资本投资净收益率均趋于增加，劳动者会倾向主动增加其对子女的教育投入，以使其在未来能够成为高技能劳动者并获得较高的劳动报酬。为了进一步验证本书的分析机制与结论，在考察了城市出口企业生产率提高对劳动者人力资本投资的影响后，本书接下来将实证分析城市出口企业生产率提高对其子女教育投入的影响，同时也借此考察城市出口企业生产率提高对中国人力资本积累的长期影响。

在外来务工样本中，对子女教育投入的调查样本很少，本书采用城镇样本下的数据进行分析。通过CHIP（2007）调查问卷代码、家庭成员代码等，将本书城镇调查样本中的成人劳动者与其子女（16周岁以下）的数据进行合并，通过删除缺失值，本书最终得到了3214个合并观测样本。通过观测数据样本，本书发现子女辅导班费用中有1289个观测值为0，具有截取回归的性质，故采用Tobit和ivtobit估计。

在子女教育投入的变量选取上,本书采用子女的辅导班费用进行测度。劳动者子女的辅导班费用是一项更为主动的获取技能知识的教育投入,与高技能劳动报酬正相关。如果出口企业生产率提升后,人力资本投资的预期净收益增加,劳动者会倾向于主动增加其对子女的教育投入,尤其是主动性较强的辅导班投入,以使其在未来能够成为高技能劳动者并获得较高的劳动报酬。

从表 6-6 的估计结果中,本书看到出口企业生产率提高能够显著促进劳动者子女的辅导班投入增长,这说明出口企业生产率的提升有利于劳动者人力资本投资未来预期报酬增加,从而有利于未来劳动者人力资本投资的增加,促进中国人力资本投资的长期提高,这也进一步验证了本书的经验假说 21。另外,当引入出口企业生产率与职业技能虚拟变量的交叉项后,发现交叉项对子女的辅导班等自主性教育投入具有显著的正面影响,这说明出口企业生产率提升后,从事高技能职业的劳动者人力资本投资所获得的预期报酬相对更高,其对子女教育投入会更大。

表 6-6 出口企业生产率提高对子女教育投入的影响

变量	基本模型		扩展模型	
	(1)	(2)	(3)	(4)
	Tobit 估计	ivtobit 估计	Tobit 估计	ivtobit 估计
	fudao	fudao	fudao	fudao
EX_TFP_C	1.246*** (0.282)	1.277*** (0.284)		
$EX\_TFP_C * Zhiye$			0.838*** (0.289)	0.806*** (0.290)
其他控制变量	YES	YES	YES	YES
常数项	2.691*** (0.451)	2.689*** (0.451)	2.826*** (0.451)	2.830*** (0.451)
外生性 Wald 检验		0.75 (0.3858)		1.64 (0.2005)
Observations	1916	1916	1916	1916

注:回归系数括号内为标准误,***、**和*分别表示在1%、5%和10%显著性水平上显著。在工具变量的选取上,本书选用城市出口企业生产率对数的滞后一期与滞后二期作为工具变量。

第二节 出口技术复杂度对城乡人力资本积累影响的实证分析[①]

在第二节中,本书也将结合第三章第四节理论分析中的相关结论,在中国二元劳动力市场分割背景下,从实证上分析出口技术复杂度提升对中国人力资本积累的影响。

一、计量模型、指标选取与数据来源

(一)计量模型的设定

本书将在城市层面上,实证检验出口技术复杂度对中国劳动者人力资本投资的影响。如前所述,本书借鉴 Hering 和 Poncet(2010)的研究方法,设定计量模型如下:

$$humancapital_{ic} = \alpha + \beta EXPY_c + \gamma X_c + \lambda I_{ic} + \varepsilon_{ic} \quad (6-4)$$

其中,下标 i 表示劳动者个体,c 表示城市;$humancapital_{ic}$ 表示劳动者人力资本投资变量;$EXPY_c$ 代表城市 c 的出口技术复杂度,β 为城市出口技术复杂度对人力资本投资的影响;X_c 为城市 c 其他控制变量;I_{ic} 为城市 c 中的个体控制变量;ε_{ic} 为随机误差项。

另外,为考察城市出口技术复杂度对劳动者人力资本投资的异质性影响,本书引入城市出口技术复杂度与劳动者职业技能的交叉项,进一步分析城市出口技术复杂度对不同职业技能劳动者的异质性影响。本书进一步扩展计量模型如下:

$$humancapital_{ic} = \alpha + \theta EXPY_c \times zhiyeability_{ic} + \gamma X_c + \lambda I_{ic} + \varepsilon_{ic} \quad (6-5)$$

[①] 本节是与王永进、毛劲松合作,最早发表于《管理世界》,2014年第2期,第6-20页。

其中，zhiyeability$_{ic}$表示劳动者职业技能的虚拟变量，1 为从事高技能职业的劳动者，0 为从事中低技能职业的劳动者。

(二) 指标选取与测度

1. 出口技术复杂度

参照 Hausmann 等 (2007)，一国 c 各产业 i 的技术复杂度 (PRODY$_i$) 计算公式为：

$$PRODY_i = \Sigma_c(S_{ci} \times y_c) \quad (6-6)$$

其中，y$_c$是国家 c (c=1, 2, ⋯, C) 的实际人均收入水平，$S_{ci} = RCA_{ci}/\Sigma_c RCA_{ci}$ 为国家 c 产业 i 的 Balassa 显性比较优势指数，计算公式为 $RCA_{ci} = EX_{ci}/\Sigma_c EX_{ci}$，$EX_{ci}$为国家 c 产业 i 的出口额。本书采用跨国分行业数据计算各个行业各年的技术复杂度，然后对 1998~2007 年每个行业的技术复杂度进行平均，最后得到每个行业的平均技术复杂度。

2007 年城市 c 的技术复杂度：

$$PRODY_c = \Sigma_i(pror_{ci} \times PRODY_{ci}) \quad (6-7)$$

2. 其他指标选取及测度

在劳动者人力资本投资变量 (humancapital$_{ic}$) 方面，在城镇和外来务工成人样本中均采用受教育年限 (eduyear) 和接受脱产职业培训的天数 (peixun) 分别进行测度；在劳动者子女教育投入方面，采用子女辅导班费用 (fudao) 分别进行测度。受教育年限代表了劳动者的正式教育决策，具有一定的长期性；而脱产职业培训多为短期性的人力资本投资决策，其对出口技术复杂度的反应更为敏感。与此同时，本书不仅考察出口技术复杂度对成人劳动者人力资本投资的影响，还将考察城市出口技术复杂度对其子女教育投入的影响，以分析出口技术复杂度对中国人力资本投资的长远影响。

与前类似，在控制变量的选择上，本书分别加入了城市控制变量 X$_c$ 和个体控制变量 I$_{ic}$。其中，城市控制变量 X$_c$ 包括：①城市 c 当年吸引的外资总额 (waizi, 亿美元)。研究表明，外资引入可以对当地的技术溢出、劳动需求产生重要影响，进而影响劳动者人力资本投资 (赵江林，2004；冼国明和严兵，

2005；张海洋，2005；郭熙保和罗知，2009）。②财政教育支出（edu_zhichu，亿元）。教育的财政支出水平代表了地区对教育发展的支撑能力，是影响劳动者人力资本投资的重要因素，但在中国式财政集权下，其作用效果受到其支出规模、支出结构的影响（中国经济增长与宏观稳定课题组，2006；傅勇和张晏，2007；陈斌开、张鹏飞和杨汝岱，2010；左翔、殷醒民和潘孝挺，2011）。③城市人口数量的对数（lnpop）。在劳动力市场分割下，地区人口数量代表了地区无限供给劳动者，尤其是低技能劳动者的能力。④城市人均GDP（pergdp，万元）。人均GDP代表了地区经济发展水平，会对劳动者人力资本投资产生影响。

个体控制变量I_{ic}：①年龄（age）。随着劳动者年龄的增加，其进行人力资本投资的净收益趋于下降，能力门槛值趋于上升，年龄越大其越不倾向于进行人力资本投资。②户口（hukou）。现有户籍政策很大程度上造成城市人口比农村人口、本地户口比外来户口劳动报酬相对较高，更容易得到良好的正式教育、职业培训等机会（姚先国和赖普清，2004；严善平，2006，2007；陈斌开、张鹏飞和杨汝岱，2010）。③性别（gender）。受历史、文化观念等因素的影响，传统女性在教育机会、教育回报方面存在一定歧视，不利于其进行人力资本投资（王美艳，2005；宋月萍，2007）。④医疗社会保障水平（yiliao）。具有较好的医疗社会保障水平，劳动者可以有更强的资金保障和健康保障进行人力资本投资。⑤健康水平（health）。健康水平是影响一个人学习和工作能力的重要因素，也是决定劳动者人力资本投入和收益的重要因素（苑会娜，2009）。⑥就业途径（jiuyetujing）。个人关系在进入劳动市场尤其是高收入行业中有重要作用，会影响人力资本投资的收益（陈钊、陆铭和佐藤宏，2009）。⑦契约合同（qiyue）。研究表明，契约可以保证人力资本投资的收益权（聂辉华，2003；姚先国和郭东杰，2004）。⑧就业单位所有制性质（suoyouzhi）。不同所有制单位在工资考察机制上有所不同，对不同教育水平的吸引力和需求不同（郭荣兴、李实和邢攸强，2003；邢春冰，2005）。⑨其他个体特征变量，如民族（minzu）、婚姻（hunyin）、职业（zhiye）和行业（hangye）等。各个主要变量的指标含义及测度如表6-7所示。

表 6-7 主要变量的指标含义及测度

变量名	指标含义及测度
hukou	城镇样本中，0 为农村户口，1 为非农户口；外来务工样本中，0 为外地农业户口，1 为本地农业户口
gender	1 为男性，0 为女性
yiliao	1 为公费医疗性质类的保险保障，0 为自筹商业性质保险或没有医疗保险
health	1. 很好；2. 较好；3. 一般，差不多；4. 较差；5. 很差
jiuyetujing	1 为依靠关系介绍，0 为其他情况
qiyue	1. 固定工；0. 非固定工
suoyouzhi	1. 国有企事业单位；0. 私有制企业
minzu	1. 汉族；0. 少数民族
hunyin	1. 未婚；2. 初婚；3. 再婚；4. 离异；5. 丧偶；6. 同居
zhiye	1 为专业性较强和管理性职业，0 为一般性职业

（三）内生性问题

在计量模型的估计中，内生性问题会使估计结果有偏和不一致，所以应该注意出口技术复杂度的内生性问题。一方面，虽然本书已经控制了其他影响出口技术复杂度和人力资本投资之间关系的重要变量，但还很可能遗漏了某些重要解释变量；另一方面，出口技术复杂度和人力资本投资之间还存在反向因果关系，也会使估计结果有偏和不一致，如文献综述部分所述，大量研究已经表明，人力资本水平是影响出口技术复杂度的重要因素。

如前所述，控制内生性问题的一个通常做法是寻找一个与出口技术复杂度相关但外生独立于人力资本投资的工具变量，并进行相关估计。本书选取出口技术复杂度的滞后项作为工具变量。这主要是基于以下考虑：

首先，出口技术复杂度的滞后期数据与本期出口技术复杂度指数具有一定的相关性，满足与内生变量相关的基本要求。其次，寻找工具变量的另一个角度是历史方面的变量（王永进、李坤望和盛丹，2010），因为历史上的数据不会影响当前的人力资本投资状况，满足工具变量的外生性要求，所以本书选取城市出口技术复杂度的滞后期数据作为工具变量。因此，选取滞后期数据，满足外生性、与内生变量相关的假定，是合理的工具变量。

(四) 数据来源与处理

如前所述，本书所使用的个体数据来自中国社会科学院经济研究所收入分配课题组于2007年开展的中国居民家庭收入调查，该调查包括城镇、外来务工和农村三个样本。其中，本书采用的城镇和外来务工调查是从上海、江苏、浙江、安徽、河南、湖北、广东、重庆、四川9个省份中收集整理所得。其中，城镇样本包含5003户、14699个个体样本；外来务工样本包含5007户、8446个个体样本。

在数据的处理方面，通过调查问卷中的城市代码（City Code），本书将其与城市地区变量和数据合并、处理，并且考虑到中国县级市的数据缺失，本书主要采用其所在地级市的数据。城市地区变量数据主要来源于《中国城市统计年鉴2008》、相关省市2008年统计年鉴和各地2007年统计公报数据。最后，删除主要变量的缺失值，得到了16岁以上处于就业状态的，覆盖全国18个地级市的7028个城镇观测样本和覆盖全国15个地级市的6528个外来务工观测样本。

行业技术复杂度的计算所采用的跨国数据为世界银行2007年开发的Trade, Production and Protection（TPP）数据库，该数据库涵盖了100个国家28个制造业行业的生产和贸易数据；各国人均收入水平来自宾夕法尼亚大学Pen World Table 6.3 (PWT 6.3) 数据库。而各期的出口技术复杂度计算时用到的各行业出口占城市总出口值的比重，是根据1998~2007年《中国工业企业数据库》整理得到。各个变量的基本统计信息如表6-8所示。

表6-8 各个变量的描述性统计

变量名	城镇样本					外来务工样本				
	样本数	均值	标准差	最小值	最大值	样本数	均值	标准差	最小值	最大值
EXPY	7028	14261	821	11982	15688	6528	14234	772	12043	15688
waizi	7028	47.89	42.43	0.556	148.7	6528	49.75	39.51	0.556	148.7

续表

变量名	城镇样本					外来务工样本				
	样本数	均值	标准差	最小值	最大值	样本数	均值	标准差	最小值	最大值
pergdp	7028	4.375	2.241	0.823	8.392	6528	4.598	2.124	1.282	8.392
edu_zhichu	7028	62.28	79.72	1.343	276.2	6528	62.45	75.64	1.343	276.2
lnpop	7028	6.575	0.670	5.143	8.082	6528	6.570	0.705	5.143	8.082
eduyear	7028	12.02	3.135	1	22	6528	9.065	2.424	1	20
peixun	7028	21.24	121.3	0	1997	6528	11.52	50.55	0	998
age	7028	39.29	9.940	16	78	6528	31.11	10.09	16	71
hukou	7028	0.949	0.221	0	1	6528	0.191	0.393	0	1
gender	7028	0.564	0.496	0	1	6528	0.600	0.490	0	1
yiliao	7028	0.694	0.461	0	1	6528	0.420	0.494	0	1
health	7028	2.088	0.711	1	5	6528	1.763	0.743	1	5
jiuyetujing	7028	0.303	0.459	0	1	6528	0.597	0.491	0	1
qiyue	7028	0.741	0.438	0	1	6528	0.473	0.499	0	1
suoyouzhi	7028	0.595	0.491	0	1	6528	0.126	0.332	0	1
minzu	7028	0.989	0.103	0	1	6528	0.983	0.131	0	1
hunyin	7028	1.960	0.553	1	6	6528	2.896	2.401	1	6
hukou	7028	0.949	0.221	0	1	6528	0.191	0.393	0	1
zhiye	7028	0.298	0.458	0	1	6528	0.249	0.433	0	1

二、城镇样本下的估计结果

表6-9以不同组合的方式报告了城镇样本下计量模型估计结果。在估计方法上，考察出口技术复杂度对城镇劳动者受教育年限的影响时，本书使用了OLS估计和工具变量广义矩估计；而在考察出口技术复杂度对城镇劳动者脱产职业培训的影响时，本书发现有4306个脱产职业培训样本观测值为0，具有明显的截取回归性质，所以本书对其采用Tobit和ivtobit估计方法。

表 6-9 城镇样本下出口技术复杂度对劳动者教育投资、职业培训影响

变量	基本模型				扩展模型			
	受教育年限		职业培训		受教育年限		职业培训	
	(1) OLS	(2) IV GMM	(3) Tobit	(4) ivtobit	(5) OLS	(6) IV GMM	(7) Tobit	(8) ivtobit
EXPY	0.000117*** (4.35e-05)	0.000183*** (4.32e-05)	0.00352 (0.00442)	0.0107* (0.00638)	0.000100*** (5.05e-06)	9.98e-05*** (5.04e-06)	0.00271*** (0.000470)	0.00270*** (0.000470)
EXPY * zhiye							1.918*** (0.513)	1.913*** (0.513)
waizi	-0.0128** (0.00566)	-0.0149*** (0.00566)	1.842*** (0.528)	1.624*** (0.547)	-0.0101* (0.00551)	-0.0101* (0.00550)		
pergdp	0.163*** (0.0432)	0.174*** (0.0431)	-11.18*** (4.143)	-9.977** (4.223)	0.148*** (0.0427)	0.148*** (0.0426)	-11.62*** (4.080)	-11.58*** (4.082)
edu_zhichu	0.00389* (0.00218)	0.00443** (0.00217)	-0.489** (0.204)	-0.434** (0.207)	0.00321 (0.00215)	0.00319 (0.00215)	-0.507** (0.201)	-0.506** (0.201)
lnpop	0.440*** (0.0788)	0.478*** (0.0794)	-5.608 (7.612)	-1.343 (8.109)	0.388*** (0.0750)	0.390*** (0.0749)	-7.190 (7.153)	-7.151 (7.154)
age	-0.120*** (0.00375)	-0.120*** (0.00375)	-1.663*** (0.356)	-1.676*** (0.357)	-0.120*** (0.00375)	-0.120*** (0.00374)	-1.660*** (0.357)	-1.660*** (0.357)
gender	0.322*** (0.0648)	0.322*** (0.0648)	-1.957 (6.366)	-1.866 (6.369)	0.319*** (0.0648)	0.319*** (0.0647)	-2.021 (6.366)	-2.020 (6.367)

续表

变量	基本模型				扩展模型			
	受教育年限		职业培训		受教育年限		职业培训	
	(1) OLS	(2) IV GMM	(3) Tobit	(4) ivtobit	(5) OLS	(6) IV GMM	(7) Tobit	(8) ivtobit
health	-0.0804* (0.0469)	-0.0788* (0.0469)	13.81*** (4.459)	14.05*** (4.463)	-0.0827* (0.0469)	-0.0832* (0.0468)	13.74*** (4.458)	13.75*** (4.458)
hukou	1.404*** (0.152)	1.400*** (0.151)	9.886 (15.06)	9.498 (15.06)	1.405*** (0.152)	1.403*** (0.152)	9.907 (15.06)	9.947 (15.06)
yiliao	0.411*** (0.0792)	0.409*** (0.0791)	24.87*** (7.594)	24.71*** (7.599)	0.414*** (0.0792)	0.414*** (0.0791)	24.97*** (7.594)	24.98*** (7.595)
jiuyetujing	-0.640*** (0.0761)	-0.638*** (0.0760)	-26.12*** (7.474)	-25.85*** (7.479)	-0.642*** (0.0761)	-0.639*** (0.0760)	-26.18*** (7.475)	-26.17*** (7.475)
qiyue	0.862*** (0.0881)	0.862*** (0.0880)	51.21*** (8.641)	51.13*** (8.646)	0.860*** (0.0881)	0.859*** (0.0880)	51.16*** (8.642)	51.15*** (8.643)
suoyouzhi	0.259*** (0.0752)	0.265*** (0.0750)	6.660 (7.337)	7.113 (7.348)	0.253*** (0.0751)	0.257*** (0.0749)	6.484 (7.328)	6.457 (7.329)
hunyin	YES	YES	YES	YES	YES	YES	YES	YES
minzu	YES	YES	YES	YES	YES	YES	YES	YES
zhiye	YES	YES	YES	YES	NO	NO	NO	NO
hangye	YES	YES	YES	YES	YES	YES	YES	YES

续表

变量	基本模型				扩展模型			
	受教育年限		职业培训		受教育年限		职业培训	
	(1) OLS	(2) IV GMM	(3) Tobit	(4) ivtobit	(5) OLS	(6) IV GMM	(7) Tobit	(8) ivtobit
常数项	9.347***	8.176***	-189.9*	-317.8**	11.31***	11.29***	-130.4**	-130.8**
	(0.994)	(1.117)	(101.1)	(130.6)	(0.652)	(0.651)	(63.62)	(63.64)
外生性检验		0.003		2.41		1.093		0.16
		(0.9572)		(0.1206)		(0.2957)		(0.6853)
Observations	7028	7028	7028	7028	7028	7028	7028	7028
R-squared	0.302	0.302			0.302	0.302		

注：回归系数括号内为标准误，***、**和*分别表示在1%、5%和10%显著性水平上显著。外生性检验，在10%显著性水平下接受原假设，表明工具变量合理，在工具变量合理（下同）。在工具变量的选取上，第（2）列工具变量为广义矩估计下为Hansen's J检验，而在ivtobit估计下为Wald Test of Exogeneity检验，在10%显著性水平下接受原假设，表明工具变量合理；第（2）列选用的是出口技术复杂度滞后五期与滞后二期作为工具变量；第（4）列选用的是出口技术复杂度滞后五期与滞后二期分别与职业技能虚拟变量的乘积；第（6）和第（8）列交叉项分别选用滞后五期与滞后六期，滞后一期、滞后二期分别与职业技能虚拟变量的乘积。

在表6-9中，本书首先关心的是出口技术复杂度对城镇劳动者受教育年限、脱产职业培训的影响。表6-9中的估计结果显示，出口技术复杂度对中国城镇劳动者受教育年限、职业培训均具有显著的正面影响。同时，如图6-4所示，本书城镇数据样本表明，随着城市出口技术复杂度的提升，高、低技能劳动者的相对实际报酬趋于增加。这初步验证了本书的经验假说13，即随着出口技术复杂度的提升，城镇高、低技能劳动者的相对报酬趋于增加，城镇劳动者进行人力资本投资的门槛值降低，有利于其进行人力资本投资。

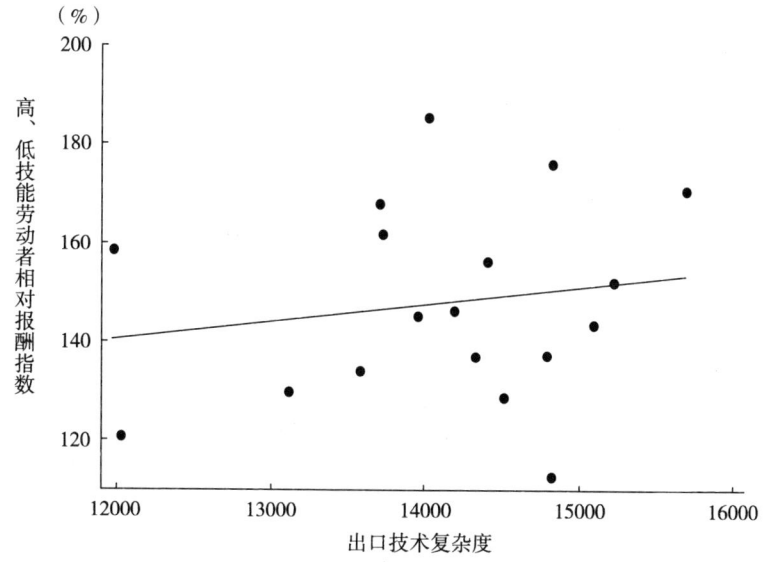

图6-4　城镇样本下出口技术复杂度与高、低技能劳动者相对报酬的关系

另外，在引入出口技术复杂度与职业技能虚拟变量的交叉项后，可以看到交叉项对城镇劳动者受教育年限、脱产职业培训等人力资本投资具有显著正面影响。这说明出口技术复杂度的提升对从事高技能职业的城镇劳动者人力资本投资正面影响更大，随着出口技术复杂度的提升，从事高技能职业劳动者的相对报酬水平得到更高水平提升，其继续进行人力资本投资的倾向更大。

在外资的作用方面，估计结果显示，外资对中国城镇劳动者教育投资具有显著的负面影响，但对其职业培训存在显著的正面影响。本书认为，外资尤其是港澳台投资,长期以来将中国大陆作为出口加工制造基地,利用中国大量廉价劳动力进行生产,不利于中国城镇劳动者进行正式教育等长期性人力资本投资(赵江林,2004)。但随着我国经济发展和劳动者技能水平的不断上升,外资逐渐开始向使用熟练劳动力的方向转变,其技术溢出效应也不断显现,尤其是在东部地区,高技术的外资对经济发展的积极作用不断显现,有利于促进中国劳动者的人力资本投资,而职业培训作为一项短期性的人力资本投资,反应更明显(冼国明和严兵,2005;张海洋,2005;郭熙保和罗知,2009)。

同时,在财政教育支出的影响方面,估计结果显示其对中国城镇劳动者受教育年限具有显著的正面影响,而对职业培训具有显著的负面影响。这一方面说明,在中国城镇偏向型教育经费投入政策下(陈斌开、张鹏飞和杨汝岱,2010),财政支出的增加会对促进城镇劳动者进行正式教育投资。而其对职业培训的负面影响表明,在中国式财政集权下,其对职业培训等公共服务投入不足,支出结构不合理(中国经济增长与宏观稳定课题组,2006;傅勇和张晏,2007;左翔、殷醒民和潘孝挺,2011)。而在城市人口对数的影响方面,其对中国城镇劳动者教育投资具有显著的正面影响。本书认为,在劳动力市场分割下,城市人口数量代表了其无限供给劳动者,尤其是低技能劳动者的能力,人口越多,其越不利于低技能劳动者工资的增加,而进行人力资本投资的净收益则相对越大,越有利于劳动者进行人力资本投资。另外,在人均GDP的影响方面,其对中国城镇劳动者教育投资的影响显著为正,而对职业培训具有显著的负面影响。这说明,地区经济越发达,对高技能劳动者需求越高,并且劳动者也越有能力进行教育投资;而对于人均GDP较低的城市,其劳动者进行正式教育等长期性人力资本投资的能力相对不足,对职业培训等短期性人力资本投资依赖更强。

在中国城镇劳动者自身影响因素方面。劳动者年龄对教育投资、职业培训均具有显著的负面影响,这与理论分析部分一致。而户口对劳动者教育投资具有显著的正面影响,这反映了在现有户籍制度下,城镇居民拥有更好的教育机会和就业机会(姚先国和赖普清,2004;严善平,2006,2007;陈斌开、张鹏飞和杨汝岱，2010）；而其对职业培训不显著的正面效应表明，在进入城镇劳动力市场一段时间后，外来人口、农村人口在职业培训等方面的收益趋于相等（严善平，2011）。同时，估计结果还表明，医疗保障水平的提高能够促进城镇劳动者进行教育投资、职业培训等人力资本投资。而健康水平越差的劳动者越不倾向于进行长期性的教育投资，反而更倾向于短期性的职业培训，从而保证自己在相对短的时间内掌握必要的技能水平。

同时，结果还表明依赖关系就业的劳动者更不倾向于进行教育投资、职业培训等人力资本投资，反映出关系在就业市场尤其是高收入行业发挥作用时，会影响正常人力资本投资收益的实现，不利于人力资本的积累和提升（陈钊、陆铭和佐藤宏，2009）。同时，女性劳动者在教育机会方面受到一定歧视，不利于其进行教育投资（王美艳，2005；宋月萍，2007）。而契约合同的结果表明，契约合同作为人力资本投资收益权的保证，能够促进劳动者进行人力资本投资（聂辉华，2003；姚先国和郭东杰，2004）。另外，随着劳动者就业单位私有化程度的提高，其不利于城镇劳动者继续进行人力资本投资。这说明，由于受不同所有制单位工资考察机制的影响，国有企事业单位比较注重劳动者教育水平以及相关职业培训的作用，并且现有体制下其对高教育水平劳动者吸引力较强，而私有制单位受经济环境影响较大，在吸引高教育水平劳动者和职业培训方面能力相对不足（郭荣兴、李实和邢攸强，2003；邢春冰，2005）。

三、外来务工样本下的估计结果 ▶

表6-10以不同组合的方式报告了外来务工样本下计量模型估计结果。与城镇样本类似，在估计方法上，考察出口技术复杂度对外来务工的教育投资影响时，本书使用了OLS估计和工具变量广义矩估计；而在考察出口技术复杂度对外来务工的脱产职业培训的影响时，本书发现有4891个脱产职业培训样本观测值为0，具有明显的截取回归性质，故采用Tobit和ivtobit估计方法。

表 6-10 外来务工样本下出口技术复杂度对劳动者受教育年限、职业培训影响

变量	基本模型 受教育年限		基本模型 职业培训		扩展模型 受教育年限		扩展模型 职业培训	
	(1) OLS	(2) IV GMM	(3) Tobit	(4) ivtobit	(5) OLS	(6) IV GMM	(7) Tobit	(8) ivtobit
EXPY	0.000236*** (4.57e-05)	0.000269*** (4.80e-05)	0.00977*** (0.00343)	0.00993** (0.00404)				
EXPY * zhiye					3.19e-06 (4.57e-06)	5.38e-05*** (1.19e-05)	0.000915*** (0.000319)	0.000923*** (0.000319)
waizi	0.00196 (0.00462)	0.00101 (0.00459)	1.657*** (0.316)	1.643*** (0.321)	0.00890** (0.00442)	0.00694 (0.00446)	1.926*** (0.301)	1.926*** (0.301)
pergdp	0.0488 (0.0352)	0.0512 (0.0351)	−18.42*** (2.537)	−18.34*** (2.546)	0.0234 (0.0350)	0.0436 (0.0357)	−19.32*** (2.520)	−19.34*** (2.522)
edu_zhichu	−0.00304* (0.00181)	−0.00277 (0.00180)	−0.527*** (0.123)	−0.523*** (0.124)	−0.00489*** (0.00177)	−0.00446** (0.00179)	−0.599*** (0.121)	−0.598*** (0.121)
lnpop	0.241*** (0.0643)	0.255*** (0.0642)	−20.71*** (4.584)	−20.55*** (4.709)	0.122** (0.0605)	0.182*** (0.0626)	−25.50*** (4.268)	−25.51*** (4.270)
age	−0.0616*** (0.00392)	−0.0617*** (0.00391)	−2.366*** (0.298)	−2.359*** (0.298)	−0.0616*** (0.00391)	−0.0619*** (0.00393)	−2.369*** (0.298)	−2.368*** (0.298)
gender	0.344*** (0.0568)	0.346*** (0.0568)	34.19*** (4.242)	34.10*** (4.245)	0.339*** (0.0569)	0.328*** (0.0575)	33.96*** (4.244)	33.95*** (4.245)

续表

	基本模型				扩展模型			
	受教育年限		职业培训		受教育年限		职业培训	
变量	(1) OLS	(2) IV GMM	(3) Tobit	(4) ivtobit	(5) OLS	(6) IV GMM	(7) Tobit	(8) ivtobit
health	-0.324*** (0.0392)	-0.324*** (0.0392)	6.591** (2.710)	6.566** (2.712)	-0.317*** (0.0392)	-0.315*** (0.0396)	6.866** (2.709)	6.861** (2.709)
hukou	0.0484 (0.0757)	0.0453 (0.0756)	-11.28** (5.738)	-11.28** (5.743)	0.0818 (0.0759)	0.0809 (0.0765)	-10.07* (5.728)	-10.09* (5.729)
yiliao	-0.0304 (0.0584)	-0.0361 (0.0584)	-16.13*** (4.201)	-16.13*** (4.224)	0.0121 (0.0578)	0.00375 (0.0584)	-14.70*** (4.172)	-14.70*** (4.173)
jiuyetujing	-0.414*** (0.0565)	-0.419*** (0.0564)	-28.02*** (4.014)	-27.96*** (4.018)	-0.396*** (0.0565)	-0.380*** (0.0570)	-27.44*** (4.011)	-27.44*** (4.012)
qiyue	0.583*** (0.0583)	0.577*** (0.0583)	28.77*** (4.252)	28.62*** (4.273)	0.627*** (0.0579)	0.692*** (0.0597)	30.61*** (4.215)	30.61*** (4.216)
suoyouzhi	0.232*** (0.0836)	0.235*** (0.0834)	-3.497 (6.010)	-3.499 (6.012)	0.215** (0.0839)	0.214** (0.0848)	-4.334 (6.010)	-4.305 (6.011)
hunyin	YES	YES	YES	YES	YES	YES	YES	YES
minzu	YES	YES	YES	YES	YES	YES	YES	YES
zhiye	YES	YES	YES	YES	NO	NO	NO	NO
hangye	YES	YES	YES	YES	YES	YES	YES	YES

续表

变量	基本模型				扩展模型			
	受教育年限		职业培训		受教育年限		职业培训	
	(1) OLS	(2) IV GMM	(3) Tobit	(4) ivtobit	(5) OLS	(6) IV GMM	(7) Tobit	(8) ivtobit
常数项	5.771***	5.246***	−8.622	−11.64	9.768***	9.083***	155.9***	156.1***
	(0.935)	(0.961)	(68.22)	(76.85)	(0.528)	(0.560)	(35.88)	(35.90)
外生性检验		1.508		0.01		1.615		0.21
		(0.2194)		(0.9146)		(0.2038)		(0.2038)
Observations	6528	6528	6528	6528	6528	6528	6528	6528
R-squared	0.170	0.170			0.167	0.151		

注：回归系数括号内数为标准误，***，**和*分别表示在1%、5%和10%显著性水平上显著。在工具变量的选取上，第（2）列选用的是出口技术复杂度的滞后一期与滞后二期项；第（4）列选用的是出口技术复杂度复杂度的滞后二期与滞后三期项；第（6）列交叉项选用的是出口技术复杂度滞后二期、滞后三期分别与职业能力虚拟变量的乘积；第（8）列交叉项选用的是出口技术复杂度滞后二期、滞后三期、滞后四期分别与职业技能虚拟变量的乘积。

首先，估计结果表明，出口技术复杂度提高对农村劳动者正式教育投资具有显著的正面影响；而且，如图6-5所示，随着城市出口技术复杂度的提升，外来务工样本下高、低技能劳动者的相对实际报酬趋于增加。从而，这验证了本书的经验假说14，即随着出口技术复杂度的提升，高、低技能劳动者的相对报酬趋于增加，劳动力市场分割程度趋于减小，农村劳动者进行正式教育投资的门槛值降低，有利于其进行人力资本投资。

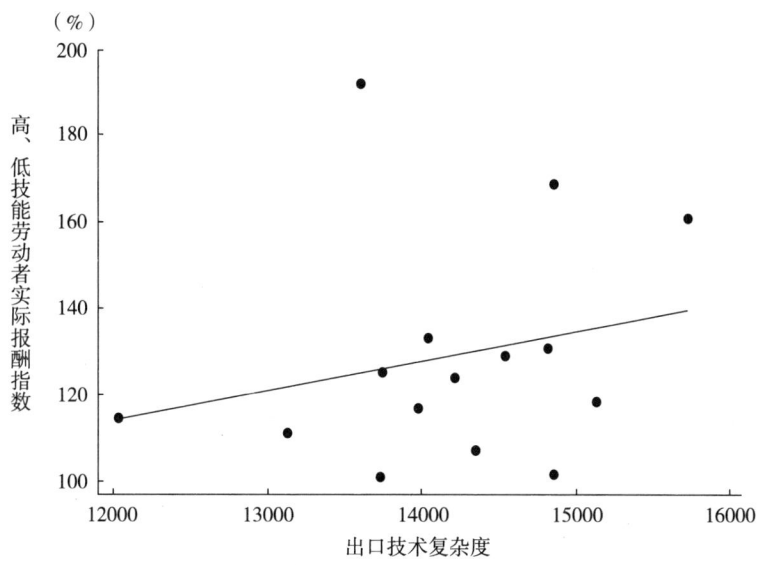

图6-5　外来务工样本下出口技术复杂度与高、低技能劳动者相对报酬的关系

同时，估计结果还表明，城市出口技术复杂度的提高对农村劳动者职业培训也具有显著的促进作用；而且，如图6-6所示，随着城市出口技术复杂度的提升，外来务工中低技能劳动者的实际报酬趋于增加。因此，这也验证了本书的经验假说15，即随着出口技术复杂度的提升，低技能劳动者与农民的相对报酬趋于增加，劳动力市场分割程度趋于减小，农村劳动者进行职业培训并以农民工进入城镇就业市场的门槛值降低，有利于其进行职业培训投资。另外，在引入出口技术复杂度与职业技能虚拟变量的交叉项后，本书发现交叉项对农村劳动者的教育投资具有显著的正面影响，这说明出口技术复杂度的提升能够促进从事较高技能职业的农村劳动者的相对报酬增加更多，从而其比从事较低技能职业的劳动者更倾向于进行正式教育人力资本投资。同时，本书还发现交叉项对农村劳动者的职业培训也具有显著的正面影响，这反映了出口技术复杂度提升以后，从事较高技能职业的农民工能够获得更多的报酬，从而其比其他农村劳动者更倾向于进行职业培训，提高相应技能水平以获得更大报酬。

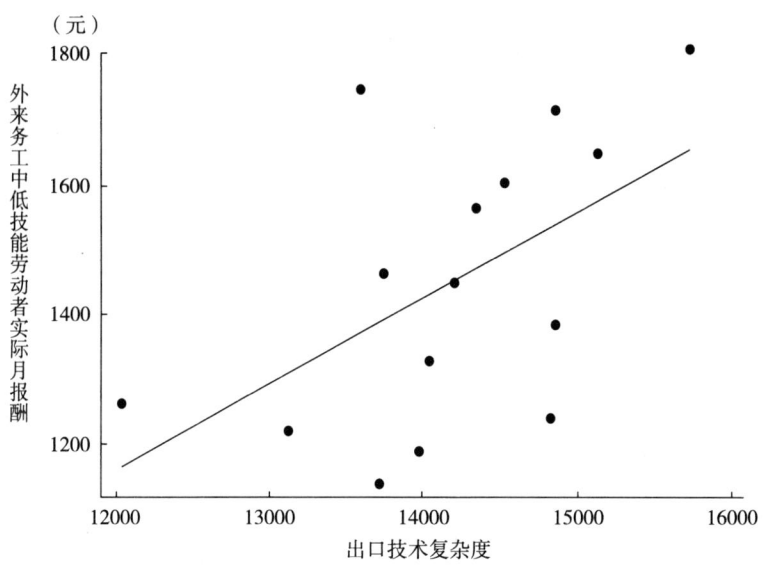

图6-6　外来务工样本下出口技术复杂度与低技能劳动者实际报酬的关系

在其他城市变量的影响方面，与城镇样本类似，本书发现外资对农民工职业培训具有显著正面影响。而财政教育支出对农村劳动者教育投资的负面影响表明，中国城镇偏向型教育经费投入政策下（陈斌开、张鹏飞和杨汝岱，2010），财政支出并不能促进农村劳动者进行人力资本投资。而在地区人口对数的影响方面，与城镇样本一样，其对农村劳动者教育投资具有显著的正面影响，但其对职业培训具有显著的负面影响。这进一步说明，劳动力市场分割下，无限供给的劳动力不能促进农民工报酬的提高。而人均GDP的影响结果进一步表明，经济发展较落后地区的农民工依赖职业培训更强。

在劳动者自身影响因素方面，与城镇样本类似，本书看到劳动者年龄、女性劳动者等更不倾向于进行人力资本投资。外来农民工相比本地农民工更倾向于进行职业培训，从而获得必要劳动技能以进入本地城镇劳动力市场。健康水平越差的农村劳动者越不倾向于进行长期性的教育投资，反而更倾向于短期性的职业培训，从而保证自己在相对短的时间内掌握必要的技能水平。但在医疗保障方面，没有较好医疗社会保障的农村劳动者更倾向于进行职业培训以农民工的身份进入城镇就业市场，也反映出医疗社会保障在农村发展水平还较低，正面影响还未充分显现。另外，依赖关系就业的农村劳动者更不倾向于进行人力资本投资；契约合同作为人力资本投资收益权的保证，能够促进农村劳动者进行人力资本投资；随着就业单位私有化程度的提高，其不利于农村劳动者继续进行教育投资。

四、出口技术复杂度对城乡劳动者子女教育投入的影响 ▶

如前所述，为了进一步验证本书的基本结论，在考察出口技术复杂度对成人劳动者人力资本投资的影响后，本书接下来实证分析出口技术复杂度对其子女教育投入的影响，进而考察出口技术复杂度对中国人力资本投资的长期影响。在外来务工样本中，对子女教育投入的调查样本很少，本书采用城镇样本下的数据进行分析。通过 CHIP（2007）调查问卷代码、家庭成员代码等，将本书城镇调查样本中的成人劳动者与其子女（16 周岁以下）的数据进行合并，通过删除缺失值，本书最终得到了 3205 个合并观测样本。通过观测数据样本，本书发现子女辅导班费用中有 1289 个观测值为 0，具有截取回归的性质，故采用 Tobit 和 ivtobit 估计。在子女教育投入的变量选取上，本书采用子女的辅导班费用进行测度。

从表 6-11 的估计结果中，本书看到出口技术复杂度提高能够显著促进劳动者子女的辅导班投入增长，这说明出口技术复杂度的提升有利于劳动者人力资本投资未来预期报酬增加，从而有利于未来劳动者人力资本投资的增加，促进中国人力资本投资的长期提高，这也进一步验证了本书的经验假说 15。

另外，当本书引入出口技术复杂度与职业技能虚拟变量的交叉项后，发现交叉项对子女的辅导班等自主性教育投入具有显著的正面影响，这说明出口技术复杂度提升后，从事高技能职业的劳动者人力资本投资所获得的预期报酬相对更高，其对子女教育投入会更大。

表 6-11 出口技术复杂度对劳动者子女教育投入的影响

变量	基本模型		扩展模型	
	(1)	(2)	(3)	(4)
	Tobit 估计	ivtobit 估计	Tobit 估计	ivtobit 估计
EXPY	0.155 ** (0.0707)	0.136 * (0.0806)		
EXPY * zhiye			0.0237 *** (0.00817)	0.0238 *** (0.00817)
其他控制变量	YES	YES	YES	YES
常数项	−4855 *** (1659)	−4502 ** (1798)	−2091 ** (1065)	−2092 ** (1066)
外生性 Wald 检验		0.77 (0.3791)		0.20 (0.6523)
Observations	3205	3205	3205	3205

注：回归系数括号内为标准误，***、** 和 * 分别表示在 1%、5% 和 10% 显著性水平上显著。在工具变量的选取上，第（2）列选用的是出口技术复杂度滞后二期与滞后三期项；第（4）列中交叉项选用的是出口技术复杂度滞后一期、滞后二期分别与职业技能虚拟变量的乘积。

第三节 出口多样化对城乡人力资本积累影响的实证分析

在第三节中，本书也将结合第三章第四节理论分析中的相关结论，在中国二元劳动力市场分割背景下，从实证上分析出口多样化水平提高对中国人力资本积累的影响。

一、计量模型、指标选取与数据来源

（一）计量模型的设定

如前所述，基于本书从微观个体角度考察出口多样化水平的提高对劳动者人力资本投资影响的目的，本书借鉴 Hering 等（2010）的研究方法，将个体变量和城市变量合并，设定计量模型如下：

$$humancapital_{ic} = \alpha + \beta EX\_DIV_c + \gamma X_c + \lambda I_{ic} + \varepsilon_{ic} \quad (6-8)$$

其中，下标 i 表示个体，c 表示城市；$humancapital_{ic}$ 表示劳动者人力资本投资变量；EX_DIV_c 代表城市 c 的出口多样化水平，β 为出口多样化水平提高对人力资本投资的影响；X_c 为城市 c 其他控制变量；I_{ic} 为城市 c 中的个体控制变量；ε_{ic} 为随机误差项。

另外，为考察城市出口多样化水平提升对劳动者人力资本投资的异质性影响，本书引入城市出口多样化水平与劳动者职业技能的交叉项，进一步分析城市出口多样化水平提高对不同职业技能劳动者的异质性影响。本书进一步扩展计量模型如下：

$$humancapital_{ic} = \alpha + \theta EX\_DIV_c \times zhiyeability_{ic} + \gamma X_c + \lambda I_{ic} + \varepsilon_{ic} \quad (6-9)$$

其中，$zhiyeability_{ic}$ 表示劳动者职业技能的虚拟变量，1 为从事高技能职业的劳动者，0 为从事中低技能职业的劳动者。

（二）指标选取与测度

1. 出口多样化指数

根据 Combes（2000），本书将各个城市的多样化指数定义为相对全国各产业，各城市各产业（i）的份额平方和的倒数，即：

$$DIV_{ci} = \{\Sigma_{j \neq i}[y_{cj}/(y_c - y_{ci})]^2\} / \{\Sigma_{j \neq i}[y_j/(y - y_i)]^2\} \quad (6-10)$$

则 2007 年城市 c 的出口多样化指数为：

$$EX\_DIV_c = \Sigma_i(exr_{ci} \times DIV_{ci}) \quad (6-11)$$

其中，exr_{ci} 表示 2007 年行业 i 企业 c 的出口占城市企业总出口的比重，该数据系根据2007年《中国工业企业数据库》整理得到。

2. 人力资本投资

在劳动者人力资本投资和积累变量（humancapital$_{ic}$）方面，在城镇和外来务工成人样本中均采用受教育年限和接受脱产职业培训的天数分别进行测度；在劳动者子女教育投入方面，采用子女的辅导班费用分别进行测度。受教育年限代表了劳动者的正式教育决策，具有一定的长期性；而脱产职业培训多为短期性的人力资本投资决策，短期内对贸易开放的反应更为敏感。与此同时，本书不仅考察出口多样化水平提高对成人劳动者人力资本投资的影响，还将考察出口多样化水平提高对其子女辅导班主动性教育投入的影响，以分析出口多样化提高对中国人力资本积累的长远影响。

3. 控制变量的选取

与前类似，在控制变量的选择上，本书分别加入了城市控制变量X_c和个体控制变量I_{ic}。其中，城市控制变量X_c包括：①城市c当年吸引的外资总额（waizi，亿美元）。研究表明，外资引入可以对当地的技术溢出、劳动需求产生重要影响，进而影响当地的人力资本投资（赵江林，2004）。②教育支出（eduzhichu，亿元）。教育的财政支出水平代表了地区对教育发展的支撑能力，是影响人力资本积累的重要因素，但在中国式财政集权下，其作用效果受到其支出规模、支出结构的影响（陈斌开等，2010）。③地区人口数量的对数（lnpop）。在二元劳动力市场下，地区人口数量代表了地区无限供给劳动者，尤其是低技能劳动者的能力。④城市人均GDP（pergdp，万元）。人均GDP代表了地区经济发展水平，当然也会对劳动者人力资本投资产生影响。⑤地区行业资本劳动比的对数（lnkl）。地区行业资本劳动比代表其资本深化水平，影响企业对劳动者的职业培训水平。

个体控制变量I_{ic}：①年龄（age）。随着劳动者年龄的增加，其进行人力资本投资的净收益趋于下降，能力门槛值趋于上升，年龄越大其越不倾向于进行人力资本投资。②户口（hukou）。现有户籍政策很大程度上造成城市人口比农村人口、本地户口比外来户口劳动报酬相对较高，更容易得到良好的正式教育、职业培训等机会（严善平，2006，2007；陈斌开等，2010）。③性别（gender）。受历史、文化观念等因素的影响，传统女性在教育机会、教育回报方面存在一定歧视，不利于其进行人力资本投资（宋月萍，2007）。④医疗社会保障水平（yiliao）。具有较好的医疗社会保障水平，劳动者可以有更强的资金保障和健康保障进行人力资本投资。⑤健康水平（health）。健康水平是影响一个人学习和工作能力的重要因素，也是决定劳动者人力资本投入和收益的重要因素（苑会娜，2009）。⑥就业途径（jiuyetujing）。个人关系在进入劳动市场尤其是高收入行业中有重要作用，会影响人力资本投资的收益（陈钊等，2009）。⑦契约合同（qiyue）。研究表明，契约可以保证人力资本投资的收益权（聂辉华，2003）。⑧就业单位所有制性质（suoyouzhi）。不同所有制单位在工资考察机制上有所不同，对不同教育水平的吸引力和需求不同（邢春冰，2005）。⑨其他个体特征变量，如民族（minzu）、婚姻（hunyin）、职业（zhiye）和行业（hangye）等。各个主要变量的指标含义及测度如表6-12所示。

表6-12 主要变量的指标含义及测度

变量名	指标含义及测度
hukou	城镇样本中0为农村户口，1为本市/县非农户口，2为外地非农户口；外来务工样本中，0为外地农业户口，1为本地农业户口
gender	1为男性，2为女性
yiliao	以拥有哪种类型保险测度：1为公费医疗性质类的保险保障，0为自筹商业性质保险或没有医疗保险
health	1. 很好；2. 较好；3. 一般，差不多；4. 较差；5. 很差
jiuyetujing	1为依靠关系介绍，0为其他情况
qiyue	值越大，表明契约合同越弱：1. 固定工；2. 长期合同工（一年及以上）；3. 短期合同工（一年以下）；4. 无合同的临时工；5. 自我经营；6. 打零工；7. 不领工资的家庭帮工
suoyouzhi	值越大，则私有程度越高：1. 党政机关、国家、集体的事业单位、国有独资企业、国有控股企业、集体独资企业、集体控股企业；2. 其他单位企业
minzu	城镇样本：1. 汉族；2. 壮族；3. 回族；4. 维吾尔族；5. 彝族；6. 苗族；7. 满族；8. 其他。外来务工：1. 汉族；0. 少数民族
hunyin	1. 未婚；2. 初婚；3. 再婚；4. 离异；5. 丧偶；6. 同居
zhiye	1为专业性较强和管理性职业，0为一般性职业

(三) 内生性问题与处理

如前所述，在计量模型的估计中，内生性问题会使估计结果有偏和不一致，本书应该注意出口多样化的内生性问题。一方面，虽然本书已经控制了其他影响出口多样化和人力资本投资之间关系的重要变量，但很可能遗漏了某些重要解释变量；另一方面，如文献综述部分所述，人力资本也是影响出口多样化的重要因素，人力资本投资和出口多样化之间还可能存在反向因果关系，也会使估计结果有偏和不一致。因此，本书在实证分析出口多样化提高对人力资本投资影响时，必须考虑内生性的问题。

控制内生性问题的一个通常做法是寻找一个与出口多样化相关但独立于人力资本投资的工具变量，并进行相关估计。本书选取出口多样化的滞后一期与滞后二期作为工具变量进行相关估计。这主要是基于以下考虑：从外生性角度来看，滞后一期与滞后二期出口多样化为历史数据，不会对当前的人力资本投资产生显著影响（王永进等，2010）；从与内生变量的相关性来看，滞后期的出口多样化水平反映了该出口多样化整体一般水平，而出口多样化的整体一般水平是相对不变的，与当前出口多样化水平相关性较强。因此，选择滞后一期与滞后二期出口多样化满足工具变量的两个条件。

(四) 数据来源与处理

如前所述，本节所使用的个体数据依然来自中国社会科学院经济研究所收入分配课题组于 2007 年开展的中国居民家庭收入调查，该调查包括城镇、外来务工和农村三个样本。其中，本书采用的城镇和外来务工调查是从上海、江苏、浙江、安徽、河南、湖北、广东、重庆、四川 9 个省份中收集整理所得。其中，城镇样本包含 5003 户、14699 个个体样本；外来务工样本包含 5007 户、8446 个个体样本。

通过调查问卷中的城市代码（City Code），本书将其与城市地区变量和数据合并、处理，并且考虑到中国县级市的数据缺失，本书主要采用其所在地级市的数据。城市地区变量数据主要来源于《中国城市统计年鉴（2008）》、相关省市 2008 年统计年鉴和各地 2007 年统计公报数据。最后，删除主要变量的缺失值，得到了 16 岁以上处于就业状态的，覆盖全国 18 个地级市的

6967个城镇观测样本和覆盖全国15个地级市的6576个外来务工观测样本。

另外,测算出口多样化、行业资本劳动比及各项数据加权比重所使用的数据是《中国工业企业数据库》。各个变量的基本统计信息如表6-13所示。

表6-13 各个变量的描述性统计

变量名	城镇样本					外来务工样本				
	样本数	均值	标准差	最小值	最大值	样本数	均值	标准差	最小值	最大值
EX_DIV	6967	21.64	36.33	0.435	172.1	6576	23.53	37.31	0.435	172.1
eduzhichu	6967	62.18	79.60	1.343	276.2	6576	62.45	75.64	1.343	276.2
lnkli	6967	5.848	0.115	5.602	6.056	6576	5.841	0.119	5.602	6.043
pergdp	6967	4.375	2.239	0.823	8.392	6576	4.598	2.124	1.282	8.392
waizi	6967	47.83	42.39	0.556	148.7	6576	49.75	39.51	0.556	148.7
lnpop	6967	6.574	0.670	5.143	8.082	6576	6.570	0.705	5.143	8.082
eduyear	6967	12.01	3.138	1	22	6576	9.065	2.424	1	20
peixun	2653	12.13	38.82	0	365	6576	11.52	50.55	0	220
age	6967	39.28	9.918	16	78	6576	31.11	10.09	16	71
hukou	6967	0.975	0.278	0	2	6576	0.191	0.393	0	1
gender	6967	1.436	0.496	1	2	6576	1.400	0.490	1	2
yiliao	6967	0.692	0.462	0	1	6576	0.420	0.494	0	1
health	6967	2.087	0.711	1	5	6576	1.763	0.743	1	5
jiuyetujing	6967	0.304	0.460	0	1	6576	0.597	0.491	0	1
qiyue	6967	2.132	1.074	1	4	6576	3.418	1.528	1	7
suoyouzhi	6967	1.406	0.491	1	2	6576	1.874	0.332	1	2
minzu	6967	1.032	0.375	1	8	6576	0.983	0.131	0	1
hunyin	6967	1.960	0.551	1	6	6576	2.896	2.401	0	9
zhiye	6967	0.297	0.457	0	1	6528	0.249	0.433	0	1

二、城镇样本下的估计结果

表6-14以不同组合的方式报告了城镇样本下计量模型估计结果。在估计方法上,本书使用了OLS估计和工具变量两阶段最小二乘法进行估计。同时,

识别不足检验、弱识别检验与外生性检验表明本书的工具变量选取是有效的。接下来，本书将对估计结果进行相关分析。

表 6-14 城镇样本下的估计结果

变量	(1) OLS eduyear	(2) IV 2SLS eduyear	(3) OLS peixun	(4) IV 2SLS peixun
EX_DIV	0.00375*** (0.00141)	0.00362*** (0.00138)	0.0869* (0.0536)	0.0897* (0.0485)
其他控制变量	YES	YES	YES	YES
常数项	12.30*** (0.772)	12.35*** (0.754)	−219.8*** (63.11)	−221.2*** (69.21)
识别不足检验		6924.615 (0.0000)		2630.792 (0.0000)
弱识别检验		7.0e+05 (0.0000)		1.6e+05 (0.0000)
外生性检验		0.978 (0.3227)		0.116 (0.7331)
Observations	6959	6959	2653	2653
R-squared	0.303	0.303	0.025	0.025

注：回归系数括号内为标准误，***、**和*分别表示在1%、5%和10%显著性水平上显著。职业培训下的 pergdp、wazi 变量为对数形式，下同。在工具变量两阶段最小二乘估计下，识别不足检验是 Anderson canon. corr. LM 检验，拒绝原假设表明工具变量是合理的；弱识别检验是 Cragg-Donald Wald F 检验，拒绝原假设表明工具变量是合理的；外生性检验为 Sargan 检验，在10%显著性水平下接受原假设，表明工具变量合理，下同。

本书主要关心的是出口多样化水平提高对城镇劳动者受教育年限、脱产职业培训的影响，估计结果显示，出口多样化水平的提高对中国城镇劳动者受教育年限、职业培训均具有显著的促进作用，回归系数分别为 0.00362、0.0897；而且，如图 6-7 所示，随着城市出口多样化水平的提升，高、低技能劳动者相对实际报酬趋于增加。这验证了本书的经验假说 16，即出口多样化水平的提高有利于城镇主要劳动力市场搜寻匹配效率的提高，中国城镇高技能劳动者相对报酬提高，从而提高了中国城镇劳动者进行人力资本投资的净收益，降低了其进行人力资本投资的门槛值，促进其进行正式教育、职业培训等人力资本投资，有利于中国人力资本的积累和提升。关于其他控制变量的影响方面，其与前面章节分析影响大同小异，本节不再赘述。

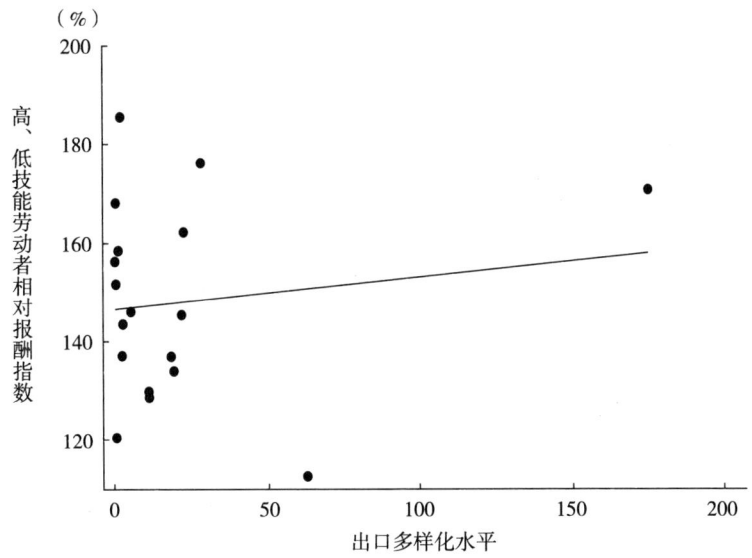

图 6-7　城镇样本下出口多样化水平与高、低技能劳动者相对报酬的关系

三、外来务工样本下的估计结果 ▶

表 6-15 报告了城镇样本下的相关估计结果，估计方法依然是 OLS 估计与工具变量两阶段最小二乘估计。与城镇样本类似，本书首先关注的是出口多样化水平提高对农村劳动者人力资本投资的影响，估计结果表明，出口多样化水平的提高能够显著促进农村劳动者受教育年限的增加；同时，如图 6-8 所示，随着城市出口多样化水平的提升，外来务工样本中高、低技能劳动者相对实际报酬趋于增加。从而，这验证了本书的经验假说 17，即出口多样化

提高有利于城镇主要劳动力市场搜寻匹配效率的提高，促进城镇高技能劳动者报酬的提高，而在农村劳动报酬不变的情形下，一部分能力较强的农村劳动者更倾向于进行正式教育并努力成为高技能劳动者，促进中国人力资本的积累与提升。

表6-15 外来务工样本下的估计结果

变量	(1) OLS eduyear	(2) IV 2SLS eduyear	(3) OLS peixun	(4) IV 2SLS peixun
EX_DIV	0.00498*** (0.00114)	0.00477*** (0.00115)	0.104*** (0.0326)	0.103*** (0.0259)
hangye	YES	YES	YES	YES
常数项	10.30*** (0.695)	10.37*** (0.658)	−90.87*** (31.78)	−90.62** (36.57)
识别不足检验		6497.165 (0.0000)		6477.889 (0.0000)
弱识别检验		6.9e+05 (0.0000)		4.2e+05 (0.0000)
外生性检验		2.59737 (0.1070)		0.267 (0.6055)
Observations	6528	6528	6528	6528
R-squared	0.169	0.169	0.022	0.022

注：回归系数括号内为标准误，***、**和*分别表示在1%、5%和10%显著性水平上显著。

与此同时，估计结果还表明，出口多样化水平的提高还能够显著促进农村劳动者职业培训的增加；而且，如图6-9所示，随着城市出口多样化水平的提升，外来务工中低技能劳动者实际报酬趋于增加。因此，这也验证了本书的经验假说18，即出口多样化水平的提高有利于城镇次要劳动力市场搜寻匹配效率的提高，促进城镇低技能劳动者报酬的提高，而在农村劳动报酬不变的情形下，一部分能力较强的农村劳动者更倾向于进行职业培训并以农民

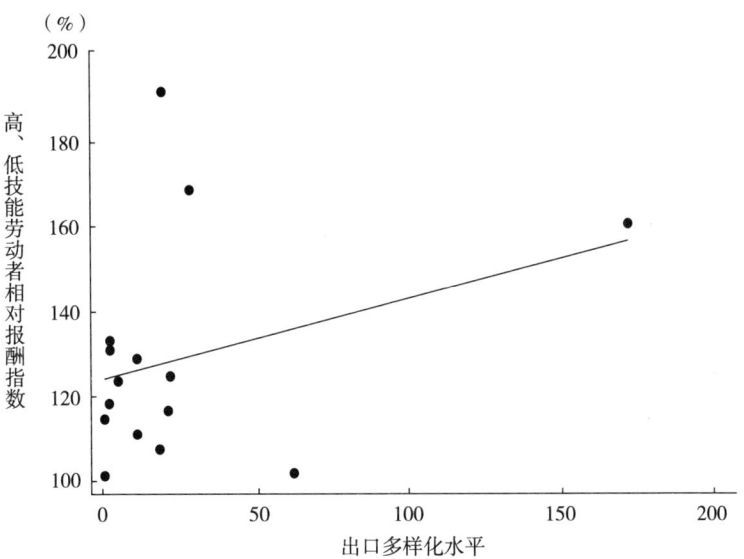

图6-8 外来务工样本下出口多样化水平与高、低技能劳动者相对报酬的关系

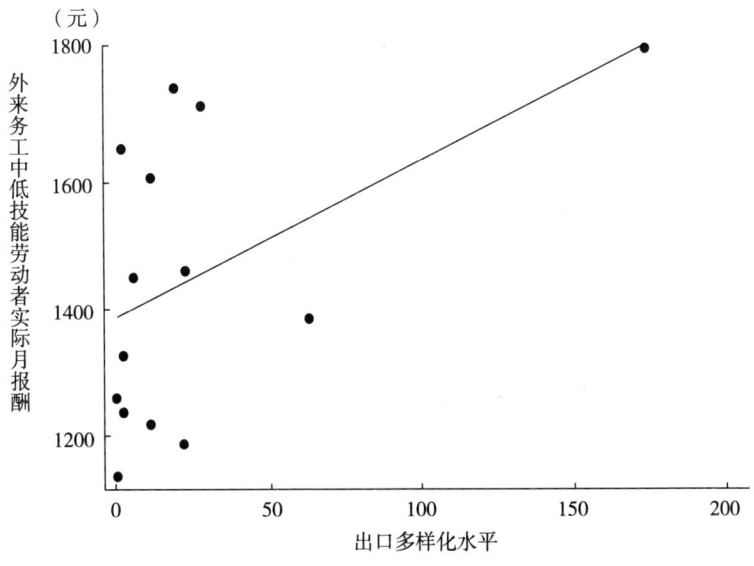

图6-9 外来务工样本下出口多样化水平与低技能劳动者实际报酬的关系

工的身份进入城镇劳动力市场，促进了中国人力资本的积累与提升。总之，出口多样化水平的提高有利于中国农村劳动者进行人力资本投资，促进人力资本积累和提升。另外，本书进一步分析估计结果发现，出口多样化水平提高对农村劳动者正式教育、职业培训的影响系数分别约为 0.00477、0.103，均大于城镇样本下的估计系数（约为 0.00362、0.0897），说明出口多样化水平提高对农村劳动者人力资本投资促进作用相对更大。关于其他变量的影响方面，其与前面章节分析影响大同小异，本节不再赘述。

四、出口多样化对城乡劳动者人力资本投资的异质性影响

如前所述，为考察城市出口多样化水平对劳动者人力资本投资的异质性影响，本书引入城市出口多样化水平与劳动者职业技能的交叉项，进一步分析城市出口多样化水平对不同职业技能劳动者的异质性影响。

如表6-16所示，在引入出口多样化水平与职业技能虚拟变量的交叉项后，本书看到交叉项对城镇劳动者教育投资具有显著正面影响。这说明出口多样化水平的提高对从事高技能职业的城镇劳动者教育投资正面影响更大，随着城市出口多样化水平的提高，从事高技能职业劳动者的相对报酬水平得到更高水平提升，其继续进行教育投资的倾向更大。

与此同时，本书还发现交叉项对农村劳动者的教育投资具有显著的正面影响，这说明城市出口多样化水平的提高能够促进从事较高技能职业的农村劳动者的相对报酬增加更多，从而其比从事较低技能职业的劳动者更倾向于进行教育投资。另外，本书还发现交叉项对城乡劳动者职业培训投资的正面影响均不显著。对此本书的解释是，与教育投资相比，职业培训作为一种短期性的人力资本投资形式，在不同技能劳动者间的差异相对较小，所以出口多样化水平提升所带来的影响差异也相对较小。

五、出口多样化对城乡劳动者子女教育投入的影响

如前所述，本书关于城市出口多样化水平对于人力资本投资影响的分析

表6-16 扩展模型估计结果

变量	城镇样本								外来务工样本			
	OLS 估计		IV GMM 估计				OLS 估计				IV GMM 估计	
	(1)	(2)	(3)	(4)			(5)	(6)			(7)	(8)
	lneduyear	peixun	lneduyear	peixun			lneduyear	peixun			lneduyear	peixun
EX_DIV * zhiye	0.00415**	0.0203	0.00411**	0.0119			0.00384**	0.0515			0.00366**	0.0429
	(0.00173)	(0.033)	(0.00174)	(0.0321)			(0.00163)	(0.0376)			(0.00162)	(0.0356)
其他控制变量	YES	YES	YES	YES			YES	YES			YES	YES
识别不足检验			727.679	617.235							798.819	604.261
			(0.0000)	(0.0000)							(0.0000)	(0.0000)
弱识别检验			8.6e+05	9.6e+05							8.0e+05	9.3e+05
			(0.0000)	(0.0000)							(0.0000)	(0.0000)
外生性检验			0.614	2.052							2.679	0.478
			(0.4332)	(0.1520)							(0.1017)	(0.4894)
Observations	7028	7028	7028	7028			6528	6528			6528	6528
R-squared	0.303	0.016	0.303	0.016			0.167	0.020			0.167	0.020

注：回归系数括号内为标准误，***，** 和 * 分别表示在 1%，5% 和 10% 显著性水平上显著。在工具变量广义矩估计下，识别不足检验是 Kleibergen–Paap rk LM 检验，拒绝原假设表明工具变量是合理的；弱识别检验是 Cragg–Donald Wald F 检验，拒绝原假设表明工具变量是合理的；外生性检验为 Hansen's J 检验，在 10% 显著性水平下接受原假设，表明工具变量是合理的。下同。在工具变量的选取上，各列选用出口多样化水平的滞后一期，滞后二期分别与职业技能虚拟变量的乘积作为工具变量。

机制是基于其对于劳动者人力资本投资净收益影响基础之上的，随着城市出口多样化水平的提高，劳动者的收入、人力资本投资净收益率均趋于增加，劳动者会倾向于主动增加其对子女的教育投入，以使其在未来能够成为高技能劳动者并获得较高的劳动报酬。为了进一步验证本书的分析机制与结论，在考察了城市出口多样化水平提高对劳动者人力资本投资的影响后，本书接下来将实证分析城市出口多样化水平提高对其子女教育投入的影响，同时也借此考察城市出口多样化水平提高对中国人力资本积累的长期影响。

在外来务工样本中，对子女教育投入的调查样本很少，本书采用城镇样本下的数据进行分析。通过CHIP（2007）调查问卷代码、家庭成员代码等，将本书城镇调查样本中的成人劳动者与其子女（16周岁以下）的数据进行合并，通过删除缺失值，本书最终得到了3205个合并观测样本。通过观测数据样本，本书发现子女辅导班费用中有1289个观测值为0，具有截取回归的性质，故采用Tobit和ivtobit估计。

在子女教育投入的变量选取上，本书采用子女的辅导班费用进行测度。劳动者子女的辅导班费用是一项更为主动的获取技能知识的教育投入，与高技能劳动报酬正相关。如果出口多样化水平提升后，人力资本投资的预期净收益增加，劳动者会倾向于主动增加其对子女的教育投入，尤其是主动性较强的辅导班投入，以使其在未来能够成为高技能劳动者并获得较高的劳动报酬。

从表6-17的估计结果中，可以看到出口多样化水平提高能够显著促进劳动者子女的辅导班投入增长，这说明出口多样化水平的提升有利于劳动者人力资本投资未来预期报酬增加，从而有利于未来劳动者人力资本投资的增加，促进中国人力资本投资的长期提高，这也进一步验证了本书的经验假说21。另外，当本书引入出口多样化水平与职业技能虚拟变量的交叉项后，发现交叉项对子女的辅导班等自主性教育投入具有显著的正面影响，这说明出口多样化水平提升后，从事高技能职业的劳动者人力资本投资所获得的预期报酬相对更高，其对子女教育投入会更大。

表 6-17 出口多样化水平对劳动者子女教育投入的影响

变量	基本模型		扩展模型	
	(1)	(2)	(3)	(4)
	Tobit 估计	ivtobit 估计	Tobit 估计	Ivtobit 估计
	lnfudao	lnfudao	lnfudao	lnfudao
lnEXPY	0.0056	0.1393***		
	(0.0316)	(0.0491)		
lnEXPY * zhiye			88.87	88.80**
			(49.38)	(45.57)
其他控制变量	YES	YES	YES	YES
外生性 Wald 检验		0.77		0.001
		(0.3791)		(0.9645)
Observations	3205	3205	3205	3205

注：回归系数括号内为标准误，***、**和*分别表示在1%、5%和10%显著性水平上显著。在工具变量的选取上，第（2）列选用的是出口多样化水平的滞后一期与滞后二期项；第（4）列中交叉项选用的是出口多样化水平对数的滞后一期、滞后二期分别与职业技能虚拟变量的乘积。

本章小结

本章采用 2007 年中国居民家庭收入调查、中国工业企业数据库和世界银行的 TPP 数据库，在二元劳动力市场分割的背景下，从微观角度实证分析了外贸高质量发展对中国城镇劳动者、农村劳动者教育投资、职业培训等人力资本投资的影响，并从其子女教育投入的角度考察对外开放对中国人力资本积累的长期影响。在外贸高质量发展的指标选取上，本章分别采用了城市出口企业生产率、城市出口技术复杂度和城市出口多样化水平等分别进行了分析。

首先，本章在中国二元劳动力市场分割背景下，从微观角度实证分析了城市出口企业生产率提高对中国人力资本积累与提升的影响。通过实证分析发现，在二元劳动力市场下，城市出口企业生产率的提高不仅有利于中国城镇劳动者人力资本投资的增加，还有利于中国农村劳动者人力资本投资的增加，促进了中国人力资本的积累和提升。同时，城市出口企业生产率的提高还有利于劳动者子女教育投入的增长，促进了中国人力资本的长期积累和提升。另外，本书分析还表明，随着城市出口企业生产率的提高，其对于农村劳动者正式教育的促进作用要显著大于城镇劳动者，而其对于农村劳动者脱产职业培训的促进作用却显著小于城镇劳动者；随着城市出口企业生产率的提高，从事高技能职业的劳动者人力资本投资所获得的预期报酬相对更高，其对自身人力资本投资及子女教育投入会更大。

其次，本章在中国二元劳动力市场分割背景下，还从微观角度实证分析了城市出口技术复杂度提高对中国人力资本积累与提升的影响。通过实证分析发现，出口技术复杂度的提升不仅有利于中国城镇劳动者人力资本投资的增加，还有利于中国农村劳动者人力资本投资的增加。同时，还有利于劳动者人力资本投资未来预期报酬的增加，有利于劳动者子女教育投入的增加，促进中国劳动者人力资本投资的长期增加。另外，本书分析还表明，随着出口技术复杂度的提升，对于从事高技能职业的劳动者而言，其均比其他劳动者更倾向于对自身及其子女进行人力资本投资。

再次，在城市出口多样化水平的影响方面，本章实证分析结果表明，在中国劳动力市场分割背景下，城市出口多样化水平的提高能够促进城镇主要劳动力市场与次要劳动力市场搜寻匹配效率的提高，总体上不仅有利于中国城镇劳动者人力资本投资的增加，还有利于中国农村劳动者人力资本投资的增加，促进了中国人力资本的积累和提升。同时，城市出口多样化水平的提高还有利于劳动者子女教育投入的增长，促进了中国人力资本的长期积累和提升。另外，相对城镇劳动者而言，城市出口多样化水平提高对农村劳动者人力资本投资促进作用更大；随着城市出口多样化水平的提高，对于从事高技能职业的劳动者而言，其均比其他劳动者更倾向于进行职业培训，也倾向于增加其子女教育投入。

最后，实证分析还表明，城市人均GDP、人口数量、教育支出、行业资本劳动比等对中国城乡劳动者或其子女教育投入具有重要影响。另外，对于年龄越大、医疗社会保障水平越低、健康水平越差、依赖关系就业、契约合同保障越低、农村和外来户口、就业单位私有化程度越高、从事低技能职业的中国城乡劳动者，其总体上越不倾向于进行人力资本投资，尤其是教育投资。

第七章

主要结论、政策建议与展望

党的十九大报告指出,中国特色社会主义进入了新时代,我国经济发展也进入了新时代,基本特征就是我国经济已由高速增长阶段转向高质量发展阶段。新经济增长理论认为,人力资本是一国经济增长的动力和源泉,人力资本水平的提升可以显著促进技术进步,增强吸收和应用现有技术以及创造新技术的能力,从而促进生产率提升,保证经济可持续增长。对于中国而言,有研究表明人力资本被认为是"中国经济奇迹"的主要促进因素。因此,包括中国在内的世界各国应注重其人力资本发展情况,不断促进人力资本的积累与提升。

同时,一国人力资本的积累与提升主要依赖于微观劳动者人力资本投资的增加,而其受到经济环境变动的影响较大。比如,伴随着经济全球化与对外开放水平的提高,对外经济发展可以显著影响劳动者需求结构及劳动报酬,影响人力资本投资的收益,从而对劳动者人力资本投资决策,进而对一国人力资本积累与提升产生影响。对于中国而言,改革开放以来,中国的对外贸易得到迅速发展,对外开放程度不断提高;与此同时,中国的人力资本水平也不断提升,对经济发展贡献不断增大。基于此,本书主要从微观劳动者人力资本投资的角度,系统分析了外贸高质量发展对中国人力资本积累与提升的影响。

与此同时,一国劳动力市场结构、劳动力市场的摩擦程度也显著影响着劳动者人力资本投资的收益与实现,进而对劳动者人力资本投资决策,以及一国人力资本投资积累与提升产生影响。因此，对于中国而言，分析对外开放对人力资本积累与提升的影响，还应全面考虑中国劳动力市场结构、劳动力市场摩擦的影响，即在城乡二元经济影响下，中国存在的城乡二元劳动力市场分割的影响。

鉴于此，本书采用2007年中国居民家庭收入调查、中国工业企业数据库和世界银行的TPP数据库，在中国二元劳动力市场分割背景下，从理论和实证上系统分析了外贸高质量发展对中国人力资本积累与提升的影响，并从其子女教育投入的角度考察了外贸高质量发展对中国人力资本积累的长期影响。

第一节　主要结论

通过理论与实证分析，本书得出如下结论：

第一，贸易开放后，低技能劳动者相对报酬增加，进行人力资本投资的门槛值提高，个体劳动者不倾向于进行人力资本投资，不利于中国人力资本的积累；而且，进口相比出口更不利于中国人力资本的积累。在贸易开放的异质性影响方面，在地区层面上，东部地区的个体劳动者相比中西部地区受到贸易开放的负面影响较大；在行业层面上，制造业中劳动者的职业培训受到贸易开放的负面影响相比生产服务业更大，其教育年限受到贸易开放的负面影响相比生产服务业更小；在企业层面上，企业经营利润和规模的扩大有助于降低贸易开放对人力资本积累的负面作用；从个体劳动者层面上来看，从事高技能职业劳动者的职业培训受到的贸易冲击相对较大。并且，进口相对于出口，其对个体劳动者的异质性影响相对较大。

第二，贸易开放度的提高不利于中国城镇劳动者进行人力资本投资，尤其不利于技能水平较低的劳动者进行人力资本投资；贸易开放度的提高也不利于中国农村劳动者，尤其是技能水平较低的劳动者进行教育投资，但能够促进农村劳动者，尤其是促进技能水平较高的农村劳动者进行职业培训；而且，贸易开放度的提高还不利于劳动者子女教育投入的增加。

第三，出口企业生产率的提高不仅有利于中国城镇和农村劳动者人力资本投资的增加，也有助于劳动者子女教育投入的增长；而且，其对农村劳动者教育投资的促进作用要显著大于城镇劳动者，而对农村劳动者职业培训的促进作用却显著小于城镇劳动者；另外，随着出口企业生产率的提高，从事高技能职业的劳动者对自身人力资本投资及其子女教育投入会更多。

第四，出口技术复杂度的提升不仅有利于中国城镇和农村劳动者人力资本投资的增加，还有利于劳动者子女教育投入的增加；同时，随着出口技术复杂度的提升，从事高技能职业的劳动者对自身人力资本投资及其子女教育投入会更多。

第五，出口多样化水平的提高能够促进城镇主要劳动力市场与次要劳动力市场搜寻匹配效率的提高，不仅有利于中国城镇和农村劳动者人力资本投资的增加，还有利于劳动者子女教育投入的增长；同时，相对城镇劳动者，出口多样化水平提高对农村劳动者人力资本投资促进作用更大；另外，随着出口多样化水平的提高，从事高技能职业的劳动者对自身职业培训及其子女教育投入会更多。

第六，外资对中国城乡劳动者的职业培训具有显著的促进作用，但对劳动者教育投资的作用有待商榷；财政教育支出对中国城乡劳动者的教育投资具有显著的促进作用，但对职业培训的影响并不显著；依赖人口红利对中国人力资本积累具有一定的不利影响；经济发展水平越高，城市中的劳动者对教育投资投入越多。

第七，对于年龄越大、医疗社会保障水平越低、健康水平越差、依赖关系就业、契约合同保障越低、农村和外来户口、从事低技能职业、就业单位私有化程度越高的中国城乡劳动者，其总体上越不倾向于进行人力资本投资。

综上所述，对外贸易是影响中国人力资本积累的重要因素，但对外贸易不一定有利于中国人力资本积累与提升，只有外贸高质量发展才有利于中国人力资本的积累与提升。以上就是本书的基本结论。

第二节　政策建议

由上节基本结论可知，对外贸易是影响中国人力资本积累的重要因素，但对外贸易不一定有利于中国人力资本的积累与提升，只有外贸高质量发展才有利于中国人力资本的积累与提升。而且，在中国城乡二元劳动力市场背景下，各种经济与社会政策也会对中国城乡劳动者的人力资本投资产生重要影响。基于此，我们应积极促进外贸高质量发展，积极推进各项改革，促进中国城乡劳动者不断增加人力资本投资，进而推动中国人力资本的积累与提升。

一、转变贸易发展方式，促进外贸高质量发展 ▶

根据本书的相关分析，在对外开放的发展过程中，我们应充分认清对外贸易单纯规模的扩大对中国城乡劳动者人力资本投资的不利影响，以及外贸高质量发展对于中国人力资本积累的促进作用。为此，我们应积极转变贸易方式，深入实施科技兴贸、以质取胜和市场多元化战略，稳定劳动密集型产品出口，扩大高技术、高附加值产品出口，推进贸易结构升级，不断促进外贸高质量发展，进而促进中国人力资本的不断积累与提升。

首先，我们应该积极引导我国出口结构向具有生产率优势的行业转变，不断提高出口企业的生产率水平，促进人力资本积累和长期经济增长。为此，我们应采取切实有效的措施取消各种扭曲性的政策和制度，促使资源在企业间、地区间和行业间自由流动，从而通过资源配置效率的提高来提升出口企业生产效率；同时，积极加大对出口企业的技术投入，为出口企业生产率的提高提供内生动力；而且，我们还应积极创造有利条件，使出口企业通过"出口中学习"提高其生产率水平。另外，我们应积极加大对中小出口企业的融资支持,保证技术、设备的及时引进与更新,为中小出口企业生产率水平的提高提供必要的资金保障。总之,我们应积极促进出口企业生产率的提高,从而提高出口企业对于高技能劳动者的相对需求水平,促进高、低技能劳动者相对报酬及人力资本投资收益的不断提高,进而促进城乡劳动者人力资本投资的增加。

其次,我们还应该积极促进出口产品结构、质量和技术含量的提高,不断提高出口产业向技术密集型方向转变,从而促进出口技术复杂度的提升,促进中国人力资本的积累与提升。为此,我们应该合理优化出口产业发展布局,积极发展高新技术出口产业,提高出口产业在整个国际分工体系中的地位和作用;同时,我们还应积极优化出口产品结构,根据我国自身比较优势的动态变化,审时度势,努力提高出口产品的技术含量和产品质量,促进出口产品国际竞争力的提高;另外,我们还应逐步减少对劳动密集型出口加工产业的依赖,使出口加工贸易向资本与技术密集型方向转变。总之,我们应积极促进出口技术复杂度的提高,从而增加高、低技能劳动者相对报酬及人力资本投资收益,进而促进中国人力资本的积累与提升。

再次,我们也应继续丰富出口商品结构和种类,注重出口的扩展边际,不断提升出口多样化水平。在当前经济发展阶段,我们应根据比较优势的动态变动,积极发挥出口多样化在降低出口市场波动性中的重要作用,积极发挥出口新产品的技术溢出、市场溢出等效应;同时,各地区还应积极加强协调与沟通,根据地区优势,合理规划出口产业布局,稳步推进我国出口多样化水平的提升。总之,我们应不断提升出口多样化水平,减少出口波动的不利影响,从而提高对劳动力市场中不同技能劳动者的需求,劳动力市场的搜寻匹配效率随之提高,从而促进城乡劳动者进行人力资本投资。

最后,我们还应积极发挥外资在促进外贸高质量发展中的有利作用。改革开放以来,外资在对外开放的发展中起到了重要的作用。但是,一些外资尤其是一些港澳台投资,长期以来将中国大陆作为出口加工制造基地,利用中国大量廉价劳动力进行生产,不利于外贸高质量发展。因此,我们应积极引进科技、市场导向型的外资,发挥外资的技术溢出效应,为出口企业生产率、出口技术复杂度和出口多样化水平的提升提供良好的外资条件，推动外贸高质量发展，进而促进中国人力资本的积累与提升。

总之，我们应积极转变贸易发展方式，积极推动贸易在根本上从数量增长向质量提高的方向转变，推动实现出口加工贸易从劳动密集型为主向资本与技术密集型为主的转变，不断提高出口企业生产率、出口技术复杂度和出口多样化水平，促进外贸高质量发展，从而促进城乡劳动者人力资本投资净收益的不断增加，促使城乡劳动者不断增加人力资本投资，促进中国人力资本的积累与提升。

二、全面深化改革，建立城乡统一的劳动力市场 ▶

根据本书的相关分析，二元劳动力市场分割会对城乡劳动者人力资本投资产生不同影响，尤其会严重影响农村劳动者人力资本投资的净收益，进而不利于中国人力资本的积累与提升。为此，我们应按照党的十八届三中全会的要求和精神，全面深化改革，推动建立城乡统一的劳动力市场，保障城乡劳动者进行人力资本投资的收益均等，促进中国人力资本的积累与提升。

首先，我们应深化户籍制度改革，促进城乡资源要素的合理流动。为此，我们应该积极推进城乡要素平等交换和公共资源均衡配置，有效维护农民生产要素权益，保障农民工同工同酬；同时，我们还应减少户籍对就业机会方面的影响，使城乡劳动者能够根据自身能力平等进入城镇劳动力市场，获得平等的就业机会。

其次，我们应加快户籍制度改革，积极推进农业转移人口市民化，逐步把符合条件的农业转移人口转为城镇居民，使之能够平等地享受教育、医疗与社会保障等资源。为此，应积极创新人口管理，加快户籍制度改革，全面放开建制镇和小城市落户限制，有序放开中等城市落户限制，合理确定大城市落户条件，严格控制特大城市人口规模；而且，稳步推进城镇基本公共服务常住人口全覆盖，把进城落户农民完全纳入城镇住房和社会保障体系，在农村参加的养老保险和医疗保险规范接入城镇社保体系。总之，我们应使农业转移人口能够真正成为市民，使其更加有能力和意愿进行人力资本投资，从而促进中国人力资本的积累与提升。

最后，我们应认识到城乡二元结构是制约城乡发展一体化、城乡劳动力市场统一的主要障碍。为此，我们应全面深化改革，努力消除城乡二元结构，建立城乡统一的劳动力市场；同时，我们还应该健全各种体制机制，努力形成以城带乡、以工促农、工农互惠、城乡一体的新型工农城乡关系，建立城乡统一的劳动力市场，切实保障城乡劳动者进行人力资本投资的收益均等，促进中国人力资本的积累与提升。

三、积极培育职业培训市场，丰富人力资本投资形式

人力资本投资的形式主要有教育投资和职业培训两种，职业培训作为一种主动性的人力资本投资形式，时间短，安排也较灵活，而且更能适应经济社会发展的需要，对一国人力资本积累与提升的作用也越来越大。对于我国而言，职业培训市场仍不完善、不成熟，我们应建立多元促进机制，积极培育职业培训市场，丰富城乡劳动者人力资本投资形式，促进中国人力资本的积累与提升。

首先，我们应在政策导向上对职业培训予以重视，对职业培训市场的发展给予政策、资金上的大力支持，加强关于职业培训的立法和法规制定，为职业培训市场的健康发展提供必要的制度支持；其次，我们应该坚持市场需求导向，在政府进行必要资金、政策等支持下，主要依靠市场来推动职业培训体系建设；再次，我们还应着力提高职业培训质量，使职业培训真正能够成为劳动者人力资本投资的可靠选择；最后，我们要加强职业培训与劳动就业、市场需求之间的联系，积极改革职业培训体制机制，建立适合市场需要的职业培训体系。

总之，我们应该大力加强职业培训体制机制改革，建立多元促进职业培训发展的机制，积极培育职业培训市场，使职业培训能够成为劳动者进行人力资本投资的可靠选择，从而促进中国人力资本的积累与提升。

四、不断加大投入，减少劳动者人力资本投资成本 ▶

根据本书相关分析可知，人力资本投资成本是制约中国人力资本积累的重要因素。因此，我们应该进一步加大对人力资本投资相关方面的投入，进而减少一些劳动者人力资本投资成本，推动城乡劳动者不断增加人力资本投资。

为此，我们应该进一步加大对教育的财政投入，尤其是对农村地区教育财政投入，完善国家助学贷款、奖助学金体系，不断降低劳动者进行人力资本投资的机会成本，使劳动者有能力顺利完成教育投资；同时，我们还应继续加大对职业培训的财政投入，尤其是对进城农民工的职业技能培训进行资金支持；另外，我们还应加大社会保障投入，使劳动者能够有足够的资金和时间进行相关人力资本投资；最后，我们还应完善投入体系建设，积极发挥社会力量，促使社会力量也不断加大对劳动者相关人力资本投资的投入和支持力度。总之，我们应进一步加大对劳动者人力资本投资的相关投入，减少劳动者人力资本投资的成本，促进中国人力资本的积累与提升。

五、推进劳动力市场制度建设，保证人力资本投资收益 ▶

根据本书的相关分析，劳动力市场的结构、制度建设等会显著影响城乡劳动者的人力资本投资收益，进而影响到其人力资本投资状况。为此，我们应该积极推进劳动力市场制度建设，保证劳动者进行人力资本投资收益的实现。

首先，我们应该加强劳动力市场法律法规建设，尤其是有关劳动合同的法律法规，切实保障劳动者合法权益；其次，我们还应该切实维护劳动力市场公开、公平和公正，尤其是在机关、企事业单位等的招聘中，坚决反对依靠关系获得工作职位等现象，从而保证城乡劳动者进行人力资本投资合法收益的实现；最后，我们还应该推进劳动力市场制度改革，提高劳动力市场供求匹配程度，积极发挥劳动中介机构的作用，帮助劳动者能够获得满意的工作，从而保证其人力资本投资收益的实现。总之，我们应积极推进劳动力市场制度建设，保证城乡劳动者人力资本投资收益的实现，不断促进中国人力资本的积累与提升。

六、转变经济发展方式，不断提高人力资本投资收益

通过本书关于外贸高质量发展影响的分析可知，只有不断推动经济发展方式的转变，促进经济高质量发展，才能够提高人力资本投资的收益，促进城乡劳动者进行人力资本投资，推动整个国家人力资本水平的不断积累与提升。因此，我们按照党的十九大要求和精神，积极转变经济发展方式，不断提高城乡劳动者人力资本投资的收益，从而促进中国人力资本的积累与提升。

首先，我们应该紧紧围绕使市场在资源配置中起决定性作用深化经济体制改革，从体制机制上激发整个市场的活力，加快转变经济发展方式，继续大力实施科教兴国战略，加快建设创新型国家，推动我国经济更有效率、更加公平、更可持续发展。

其次，我们应该加快建立现代企业制度，促进企业生产率、科技水平和竞争力的稳步提高，从而为人力资本投资收益的提高提供坚实的保障。为此，我们应积极促使企业不断增加 R&D 支出，大力引进高技术人才，切实提高企业科技研发能力，促进企业生产率和竞争力的稳步提升；而且，我们还应该积极吸引有竞争力的战略投资者和 FDI，通过改善公司治理结构，发挥其技术溢出作用，促进企业生产率的提升，从而不断提高城乡劳动者人力资本投资收益。

再次，我们应该积极推动科技改革，提高自主创新能力。为此，我们应该加快建立以企业为主体、市场为导向、产学研相结合的技术创新体系，不断加大对知识产权的保护力度，引导和支持创新要素向企业集聚，促进人力资本投资收益的稳步提升。

最后，我们还应该根据我国的动态比较优势，积极推动劳动密集型产业

向资本、技术密集型方向的转变，积极优化产业布局，大力发展高新技术产业，不断扩大对高新技术人才的需求，从而提高劳动者人力资本投资的收益。

总之，我们应按照党的十九大的要求和精神，积极转变经济发展方式，促进经济和外贸高质量发展，从而不断提高城乡劳动者人力资本投资的收益，进而促进中国人力资本的积累与提升。

参考文献

[1] Acemoglu D, Pischke J S. Changes in the wage structure, family income, and children's education [J]. European Economic Review, 2001, 45 (4): 890-904.

[2] Acemoglu D. Lectures in Labor Economics [EB/OL]. 2013-04-06. http://economics.mit.edu/files/4689.

[3] Acemoglu D. Patterns of skill premia [J]. The Review of Economic Studies, 2003, 70 (2): 199-230.

[4] Aghion P, Howitt P, Violante G L. General purpose technology and wage inequality [J]. Journal of Economic Growth, 2002, 7 (4): 315-345.

[5] Agosin M R, Alvarez R, Bravo-Ortega C. Determinants of export diversification around the world: 1962-2000 [J]. The World Economy, 2012, 35 (3): 295-315.

[6] Balavac M. Determinants of export diversification at the export margins: Reference to transition economies [EB/OL]. 2013-02-01. www.etsg.org/ETSG2012/Programme/Papers/288.pdf.

[7] Barbie M, Hagedorn M, Kaul A. Fostering within-family human capital investment: An intragenerational insurance perspective of social security [J]. FinanzArchiv/Public Finance Analysis, 2006, 62 (4): 503-529.

[8] Bartel A P. Measuring the employer's return on investments in training: Evidence from the literature [J]. Industrial Relations: A Journal of Economy and Society, 2000, 39 (3): 502-524.

[9] Bartel A P, Sicherman N. Technological change and the skill acquisition of young workers [J]. Journal of Labor Economics, 1998, 16 (4): 718-755.

[10] Becker G S. Human capital: A theoretical and empirical analysis, with special reference to education [M]. University of Chicago Press, 1993.

[11] Becker G S. Human capital: A theoretical and empirical analysis, with special reference to education [R]. National Bureau of Economic Research, 1964.

[12] Becker G S. Investment in human capital: A theoretical analysis [J]. The Journal of Political Economy, 1962, 70 (5): 9-49.

[13] Ben-Porath Y. The production of human capital and the life cycle of earnings [J]. The Journal of Political Economy, 1967, 75 (4): 352-365.

[14] Berkowitz D, Moenius J, Pistor K. Trade, law, and product complexity [J]. The Review of Economics and Statistics, 2006, 88 (2): 363-373.

[15] Bernard A B, Jensen J B, Redding S J, et al. Firms in international trade [J]. Journal of Economic Perspectives, 2007, 21 (3): 105-130.

[16] Besley T, Burgess R. Can labor regulation hinder economic performance? Evidence from India [J]. The Quarterly Journal of Economics, 2004, 119 (1): 91-134.

[17] Björklund A. Education policy and returns to education [J]. Swedish Economic Policy Review, 2000, 7 (1): 71-105.

[18] Blundell R, Dearden L, Meghir C, et al. Human capital investment: The returns from education and training to the individual, the firm and the economy [J]. Fiscal Studies, 1999, 20 (1): 1-23.

[19] Bombardini M, Gallipoli G, Pupato G. Skill dispersion and trade flows [J]. American Economic Review, 2012, 102 (5): 2327-2348.

[20] Borsook I. Earnings, ability and international trade [J]. Journal of International Economics, 1987, 22 (3): 281-295.

[21] Botero J C, Djankov S, La Porta R, et al. The regulation of labor [J]. The Quarterly Journal of Economics, 2004, 119 (4): 1339-1382.

[22] Bougheas S, Riezman R. Trade and the distribution of human capital

[J]. Journal of International Economics, 2007, 73 (2): 421-433.

[23] Bowles S, Gintis H, Osborne M. The determinants of earnings: A behavioral approach [J]. Journal of Economic Literature, 2001, 39 (4): 1137-1176.

[24] Bowles S. The efficient allocation of resources in education [J]. The Quarterly Journal of Economics, 1967, 81 (2): 189-219.

[25] Brandt L, Van Biesebroeck J, Zhang Y. Creative accounting or creative destruction? Firm-level productivity growth in Chinese manufacturing [J]. Journal of Development Economic, 2012, 97 (2): 339-351.

[26] Bronzini R, Piselli P. Determinants of long–run regional productivity with geographical spillovers: The role of R&D, human capital and public infrastructure [J]. Regional Science and Urban Economics, 2009, 39 (2): 187-199.

[27] Bustos P. Trade liberalization, exports, and technology upgrading: Evidence on the impact of MERCOSUR on Argentinian firms [J]. The American Economic Review, 2011, 101 (1): 304-340.

[28] Bustos P. The impact of trade liberalization on skill upgrading: Evidence from Argentina [EB/OL]. 2013-02-10. http://www.crei.eu/people/bustos/Trade_ Skill_ PaulaBustos. pdf.

[29] Caballero R J, K C Sr, E M Engel, A. Micco. Constraints on the level and efficient use of labor in japan [R]. Technical Report Discussion Paper No. 893, Economic Growth Center, Yale University, 2004.

[30] Cabral M H C, Veiga P. Determinants of export diversification and sophistication in sub-Saharan Africa [R]. FEUNL Working Paper Series, No. 550, 2010.

[31] Carneiro P M, J J Heckman. Human capital policy [R]. Discussion paper number 821, Institute for the Study of Labor (IZA), 2003.

[32] Carneiro P, F Cunha, J Heckman. Interpreting the evidence of family influence on child development [R]. Working Paper, 2003.

[33] Caroli E, Van Reenen J. Skill-biased organizational change? Evidence from a panel of British and French establishments [J]. The Quarterly Journal of E-

conomics, 2001, 116 (4): 1449-1492.

[34] Caselli F, Coleman W J. The world technology frontier [J]. The American Economic Review, 2006, 96 (3): 499-522.

[35] Cawley J, Heckman J, Vytlacil E. Three observations on wages and measured cognitive ability [J]. Labour Economics, 2001, 8 (4): 419-442.

[36] Chiswick B R, Lee Y L, Miller P W. Schooling, literacy, numeracy and labour market success [J]. Economic Record, 2003, 79 (245): 165-181.

[37] Combes P P. Economic structure and local growth: France, 1984-1993 [J]. Journal of Urban Economics, 2000, 47 (3): 329-355.

[38] Conti G. Training, productivity and wages in Italy [J]. Labour Economics, 2005, 12 (4): 557-576.

[39] Costinot A. On the origins of comparative advantage [J]. Journal of International Economics, 2009, 77 (2): 255-264.

[40] Cörvers F, Grip A D. Explaining trade in industrialized countries by country-specific human capital factor endowments [J]. International Advances in Economic Research, 1995, 14 (3): 395-416.

[41] Cunha F, Heckman J J. Formulating, identifying and estimating the technology of cognitive and noncognitive skill formation [J]. Journal of Human Resources, 2008, 43 (4): 738-782.

[42] Cunha F, Heckman J J. The technology of skill formation [J]. The American Economic Review, 2007, 97 (2): 31-47.

[43] Dahl G B, Lochner L. The impact of family income on child achievement: Evidence from the earned income tax credit [J]. American Economic Review, 2012, 102 (5): 1927-56.

[44] De Loecker J. Do exports generate higher productivity? Evidence from Slovenia [J]. Journal of International Economics, 2007, 73 (1): 69-98.

[45] Dearden L, Reed H, Van Reenen J. The impact of training on productivity and wages: Evidence from British panel data [J]. Oxford Bulletin of Eco-

nomics and Statistics, 2006, 68 (4): 397-421.

[46] Demurger S. Infrastructure development and economic growth: An explanation for regional disparities in China? [J]. Journal of Comparative Economics, 2001, 29 (1): 95-117.

[47] Di Tella R, MacCulloch R. The consequences of labor market flexibility: Panel evidence based on survey data [J]. European Economic Review, 2005, 49 (5): 1225-1259.

[48] Dogruel S, Tekce M. Trade liberalization and export diversification in selected MENA countries [EB/OL]. 2013-02-10. http://ecommons.luc.edu/cgi/viewcontent.cgi?article=1146&context=meea.

[49] Dunifon R, Duncan G J, Brooks-Gunn J. As ye sweep, so shall ye reap [J]. American Economic Review, 2001, 91 (2): 150-154.

[50] Esfahani H S, Salehi-Isfahani D. Effort observability and worker productivity: Towards an explanation of economic dualism [J]. The Economic Journal, 1989 (99): 818-836.

[51] Falvey R, Greenaway D, Silva J. Trade liberalisation and human capital adjustment [J]. Journal of International Economics, 2010, 81 (2): 230-239.

[52] Ferguson S M. Technology upgrading, exporting and heterogeneous firms [R]. Research Papers in Economics, 2010.

[53] Findlay R, Kierzkowski H. International trade and human capital: A simple general equilibrium model [J]. The Journal of Political Economy, 1983, 91 (6): 957-978.

[54] Fleisher B M, Chen J. The coast-noncoast income gap, productivity, and regional economic policy in China [J]. Journal of Comparative Economics, 1997, 25 (2): 220-236.

[55] Fonseca R, Lopez-Garcia P, Pissarides C A. Entrepreneurship, start-up costs and employment [J]. European Economic Review, 2001, 45 (4): 692-705.

[56] Frankel J A, Romer D. Does trade cause growth? [J]. American Economic Review, 1999 (89): 379-399.

[57] Frias I, Iglesias A, Neira I. Regional specialization and trade patterns in Europe [J]. Economic Development, 2000 (46).

[58] Gao T. Regional industrial growth: Evidence from Chinese industries [J]. Regional Science and Urban Economics, 2004, 34 (1): 101-124.

[59] Goh A T, Olivier J. Learning by doing, trade in capital goods and growth [J]. Journal of International Economics, 2002, 56 (2): 411-444.

[60] Gonzalez, Xulia, Miles-Touya Daniel, Pazó Consuelo. R&D, worker training, and innovation: Firm-level evidence [EB/OL]. 2013-02-11. http://webs.uvigo.es/x06/dpto, working paper 1203.

[61] Greenan N. Progrès technique et changements organisationnels: leur impact sur l'emploi et les qualifications [J]. Économie et Statistique, 1996, 298 (1): 35-44.

[62] Greenan N., Mairesse J. Mesurer les changements organisationnels: Une exploration partir de donnes couples employeurs/salaries [J]. Revueconomique, 2006, 57 (6).

[63] Grossman G M, Helpman E. Trade, knowledge spillovers, and growth [J]. European Economic Review, 1991, 35 (2): 517-526.

[64] Grossman G M, Maggi G. Diversity and trade [J]. American Economic Review, 2000, 90 (5): 1255-1275.

[65] Grossman G M. Innovation and growth in the global economy [M]. Cambridge, Mass.: MIT press, 1993.

[66] Gene M. Grossman. The distribution of talent and the pattern and consequences of international trade [J]. Journal of Political Economy, 2004, 112 (1): 209-239.

[67] Hall R E, Jones C I. Why do some countries produce so much more output per worker than others? [J]. The Quarterly Journal of Economics, 1999, 114

(1): 83-116.

[68] Hansen K, Heckman J J, Mullen K J. The effect of schooling and ability on achievement test scores [R]. National Bureau of Economic Research, 2003.

[69] Hausmann R, Hwang J, Rodrik D. What you export matters [J]. Journal of Economic Growth, 2007, 12 (1): 1-25.

[70] Hausmann R, Klinger B. Structural transformation and patterns of comparative advantage in the product space [R]. Center for International Development at Harvard University, 2006.

[71] Heckman J J, Pages. The cost of job security regulation: Evidence from Latin American labor markets [R]. National Bureau of Economic Research, 2000.

[72] Heckman J J, Rubinstein Y. The importance of noncognitive skills: Lessons from the GED testing program [J]. The American Economic Review, 2001, 91 (2): 145-149.

[73] Heckman J J, Stixrud J, Urzua S. The effects of cognitive and noncognitive abilities on labor market outcomes and social behavior [J]. Journal of Labor Economics, 2006, 24 (3): 411-482.

[74] Heckman J J. Policies to foster human capital [J]. Research in Economics, 2000, 54 (1): 3-56.

[75] Hering L, Poncet S. Market access and individual wages: Evidence from China [J]. The Review of Economics and Statistics, 2010, 92 (1): 145-159.

[76] Herrnstein, Murray. The bell curve: Intelligence and class structure in American life [M]. Purdue University Public Affairs Video Archives, 1994.

[77] Herzer D, Nowak-Lehnmann D F. What does export diversification do for growth? An econometric analysis [J]. Applied Economics, 2006, 38 (15): 1825-1838.

[78] Hesse H. Export diversification and economic growth [R]. Commission on Growth and Development Working Paper, No. 21, 2007.

[79] Hopkins M. Inequality of opportunity? Cross country evidence on the de-

terminants of educational investment and returns [C]. Department of Economics: Economics Department Seminar Series, Gettysburg College, 2004.

[80] Hummels D, Klenow P J. The variety and quality of a nation's exports [J]. American Economic Review, 2005, 95 (3): 704-723.

[81] Jorgenson D W, Fraumeni B M. The output of the education sector [M] //Output measurement in the service sectors. University of Chicago Press, 1992: 303-341.

[82] Karanassou M, Snower D J. How labour market flexibility affects unemployment: Long-term implications of the chain reaction theory [J]. The Economic Journal, 1998, 108 (448): 832-849.

[83] Krugman P. Increasing returns, imperfect competition and the positive theory of international trade [J]. Handbook of International Economics, 1995 (3): 1243-1277.

[84] Kunwang Li, Ligang Song. The technological content of China's exports and the need for quality upgrading [M] // Jane Golley, L. Song. Rising China: Global Challenges and Opportunities, The Australian National University Press, Canberra, Australia, 2011: 69-83.

[85] Lai C W. Essays on international trade and human capital [M]. Ann Arbor, Michigan: ProQuest, 2008.

[86] Lall S, Weiss J, Zhang J. The "sophistication" of exports: A new trade measure [J]. World Development, 2006, 34 (2): 222-237.

[87] Lazear E P. Job security provisions and employment [J]. The Quarterly Journal of Economics, 1990, 105 (3): 699-726.

[88] Leamer E E. In search of Stolper-Samuelson effects on US wages [R]. National Bureau of Economic Research, 1996.

[89] Leontief W W. Factor proportions and the structure of American trade: Further theoretical and empirical analysis [J]. The Review of Economics and Statistics, 1956 (38): 119-122.

[90] Leontief W. Domestic production and foreign trade: The American capital position re-examined [J]. Proceedings of the American Philosophical Society, 1953, 97 (4): 332-349.

[91] Long N V, Riezman R G, Soubeyran A. Trade, wage gaps, and specific human capital accumulation [J]. Review of International Economics, 2007, 15 (1): 75-92.

[92] Lu D. Exceptional exporter performance? Evidence from Chinese manufacturing firms [R]. Manuscript, University of Chicago, 2010.

[93] Lu J, Lu Y, Tao Z. Exporting behavior of foreign affiliates: Theory and evidence [J]. Journal of International Economics, 2010, 81 (2): 197-205.

[94] Lucas Jr R E. On the mechanics of economic development [J]. Journal of Monetary Economics, 1988, 22 (1): 3-42.

[95] McIntosh S, Vignoles A. Measuring and assessing the impact of basic skills on labour market outcomes [J]. Oxford Economic Papers, 2001, 53 (3): 453-481.

[96] Melitz M J. The impact of trade on intra-industry reallocations and aggregate industry productivity [J]. Econometrica, 2003, 71 (6): 1695-1725.

[97] Meng X, Zhang J. The two-tier labor market in urban China: Occupational segregation and wage differentials between urban residents and rural migrants in Shanghai [J]. Journal of comparative Economics, 2001, 29 (3): 485-504.

[98] Mincer J. Human capital and economic growth [J]. Economics of Education Review, 1984, 3 (3): 195-205.

[99] Morten I Lau, Panu Poutvaara. Social security rules, labor supply and human capital formation [R]. CEBR Discussion Paper, Centre for Economic and Business Research, Copenhagen, 2001.

[100] Movahedi M, Gaussens O. Innovation, productivity, and export: Evidence from SMEs in Lower Normandy, France [R]. University Library of Munich, Germany, 2012.

[101] Murnane R J, Willett J B, Braatz M J, et al. Do different dimensions of male high school students' skills predict labor market success a decade later? Evidence from the NLSY [J]. Economics of Education Review, 2001, 20 (4): 311-320.

[102] Murnane R J, Willett J B, Levy F. The growing importance of cognitive skills in wage determination [R]. NBER Working Papers 5076, 1995: 251-266.

[103] Murphy R, Salehi-Isfahani D. Labour market flexibility and investment in human capital [R]. Virginia Tech Working Paper, 2007.

[104] Neal D A, Johnson W R. The role of premarket factors in black-white wage differences [J]. The Journal of Political Economy, 1996, 104 (5): 869-895.

[105] Nelson R R, Phelps E S. Investment in humans, technological diffusion, and economic growth [J]. The American Economic Review, 1966 (61): 69-75.

[106] Nickell S, Layard R. Labor market institutions and economic performance [J]. Handbook of Labor Economics, 1999 (3): 3029-3084.

[107] Nickell S. Unemployment and labor market rigidities: Europe versus North America [J]. The Journal of Economic Perspectives, 1997, 11 (3): 55-74.

[108] Owen A L. International trade and the accumulation of human capital [J]. Southern Economic Journal, 1999, 66 (1): 61-81.

[109] Parteka A, Tamberi M. Determinants of export diversification: An empirical investigation [R]. Universita Politecnica delle Marche (I), Dipartimento di Scienze Economiche e Sociali, 2008.

[110] Patrón R. Trade, education and skills: A theoretical survey [R]. Department of Economics-dECON, 2006.

[111] Robert H, Jones C. Why do some countries produce so much more

output per worker than others [J]. Quarterly Journal of Economics, 1999, 114 (1): 83-116.

[112] Rodriguez F, Rodrik D. Trade policy and economic growth: A skeptic's guide to the cross-national evidence [M] //NBER Macroeconomics Annual 2000, Volume 15. MIT PRess, 2001: 261-338.

[113] Rodrik D. What's so special about China's exports? [J]. China & World Economy, 2006, 14 (5): 1-19.

[114] Romer P M. Endogenous Technological Change [J]. Journal of Political Economy, 1990, 98 (5): S71-102.

[115] Salehi-Isfahani D. Demographic aspects of economic development in Iran [J]. Social Research, 2000, 67 (2).

[116] Santos-Paulino A U. Export productivity and specialization in China, Brazil, India and South Africa [R]. World Institute for Development Economic Research (UNU-WIDER), 2008.

[117] Schott P K. The relative sophistication of Chinese exports [J]. Economic policy, 2008, 23 (53): 5-49.

[118] Schultz T W. The value of the ability to deal with disequilibria [J]. Journal of Economic Literature, 1975: 827-846.

[119] Schultz, Theodore. Transforming traditional agriculture [M]. New Haven, Conn.: Yale University Press, 1964.

[120] Shapiro C, Stiglitz J E. Equilibrium unemployment as a worker discipline device [J]. The American Economic Review, 1984, 74 (3): 433-444.

[121] Shepherd B. Geographical diversification of developing country exports [J]. World Development, 2010, 38 (9): 1217-1228.

[122] Stokey N L. The volume and composition of trade between rich and poor countries [J]. The Review of Economic Studies, 1991, 58 (1): 63-80.

[123] Tyler J H, Murnane R J, Willett J B. Do the cognitive skills of school dropouts matter in the labor market? [J]. Journal of Human Resources, 2000, 35

(4): 748-754.

[124] Unel B. Human capital formation and international trade [R]. Department of Economics, Louisiana State University, 2013.

[125] Wang Z, Wei S J. What accounts for the rising sophistication of China's exports? [R]. National Bureau of Economic Research, 2008.

[126] Weldemicael E. Determinants of export sophistication [R]. Working Paper of The University of Melbourne, 2012.

[127] Xu B, Lu J. Foreign direct investment, processing trade, and the sophistication of China's exports [J]. China Economic Review, 2009, 20 (3): 425-439.

[128] Xu B. The sophistication of exports: Is China special? [J]. China Economic Review, 2010, 21 (3): 482-493.

[129] Young A. Learning by doing and the dynamic effects of international trade [J]. The Quarterly Journal of Economics, 1991, 106 (2): 369-405.

[130] 蔡昉, 都阳, 王美艳. 劳动流动的政治经济学 [M]. 上海: 上海三联书店、上海人民出版社, 2003.

[131] 蔡昉. 刘易斯转折点与公共政策方向的转变——关于中国社会保护的若干特征性事实 [J]. 中国社会科学, 2010 (6): 125-137.

[132] 蔡昉. 中国人口与劳动问题报告 No.11: 后金融危机时期的劳动力市场挑战 [M]. 北京: 社会科学文献出版社, 2010.

[133] 陈斌开, 张鹏飞, 杨汝岱. 政府教育投入, 人力资本投资与中国城乡收入差距 [J]. 管理世界, 2010 (1): 36-43.

[134] 陈维涛. 贸易开放对中国劳动者人力资本投资的异质性影响 [J]. 财贸研究, 2017 (10): 42-55.

[135] 陈维涛, 王永进, 李坤望. 地区出口企业生产率、二元劳动力市场与中国的人力资本积累 [J]. 经济研究, 2014 (1): 83-96.

[136] 陈维涛, 王永进, 毛劲松. 出口技术复杂度、劳动力市场分割与中国的人力资本投资 [J]. 管理世界, 2014 (2): 6-20.

[137] 陈晓光. 教育,创新与经济增长 [J]. 经济研究, 2006 (10): 18-29.

[138] 陈勇,唐朱昌. 中国工业的技术选择与技术进步: 1985—2003 [J]. 经济研究, 2006 (9): 50-61.

[139] 陈钊,陆铭,佐藤宏. 谁进入了高收入行业? [J]. 经济研究, 2009 (10): 121-132.

[140] 陈钊,陆铭. 从分割到融合: 城乡经济增长与社会和谐的政治经济学 [J]. 经济研究, 2008 (1): 21-32.

[141] 戴觅,余淼杰,Madhura Maitra. 中国出口企业生产率之谜: 加工贸易的作用 [J]. 经济学 (季刊), 2014, 13 (2): 675-698.

[142] 范剑勇,冯猛. 中国制造业出口企业生产率悖论之谜: 基于出口密度差别上的检验 [J]. 管理世界, 2013 (8): 16-29.

[143] 傅勇,张晏. 中国式分权与财政支出结构偏向: 为增长而竞争的代价 [J]. 管理世界, 2007 (3): 4-12.

[144] 郭荣星,李实,邢攸强. 中国国有企业改制与职工收入分配——光正公司和创大公司的案例研究 [J]. 管理世界, 2003 (4): 103-111.

[145] 郭熙保,罗知. 外资特征对中国经济增长的影响 [J]. 经济研究, 2009 (5): 52-65.

[146] 国家统计局. 中国人口与就业统计年鉴 [M]. 北京: 中国统计出版社, 2009.

[147] 国家统计局. 中国统计年鉴 [M]. 北京: 中国统计出版社, 2012.

[148] 胡锦涛. 坚定不移沿着中国特色社会主义道路前进 为全面建成小康社会而奋斗——在中国共产党第十八次全国代表大会上的报告 [J]. 求是, 2012 (22): 3-25.

[149] 黄玖立,徐旻鸿. 境内运输成本与中国的地区出口模式 [J]. 世界经济, 2012 (1): 58-77.

[150] 黄玖立,李坤望,晓鸥. 出口开放、地区市场规模和经济增长 [J]. 经济研究, 2006 (6): 27-38.

[151] 黄先海,陈晓华,刘慧. 产业出口复杂度的测度及其动态演进机

理分析——基于52个经济体1993~2006年金属制品出口的实证研究[J].管理世界,2010(3):44-55.

[152] 黄新飞,舒元.中国省际贸易开放与经济增长的内生性研究[J].管理世界,2010(7):56-65.

[153] 阚大学,罗良文.对外贸易对人力资本提升的实证研究——基于我国省级面板数据[J].经济与管理研究,2010(4):117-122.

[154] 赖明勇,张新,彭水军等.经济增长的源泉:人力资本、研究开发与技术外溢[J].中国社会科学,2005(2):32-46.

[155] 李春顶.中国出口企业是否存在"生产率悖论"基于中国制造业企业数据的检验[J].世界经济,2010(7):64-81.

[156] 李海峥.中国人力资本报告(2012)[R].北京:中央财经大学,2012.

[157] 李坤望,陈维涛,王永进.对外贸易、劳动力市场分割与中国人力资本投资[J].世界经济,2014(3):56-79.

[158] 李磊,刘斌,郑昭阳等.地区专业化能否提高我国的出口贸易技术复杂度?[J].世界经济研究,2012(6):6.

[159] 李强.影响中国城乡流动人口的推力与拉力因素分析[J].中国社会科学,2003,1(5).

[160] 刘修岩,吴燕.出口专业化,出口多样化与地区经济增长——来自中国省级面板数据的实证研究[J].管理世界,2013(8):30-40.

[161] 陆铭,向宽虎,陈钊.中国的城市化和城市体系调整:基于文献的评论[J].世界经济,2011(6):3-25.

[162] 陆益龙.户口还起作用吗——户籍制度与社会分层和流动[J].中国社会科学,2008(1):149-162.

[163] 罗良文,阚大学.对外贸易和外商直接投资对中国人力资本存量影响的实证研究——基于岭回归分析法[J].世界经济研究,2011(4):31-35.

[164] 聂辉华.企业:一种人力资本使用权交易的粘性组织[J].经济研究,2003(8):64-69.

[165] 彭国华. 双边国际贸易引力模型中地区生产率的经验研究 [J]. 经济研究, 2007 (8): 123-132.

[166] 齐俊妍, 王永进, 施炳展, 盛丹. 金融发展与出口技术复杂度 [J]. 世界经济, 2011 (7): 91-118.

[167] 钱学锋, 熊平. 中国出口增长的二元边际及其因素决定 [J]. 经济研究, 2010 (1): 65-79.

[168] 乔明睿, 钱雪亚, 姚先国. 劳动力市场分割, 户口与城乡就业差异 [J]. 中国人口科学, 2009 (1): 32-41.

[169] 沈坤荣, 李剑. 中国贸易发展与经济增长影响机制的经验研究 [J]. 经济研究, 2003 (5): 32-40.

[170] 盛丹, 王永进. 市场化, 技术复杂度与中国省区的产业增长 [J]. 世界经济, 2011 (6): 26-47.

[171] 施炳展. 中国企业出口产品质量异质性: 测度与事实 [J]. 经济学 (季刊), 2014, 13 (1): 263-284.

[172] 宋洪远, 黄华波, 刘光明. 关于农村劳动力流动的政策问题分析 [J]. 管理世界, 2002 (5): 55-65.

[173] 孙文杰, 沈坤荣. 技术引进与中国企业的自主创新 [J]. 世界经济, 2007 (11): 32-43.

[174] 王美艳. 中国城市劳动力市场上的性别工资差异 [J]. 经济研究, 2005 (12): 35-44.

[175] 王少平, 欧阳志刚. 我国城乡收入差距的度量及其对经济增长的效应 [J]. 经济研究, 2007 (10): 44-55.

[176] 王永进, 李坤望, 盛丹. 契约制度与产业集聚: 基于中国的理论及经验研究 [J]. 世界经济, 2010 (1): 141-156.

[177] 王永进, 盛丹, 施炳展, 李坤望. 基础设施如何提升了出口技术复杂度? [J]. 经济研究, 2010 (7): 103-115.

[178] 王争, 史晋川. 中国私营企业的生产率表现和投资效率 [J]. 经济研究, 2008 (1): 114-126.

[179] 习近平. 关于《中共中央关于全面深化改革若干重大问题的决定》的说明 [J]. 求是, 2012 (22): 19-27.

[180] 冼国明, 严兵. FDI 对中国创新能力的溢出效应 [J]. 世界经济, 2006, 28 (10): 18-25.

[181] 邢春冰. 不同所有制企业的工资决定机制考察 [J]. 经济研究, 2005 (6): 16-26.

[182] 邢春冰. 农民工与城镇职工的收入差距 [J]. 管理世界, 2008 (5): 55-64.

[183] 熊灵, 魏伟, 杨勇. 贸易开放对中国区域增长的空间效应研究: 1987—2009 [J]. 经济学 (季刊), 2012, 11 (3): 1037-1058.

[184] 许和连, 亓朋, 祝树金. 贸易开放度、人力资本与全要素生产率: 基于中国省际面板数据的经验分析 [J]. 世界经济, 2006 (12): 3-10.

[185] 严善平. 城市劳动力市场中的人员流动及其决定机制 [J]. 管理世界, 2006 (8): 9-17.

[186] 严善平. 人力资本, 制度与工资差别——对大城市二元劳动力市场的实证分析 [J]. 管理世界, 2007 (6): 4-13.

[187] 严善平. 中国大城市劳动力市场的结构转型——对 2003 年、2009 年上海就业调查的实证分析 [J]. 管理世界, 2011 (9): 53-62.

[188] 姚先国, 郭东杰. 改制企业劳动关系的实证分析 [J]. 管理世界, 2004 (5): 97-107.

[189] 姚先国, 赖普清. 中国劳资关系的城乡户籍差异 [J]. 经济研究, 2004 (7): 82-90.

[190] 姚洋, 张晔. 中国出口品国内技术含量升级的动态研究——来自全国及江苏省、广东省的证据 [J]. 中国社会科学, 2009 (2): 67-82.

[191] 姚洋, 章林峰. 中国本土企业出口竞争优势和技术变迁分析 [J]. 世界经济, 2008 (3): 3-11.

[192] 易靖韬, 傅佳莎. 企业生产率与出口: 浙江省企业层面的证据 [J]. 世界经济, 2011 (5): 74-92.

[193] 于洪霞,陈玉宇. 外贸出口影响工资水平的机制探析 [J]. 管理世界, 2010 (10): 47-58.

[194] 余淼杰. 中国的贸易自由化与制造业企业生产率 [J]. 经济研究, 2010 (12): 9.

[195] 余向华,陈雪娟. 中国劳动力市场的户籍分割效应及其变迁——工资差异与机会差异双重视角下的实证研究 [J]. 经济研究, 2013 (12): 97-110.

[196] 苑会娜. 进城农民工的健康与收入——来自北京市农民工调查的证据 [J]. 管理世界, 2009 (5): 56-66.

[197] 张海洋. R&D 两面性,外资活动与中国工业生产率增长 [J]. 经济研究, 2005, 5 (1): 7-11.

[198] 张杰,李勇,刘志彪. 出口促进中国企业生产率提高吗?——来自中国本土制造业企业的经验证据: 1999~2003 [J]. 管理世界, 2009 (12): 11-26.

[199] 张展新. 劳动力市场的产业分割与劳动人口流动 [J]. 中国人口科学, 2004 (2): 45-52.

[200] 赵江林. 外资与人力资源开发: 对中国经验的总结 [J]. 经济研究, 2004 (2): 47-54.

[201] 中国共产党第十八届中央委员会第三次全体会议. 中共中央关于全面深化改革若干重大问题的决定 [J]. 求是, 2013 (22): 3-18.

[202] 中国经济增长与宏观稳定课题组. 劳动力供给效应与中国经济增长路径转换 [J]. 经济研究, 2007 (10): 4-16.

[203] 中国经济增长与宏观稳定课题组. 增长失衡与政府责任——基于社会性支出角度的分析 [J]. 经济研究, 2006 (10): 4-17.

[204] 朱平芳,李磊. 两种技术引进方式的直接效应研究 [J]. 经济研究, 2006 (3): 90-102.

[205] 祝树金,戢璇,傅晓岚. 出口品技术水平的决定性因素: 来自跨国面板数据的证据 [J]. 世界经济, 2010 (4): 28-46.

[206] 祝树金,虢娟. 开放条件下的教育支出、教育溢出与经济增长

[J]. 世界经济, 2008, 31 (5): 56-67.

[207] 左翔, 殷醒民, 潘孝挺. 财政收入集权增加了基层政府公共服务支出吗? 以河南省减免农业税为例 [J]. 经济学 (季刊), 2011, 10 (3): 1349-1374.

附　录

附录A　企业对高、低技能劳动者的需求函数

在 Bustos（2011）研究框架下，企业层面上的劳动需求函数可以利用谢泼德引理（Shephard's lemma）从其成本函数中获得。在本书中，假定存在三种类型的企业。对于使用低技术并在国内销售的企业而言，其成本函数如下：

$$TC_1^d[q_1^d(\varphi), W_S, W_U] = Pf + \frac{q_1^d(\varphi)}{\varphi} W_S^\beta W_U^{1-\beta}$$

其中，$q_1^d(\varphi) = EP^{\sigma-1}(\rho\varphi)^\sigma(W_S^\beta W_U^{1-\beta})^{-\sigma}$。利用谢泼德引理，对成本函数求导：

$$\frac{\partial TC_1^d[q_1^d(\varphi), W_S, W_U]}{\partial W_S} = s_1^d(\varphi) = \beta \frac{q_1^d(\varphi)}{\varphi} \left(\frac{W_S}{W_U}\right)^{\beta-1}$$

$$\frac{\partial TC_1^d[q_1^d(\varphi), W_S, W_U]}{\partial W_U} = u_1^d(\varphi) = (1-\beta) \frac{q_1^d(\varphi)}{\varphi} \left(\frac{W_S}{W_U}\right)^\beta$$

其他两种类型企业对高、低技能劳动者的需求也可以依据上述方法求得。其中，对采用低技术生产并出口的企业而言，其总成本函数为：

$$TC_1^x[q_1^d(\varphi), q_1^x(\varphi) W_S, W_U] = Pf + Pf_x + \frac{q_1^d(\varphi)}{\varphi} W_S^\beta W_U^{1-\beta} + \frac{q_1^x(\varphi)}{\varphi} W_S^\beta W_U^{1-\beta} \tau$$

通过谢泼德引理和 $q_1^x(\varphi) = \tau^{-\sigma} q_1^d(\varphi)$，我们可以得到 $s_1^x(\varphi) = s_1^d(\varphi)(1+$

$\tau^{1-\sigma}$），$u_l^x(\varphi) = u_l^d(\varphi)(1+\tau^{1-\sigma})$。

采用高技术生产并出口的企业总成本函数为：

$$TC_h^x[q_h^d(\varphi), q_h^x(\varphi)W_S, W_U] = Pf\eta + Pf_x + \frac{q_h^d(\varphi)}{\gamma\varphi}W_S^\alpha W_U^{1-\alpha} + \frac{q_h^x(\varphi)}{\gamma\varphi}W_S^\alpha W_U^{1-\alpha}\tau$$

其中，$q_h^d(\varphi) = EP^{\sigma-1}(\rho\gamma\varphi)^\sigma(W_S^\alpha W_U^{1-\alpha})^{-\sigma}$。通过谢泼德引理和 $q_h^x(\varphi) = \tau^{-\sigma} q_h^d(\varphi)$，我们可以得到：

$$s_h^x(\varphi) = \alpha \frac{q_h^d(\varphi)}{\gamma\varphi}\left(\frac{W_S}{W_U}\right)^{\alpha-1}(1+\tau^{1-\sigma})$$

$$u_h^x(\varphi) = (1-\alpha)\frac{q_h^d(\varphi)}{\gamma\varphi}\left(\frac{W_S}{W_U}\right)^\alpha(1+\tau^{1-\sigma})$$

附录 B 企业对低技能劳动者总体需求与总体收益关系

在 Bustos（2011）研究框架下，根据本书假设，可以分别得到：

$$\frac{R_l}{R_h} = \frac{\int_{\varphi_d^*}^{\varphi_x^*} r_l^d(\varphi)\frac{g(\varphi)}{1-G(\varphi_d^*)}d\varphi + \int_{\varphi_x^*}^{\varphi_h^*} r_l^x(\varphi)\frac{g(\varphi)}{1-G(\varphi_d^*)}d\varphi}{\int_{\varphi_h^*}^{\infty} r_h^x(\varphi)\frac{g(\varphi)}{1-G(\varphi_d^*)}d\varphi}$$

$$\frac{U_l}{U_h} = \frac{\int_{\varphi_d^*}^{\varphi_x^*} u_l^d(\varphi)\frac{g(\varphi)}{1-G(\varphi_d^*)}d\varphi + \int_{\varphi_x^*}^{\varphi_h^*} u_l^x(\varphi)\frac{g(\varphi)}{1-G(\varphi_d^*)}d\varphi}{\int_{\varphi_h^*}^{\infty} u_h^x(\varphi)\frac{g(\varphi)}{1-G(\varphi_d^*)}d\varphi}$$

通过附录 A 中的方法及正文中的相关结论，可得：

$$u_l^d(\varphi) = \frac{\rho}{W_U}(1-\beta)r_l^d(\varphi)$$

$$u_l^x(\varphi) = \frac{\rho}{W_U}(1-\beta)(1+\tau^{1-\sigma})r_l^d(\varphi)$$

$$u_h^x(\varphi) = \frac{\rho}{W_U}(1-\alpha)\lambda^{\sigma-1}(1+\tau^{1-\sigma})r_l^d(\varphi)$$

将以上关系式代入 $\dfrac{U_l}{U_h}$ 可得：

$$\frac{U_l}{U_h} = \frac{(1-\beta)}{(1-\alpha)} = \frac{\int_{\varphi_d^*}^{\varphi_x^*} r_l^d(\varphi)\dfrac{g(\varphi)}{1-G(\varphi_d^*)}d\varphi + (1+\tau^{1-\sigma})\int_{\varphi_x^*}^{\varphi_h^*} r_l^d(\varphi)\dfrac{g(\varphi)}{1-G(\varphi_d^*)}d\varphi}{\lambda^{\sigma-1}(1+\tau^{1-\sigma})\int_{\varphi_h^*}^{\infty} r_l^d(\varphi)\dfrac{g(\varphi)}{1-G(\varphi_d^*)}d\varphi}$$

$$= \frac{(1-\beta)}{(1-\alpha)}\frac{R_l}{R_h}$$

其中用到了 $r_l^x(\varphi) = (1+\tau^{1-\sigma})r_l^d(\varphi)$，$r_h^x(\varphi) = \lambda^{\sigma-1}(1+\tau^{1-\sigma})r_l^d(\varphi)$。

后 记

中共十九大报告指出，中国特色社会主义进入了新时代，我国经济发展也进入了新时代，基本特征就是我国经济已由高速增长阶段转向高质量发展阶段。新经济增长理论认为，人力资本是一国经济增长的动力和源泉，也是影响经济高质量发展的重要因素。人力资本的积累主要依赖于劳动者人力资本投资的增加，而其受到人力资本投资收益的影响较大。随着经济全球化的深入发展，外贸高质量发展对于劳动者报酬的影响必将越来越大，从而对劳动者人力资本投资收益与决策，以及人力资本积累产生越来越重要的影响。基于此，本书主要研究了外贸高质量发展对我国人力资本积累的影响。研究表明，对外贸易不一定有利于中国人力资本积累与提升，只有外贸高质量发展才有利于中国人力资本积累与提升。

本书的写作与出版，离不开诸多领导、前辈、同事与家人的支持与帮助。首先，感谢我的博士生导师、长江学者李坤望教授。本书主要是基于我的博士学位论文写作完成的，当中凝聚了老师的大量心血，感谢李老师在我博士学习期间的谆谆教导。其次，要感谢求学期间各位恩师、同门的帮助和支持。感谢我的博士后导师、长江学者沈坤荣教授，硕士导师欧定余教授，我在美国佐治亚理工学院留学时的导师、长江学者李海峥教授，感谢我的同门师兄王永进教授、师姐盛丹副教授对我学术研究和本书写作的大力支持。另外，还要感谢进入南京审计大学工作以来各位领导的关心、支持与帮助。十分感谢晏维龙教授、李陈华教授、孙文远教授以及裴长洪研究员、魏明孔研究员对本书出版的大力支持与帮助。最后，我要感谢我的父母和妻子在我博士求学期间以及本书写作过程中对我的支持。

本书研究的问题相对重大和复杂，由于笔者能力有限，加之时间紧张，书中不免存在着不足之处，恳请读者批评指正，多提宝贵意见。

  最后，本书的出版得到了国家自然科学基金青年科学基金项目（71703074）、教育部人文社会科学研究青年基金项目（17YJC790010）、江苏高校优势学科建设工程资助项目、江苏省"六大人才高峰"高层次人才项目（JY-017）、中国博士后科学基金面上项目（2017M610312）的资助。对上述单位和项目的大力支持，谨表谢忱！

陈维涛

2019年2月